科学家学术成长资料采集工程
中国科学院院士传记丛书

黄本立传
绚丽多彩的光谱人生

杨聪凤 王尊本 林峻越 ○著

1945 年	1950 年	1986 年	1993 年
考入岭南大学	在长春东北科学研究所开展光谱分析工作	调入厦门大学开展教研工作	当选中国科学院院士

老科学家学术成长资料采集工程
中国科学院院士传记丛书

绚丽多彩的光谱人生

黄本立传

杨聪凤　王尊本　林峻越 ◎ 著

中国科学技术出版社
上海交通大学出版社

图书在版编目（CIP）数据

绚丽多彩的光谱人生：黄本立传／杨聪凤，王尊本，林峻越著．—北京：中国科学技术出版社，2016.12

（老科学家学术成长资料采集工程丛书．中国科学院院士传记丛书）

ISBN 978-7-5046-7361-9

Ⅰ.①绚⋯ Ⅱ.①杨⋯ ②王⋯ ③林⋯ Ⅲ.①黄本立-传记 Ⅳ.①K826.11

中国版本图书馆 CIP 数据核字（2017）第 007284 号

责任编辑	张 楠
责任校对	杨京华
责任印制	张建农
版式设计	中文天地

出 版	中国科学技术出版社　上海交通大学出版社
发 行	中国科学技术出版社发行部
地 址	北京市海淀区中关村南大街 16 号
邮 编	100081
发行电话	010-62173865
传 真	010-62179148
网 址	http://www.cspbooks.com.cn

开 本	787mm×1092mm　1/16
字 数	297 千字
印 张	18.75
彩 插	2
版 次	2017 年 1 月第 1 版
印 次	2017 年 1 月第 1 次印刷
印 刷	北京华联印刷有限公司
书 号	ISBN 978-7-5046-7361-9／K·205
定 价	70.00 元

（凡购买本社图书，如有缺页、倒页、脱页者，本社发行部负责调换）

老科学家学术成长资料采集工程领导小组专家委员会

主　任：杜祥琬

委　员：（以姓氏拼音为序）

　　　　巴德年　　陈佳洱　　胡启恒　　李振声
　　　　王礼恒　　王春法　　张　勤

老科学家学术成长资料采集工程丛书组织机构

特邀顾问（以姓氏拼音为序）

　　　　樊洪业　　方　新　　齐　让　　谢克昌

编委会

主　编：王春法　　张　藜

编　委：（以姓氏拼音为序）

　　　　艾素珍　　董庆九　　胡化凯　　黄竞跃　　韩建民
　　　　廖育群　　吕瑞花　　刘晓勘　　林兆谦　　秦德继
　　　　仟福君　　苏　青　　王扬宗　　夏　强　　杨建荣
　　　　张柏春　　张大庆　　张　剑　　张九辰　　周德进

编委会办公室

主　任：许向阳　　张利洁

副主任：许　慧　　刘佩英

成　员：（以姓氏拼音为序）

　　　　崔宇红　　董亚峥　　冯　勤　　何素兴　　韩　颖
　　　　李　梅　　罗兴波　　刘　洋　　刘如溪　　沈林苣
　　　　王晓琴　　王传超　　徐　婕　　肖　潇　　言　挺
　　　　余　君　　张海新　　张佳静

老科学家学术成长资料采集工程简介

老科学家学术成长资料采集工程（以下简称"采集工程"）是根据国务院领导同志的指示精神，由国家科教领导小组于2010年正式启动，中国科协牵头，联合中组部、教育部、科技部、工信部、财政部、文化部、国资委、解放军总政治部、中国科学院、中国工程院、国家自然科学基金委员会等11部委共同实施的一项抢救性工程，旨在通过实物采集、口述访谈、录音录像等方法，把反映老科学家学术成长历程的关键事件、重要节点、师承关系等各方面的资料保存下来，为深入研究科技人才成长规律，宣传优秀科技人物提供第一手资料和原始素材。按照国务院批准的《老科学家学术成长资料采集工程实施方案》，采集工程一期拟完成300位老科学家学术成长资料的采集工作。

采集工程是一项开创性工作。为确保采集工作规范科学，启动之初即成立了由中国科协主要领导任组长、12个部委分管领导任成员的领导小组，负责采集工程的宏观指导和重要政策措施制定，同时成立领导小组专家委员会负责采集原则确定、采集名单审定和学术咨询，委托中国科学技术史学会承担具体组织和业务指导工作，建立专门的馆藏基地确保采集资料的永久性收藏和提供使用，并研究制定了《采集工作流程》《采集工作规范》等一系列基础文件，作为采集人员的工作指南。截至2014年年底，已启动 304 位老科学家的学术成长资料采集工作，获得手稿、书信等实物原件资料 52093 件，数字化资料 137471 件，视频资料 183878 分钟，音频资料 224825 分钟，具有重要的史料价值。

采集工程的成果目前主要有三种体现形式，一是建设一套系统的"老科学家学术成长资料数据库"（本丛书简称"采集工程数据库"），提供学术研究和弘扬科学精神、宣传科学家之用；二是编辑制作科学家专题资料片系列，以视频形式播出；三是研究撰写客观反映老科学家学术成长经历的研究报告，以学术传记的形式，与中国科学院、中国工程院联合出版。随着采集工程的不断拓展和深入，将有更多形式的采集成果问世，为社会公众了解老科学家的感人事迹，探索科技人才成长规律，研究中国科技事业的发展历程提供客观翔实的史料支撑。

总序一

中国科学技术协会主席 韩启德

老科学家是共和国建设的重要参与者，也是新中国科技发展历史的亲历者和见证者，他们的学术成长历程生动反映了近现代中国科技事业与科技教育的进展，本身就是新中国科技发展历史的重要组成部分。针对近年来老科学家相继辞世、学术成长资料大量散失的突出问题，中国科协于2009年向国务院提出抢救老科学家学术成长资料的建议，受到国务院领导同志的高度重视和充分肯定，并明确责成中国科协牵头，联合相关部门共同组织实施。根据国务院批复的《老科学家学术成长资料采集工程实施方案》，中国科协联合中组部、教育部、科技部、工业和信息化部、财政部、文化部、国资委、解放军总政治部、中国科学院、中国工程院、国家自然科学基金委员会等11部委共同组成领导小组，从2010年开始组织实施老科学家学术成长资料采集工程。

老科学家学术成长资料采集是一项系统工程，通过文献与口述资料的搜集和整理、录音录像、实物采集等形式，把反映老科学家求学历程、师承关系、科研活动、学术成就等学术成长中关键节点和重要事件的口述资料、实物资料和音像资料完整系统地保存下来，对于充实新中国科技发展的历史文献，理清我国科技界学术传承脉络，探索我国科技发展规律和科技人才成长规律，弘扬我国科技工作者求真务实、无私奉献的精神，在全社会营造爱科学、学科学、用科学的良好氛围，是一件很有意义的事情。采集工程把重点放在年龄在 80 岁以上、学术成长经历丰富的两院院士，以及虽然不是两院院士、但在我国科技事业发展中作出突出贡献的老科技工作者，充分体现了党和国家对老科学家的关心和爱护。

自 2010 年启动实施以来，采集工程以对历史负责、对国家负责、对科技事业负责的精神，开展了一系列工作，获得大量反映老科学家学术成长历程的文字资料、实物资料和音视频资料，其中有一些资料具有很高的史料价值和学术价值，弥足珍贵。

以传记丛书的形式把采集工程的成果展现给社会公众，是采集工程的目标之一，也是社会各界的共同期待。在我看来，这些传记丛书大都是在充分挖掘档案和书信等各种文献资料、与口述访谈相互印证校核、严密考证的基础之上形成的，内中还有许多很有价值的照片、手稿影印件等珍贵图片，基本做到了图文并茂，语言生动，既体现了历史的鲜活，又立体化地刻画了人物，较好地实现了真实性、专业性、可读性的有机统一。通过这套传记丛书，学者能够获得更加丰富扎实的文献依据，公众能够更加系统深入地了解老一辈科学家的成就、贡献、经历和品格，青少年可以更真实地了解科学家、了解科技活动，进而充分激发对科学家职业的浓厚兴趣。

借此机会，向所有接受采集的老科学家及其亲属朋友，向参与采集工程的工作人员和单位，表示衷心感谢。真诚希望这套丛书能够得到学术界的认可和读者的喜爱，希望采集工程能够得到更广泛的关注和支持。我期待并相信，随着时间的流逝，采集工程的成果将以更加丰富多样的形式呈现给社会公众，采集工程的意义也将越来越彰显于天下。

是为序。

总序二

中国科学院院长　白春礼

由国家科教领导小组直接启动，中国科学技术协会和中国科学院等12个部门和单位共同组织实施的老科学家学术成长资料采集工程，是国务院交办的一项重要任务，也是中国科技界的一件大事。值此采集工程传记丛书出版之际，我向采集工程的顺利实施表示热烈祝贺，向参与采集工程的老科学家和工作人员表示衷心感谢！

按照国务院批准实施的《老科学家学术成长资料采集工程实施方案》，开展这一工作的主要目的就是要通过录音录像、实物采集等多种方式，把反映老科学家学术成长历史的重要资料保存下来，丰富新中国科技发展的历史资料，推动形成新中国的学术传统，激发科技工作者的创新热情和创造活力，在全社会营造爱科学、学科学、用科学的良好氛围。通过实施采集工程，系统搜集、整理反映这些老科学家学术成长历程的关键事件、重要节点、学术传承关系等的各类文献、实物和音视频资料，并结合不同时期的社会发展和国际相关学科领域的发展背景加以梳理和研究，不仅有利于深入了解新中国科学发展的进程特别是老科学家所在学科的发展脉络，而且有利于发现老科学家成长成才中的关键人物、关键事件、关键因素，探索和把握高层次人才培养规律和创新人才成长规律，更有利于理清我国科技界学术传承脉络，深入了解我国科学传统的形成过程，在全社会范围内宣传弘扬老科学家的科学思想、卓越贡献和高尚品质，推动社会主义科学文化和创新文化建设。从这个意义上说，采集工程不仅是一项文化工程，更是一项严肃认真的学术建设工作。

中国科学院是科技事业的国家队，也是凝聚和团结广大院士的大家庭。早在1955年，中国科学院选举产生了第一批学部委员，1993年国务院决定中国科学院学部委员改称中国科学院院士。半个多世纪以来，从学部委员到院士，经历了一个艰难的制度化进程，在我国科学事业发展史上书写了浓墨重彩的一笔。在目前已接受采集的老科学家中，有很大一部分即是20世纪八九十年代当选的中国科学院学部委员、院士，其中既有学科领域的奠基人和开拓者，也有作出过重大科学成就的著名科学家，更有毕生在专门学科领域默默耕耘的一流学者。作为声誉卓著的学术带头人，他们以发展科技、服务国家、造福人民为己任，求真务实、开拓创新，为我国经济建设、社会发展、科技进步和国家安全作出了重要贡献；作为杰出的科学教育家，他们着力培养、大力提携青年人才，在弘扬科学精神、倡树科学理念方面书写了可歌可泣的光辉篇章。他们的学术成就和成长经历既是新中国科技发展的一个缩影，也是国家和社会的宝贵财富。通过采集工程为老科学家树碑立传，不仅对老科学家们的成就和贡献是一份肯定和安慰，也使我们多年的夙愿得偿！

鲁迅说过，"跨过那站着的前人"。过去的辉煌历史是老一辈科学家铸就的，新的历史篇章需要我们来谱写。衷心希望广大科技工作者能够通过"采集工程"的这套老科学家传记丛书和院士丛书等类似著作，深入具体地了解和学习老一辈科学家学术成长历程中的感人事迹和优秀品质；继承和弘扬老一辈科学家求真务实、勇于创新的科学精神，不畏艰险、勇攀高峰的探索精神，团结协作、淡泊名利的团队精神，报效祖国、服务社会的奉献精神，在推动科技发展和创新型国家建设的广阔道路上取得更辉煌的成绩。

总序三

中国工程院院长　周　济

　　由中国科协联合相关部门共同组织实施的老科学家学术成长资料采集工程，是一项经国务院批准开展的弘扬老一辈科技专家崇高精神、加强科学道德建设的重要工作，也是我国科技界的共同责任。中国工程院作为采集工程领导小组的成员单位，能够直接参与此项工作，深感责任重大、意义非凡。

　　在新的历史时期，科学技术作为第一生产力，已经日益成为经济社会发展的主要驱动力。科技工作者作为先进生产力的开拓者和先进文化的传播者，在推动科学技术进步和科技事业发展方面发挥着关键的决定的作用。

　　新中国成立以来，特别是改革开放 30 多年来，我们国家的工程科技取得了伟大的历史性成就，为祖国的现代化事业作出了巨大的历史性贡献。两弹一星、三峡工程、高速铁路、载人航天、杂交水稻、载人深潜、超级计算机……一项项重大工程为社会主义事业的蓬勃发展和祖国富强书写了浓墨重彩的篇章。

　　这些伟大的重大工程成就，凝聚和倾注了以钱学森、朱光亚、周光召、侯祥麟、袁隆平等为代表的一代又一代科技专家们的心血和智慧。他们克服重重困难，攻克无数技术难关，潜心开展科技研究，致力推动创新发展，为实现我国工程科技水平大幅提升和国家综合实力显著增强作出了杰出贡献。他们热爱祖国，忠于人民，自觉把个人事业融入到国家建设大局之中，为实现国家富强而不断奋斗；他们求真务实，勇于创新，用科技为中华民族的伟大复兴铸就了辉煌；他们治学严谨，鞠躬尽瘁，具有崇高的科学精神和科学道德，是我们后代学习的楷模。科学家们的一生是一本珍贵的教科书，他们坚定的理想信念和淡泊名利的崇高品格是中华民族自强不息精神的宝贵财富，永远值得后人铭记和敬仰。

通过实施采集工程，把反映老科学家学术成长经历的重要文字资料、实物资料和音像资料保存下来，把他们卓越的技术成就和可贵的精神品质记录下来，并编辑出版他们的学术传记，对于进一步宣传他们为我国科技发展和民族进步作出的不朽功勋，引导青年科技工作者学习继承他们的可贵精神和优秀品质，不断攀登世界科技高峰，推动在全社会弘扬科学精神，营造爱科学、讲科学、学科学、用科学的良好氛围，无疑有着十分重要的意义。

中国工程院是我国工程科技界的最高荣誉性、咨询性学术机构，集中了一大批成就卓著、德高望重的老科技专家。以各种形式把他们的学术成长经历留存下来，为后人提供启迪，为社会提供借鉴，为共和国的科技发展留下一份珍贵资料。这是我们的愿望和责任，也是科技界和全社会的共同期待。

周济

黄本立

黄本立院士给采集小组成员讲授光谱相关知识

采集小组成员与黄本立院士伉俪合影

入选有感（序）

没想到我的名字会被列入由国务院批准、中国科协牵头组织的"老科学家学术成长资料采集工程"的对象名单，当时也不知道这已经不是第一批了。窃以为，这个工程的目标十分正确，确应有计划有步骤地把成就突出、德高望重、对国家有贡献的院士、知名学者以及科技人员的成长过程的有关资料进行采集，加以整理，进而总结出一些有规律的东西，留给科学界参考。在下何德何能，竟获此入选殊荣，实在是有点儿诚惶诚恐。唯一符合指标的恐怕就是年迈体衰，2006 年秋的一次车祸使本来就不好使的脑袋更不济事，再不"抢救"，采集者恐怕就会遭遇"哑口无言"，甚至"死无对证"的尴尬了！另一方面，老朽年过"米寿"，一生错事、"糗事"一大车，留下一些给后生作为反面教材，亦未尝不可。再者，这项工程也可说是"尊重知识，尊重人才"方针的一个具体体现。想通了，于是就尽量积极配合采集小组工作，接受采访，提供材料、线索，等等。

这本传记是采集工程的一个产物，也是黄本立采集小组（以下简称采集小组）辛勤劳动的一个成果。自 2012 年 5 月始，在中国科协和教育部有关机构的领导下，采集小组一直在紧张而有序地工作：接受培训，制定具体采集计划，采访（我本人和其他有关人员），查档案，收集实物材料，参加有关学术会议，录音、录像、整理、编写、汇报，再编写、再汇报……

从 2012 年 5 月份培训回来，采集小组心里就时刻装着采集工程，利用一切可以利用的机会进行采集工作。2012 年 5 月我的女儿和外孙女从加拿大回来探亲，采集小组不失时机地对她们进行了访谈；2012 年 6 月我在厦门大学招的第一个博士生林跃河从美国回来看我，时间很匆忙，采集小组获得消息后马上草拟提纲并和他联系进行了访谈；2012 年 8 月采集小组又和我一起到沈阳参加了第二届全国原子光谱及相关技术会议，并提早与会务组联系获得参会人员名单，采访了不少国内同行；之后他们又继续北上，到我生活工作了 36 年的中国科学院长春应用化学所进行采集、采访。2012 年 9 月本传记的统稿人杨聪凤教授不小心手臂骨折，住院治疗，却还天天挂念采集工程，她在身体刚刚恢复时，就又全力投入到了采集工程的工作中。为了能写出更真实更生动的研究报告，刚刚康复的杨老师便按原计划于 12 月南下广东，亲自走访了我的家乡和我求学过的地方，包括我曾经就读的华英中学和岭南大学旧址。王尊本教授在厦门大学还有督导教学的工作任务，但他参加了每一次采访，参与研究报告的撰写，还精心准备了一堂深入浅出的分析化学课对中文系的杨聪凤教授进行"扫盲"。王、杨两位教授均已退休，家中事情也需关照；就在采集工程紧张有序地进行时，两位老教授先后增添了孙儿，后来他们的老伴又先后住院，可是他们克服各种困难，积极参与，始终坚持要把采集工程做好。采集小组最年轻的林峻越女士，由于她是"总协调"，实际上又是"总整理"，工作最繁杂，所有采访、采集的联系安排、录音整理，实物资料整理、数字化、编目、汇报等基本都由她负责，还参与了研究报告的撰写，所以工作量很大。虽然家中有幼儿需照顾，还要兼顾其他工作，但她还是一丝不苟、任劳任怨地经常在办公室加班加点至夜里才回家，周末加班也是常有的事。负责视频拍摄的刘东方先生在口述访谈摄像时，取景、"布景"、拍摄都十分认真，当然也非常专业。历史系的连心豪老师受邀作为采集小组的顾问，对年表和研究报告进行"把关"，起到了很好的作用。

小组成员为了采访有关人士和单位、采集资料、参加会议，走南闯北，北至长春、沈阳，南至广州、佛山、江门、深圳；走访了很多档案馆，甚至深入村镇，采访我的故乡原新会县丹灶乡振振里（现属江门市新会区）。我心想，如果不是受条件限制，他们还会到我的出生地香港，甚至到我的父辈生活过的地方印尼泗水（Surabaya）去采访。他们的敬业精神，使我十分感动！

采集小组的辛勤劳动，当然也带来了丰硕的收获。采集小组在一年多的时间里先后进行了34人次口述访谈，其中直接访谈10多个小时，间接采访近23个小时，录制了9小时的视频，访谈录音整理稿多达44.5万字；还采集到旧有音像资料10件，334分钟。采集小组还很注重实物资料的采集，先后去了中科院长春应化所档案室、江门市档案馆、佛山市档案馆、华英中学旧址（佛山一中）、广东省档案馆、中山大学（岭南大学旧址）档案馆、厦门市电视台、厦门大学等地方，还多次到我的办公室及家里采集相关资料，收集资料近1500件，并按采集工程要求整理、编目、提交。他们对采集到的资料进行反复讨论、理解消化、挖掘新的线索，随着了解的逐步深入，研究报告几易其稿，比较详细系统地叙述了我的家庭背景、求学经历、教学与科研工作等学术成长的情况。

我的生活经历了从南到北、从北到南的几次大搬迁，又经历了"文化大革命""破四旧"，所剩资料很有限，但我把我现在手头上有的大部分获奖证书、证件和手稿、信件等原件，都捐赠给采集工程馆藏基地，也算是我对采集小组工作和"采集工程"的一点点支持吧。

最后，我想要对国务院、中国科协、教育部和厦门大学领导主持和支持这个采集工程表示由衷的感谢！对于将庸碌一生鲜有建树的我选入采集工程，实在是十分愧疚！唯望能当一个"反面教员"，或许对后生们不无裨益。

2013年11月

目 录

老科学家学术成长资料采集工程简介

总序一 ·· 韩启德

总序二 ·· 白春礼

总序三 ·· 周　济

入选有感（序）·· 黄本立

导　言 ··· 1

| 第一章 | 父母早逝　家道中落 ······················ 15

　　没有"出生纸"的香港仔 ······················ 15
　　故乡和祖父 ·· 19
　　沃土幼苗遭霜雪 ···································· 21

| 第二章 | 日寇侵华　艰难求学 ······ 24

　　在逃难中求学 ······ 24
　　唯一的"寄宿生" ······ 26
　　也是一种学习 ······ 31

| 第三章 | 培正华英　精神洗礼 ······ 33

　　"选择"从这里开始 ······ 33
　　"我不会让您失望的" ······ 37
　　难忘的华英 ······ 39
　　"我想我就是这样的人" ······ 42
　　破碎从军梦 ······ 45

| 第四章 | 岭南工读　名师指点 ······ 49

　　岭南大学的工读生 ······ 50
　　师恩难忘 ······ 57
　　在风雨中学习成长 ······ 62
　　不二的选择 ······ 66

| 第五章 | 兴趣闪光　变废为宝 ······ 70

　　他的兴趣是摄影 ······ 70
　　原来兴趣可以在这里闪光 ······ 76
　　责任心是枚定海神针 ······ 79

| 第六章 | 服从需要　发展学科 ······ 82

　　分析任务带光谱学科 ······ 82

"最完美的双电弧" 88
建立国内第一套原子吸收光谱装置 91

第七章 | 认真教学　喜结良缘 95

光谱学习会 95
光谱物理训练班 99
喜结良缘 102

第八章 | 经受炼狱　不忘科研 107

"九国特务"被隔离 107
生死之间显信念 111
同舟共济渡难关 115
靠边站也得干 118

第九章 | 时不我待　硕果频出 122

肩上添担子 122
看准了就盯住不放 129
在交叉学科中探索 132

第十章 | 南下支援　开创新篇 135

"妇唱夫随"到厦门 136
拐个弯回到本专业 139

第十一章 | 追赶前沿　再接再厉 143

建设国内一流的光谱实验室 143

推陈出新见成果····················147
　　水到渠成当选院士··················152
　　马不停蹄　扩大成果················154
　　不当官　但不能不为社会尽力··········157

第十二章 | 自搭仪器　呼吁国产 161

　　视设计搭建仪器装置为己任············161
　　教会学生动手搭建仪器装置············166
　　呼吁重视仪器产业··················170

第十三章 | 锲而不舍　促进交流 174

　　"我们是一个团队"·················175
　　四年磨一剑······················178
　　余音缭绕的盛会···················185

第十四章 | 严师播爱　桃李芬芳 189

　　传道授业解惑····················190
　　严爱相济························192
　　以身作则　言传身教················198

第十五章 | 相濡以沫　同绘彩霞 204

　　亲情满满三代人···················205
　　有了这样的另一半　幸福暖人心········210
　　不用扬鞭自奋蹄···················212
　　相依相伴绘彩霞···················216

结　语 ·· 221

附录一　黄本立年表 ····································· 234

附录二　黄本立主要论著目录 ····························· 260

参考文献 ·· 270

后　记 ·· 272

图片目录

图 1-1　黄本立的祖父黄宏沛 …………………………………………… 16
图 1-2　黄本立的祖母林云英 …………………………………………… 16
图 1-3　黄本立的父亲黄仕廉 …………………………………………… 17
图 2-1　1939 年黄本立摄于香港 ……………………………………… 29
图 3-1　1943 年黄本立摄于广西贺县八步 …………………………… 40
图 3-2　1945 年黄本立借读梅州中学后获得的临时毕业证明书 …… 48
图 4-1　珠江、白云山和小河沟——岭南大学校徽原形 …………… 51
图 4-2　岭南大学校徽 …………………………………………………… 51
图 4-3　1946 年黄本立摄于岭南大学 ………………………………… 52
图 4-4　1947 年黄本立在岭南大学工读时的工资计算单 …………… 54
图 4-5　1947 年黄本立忙里偷闲驾着同学梁蕲美自己动手造的小艇在
　　　　岭南大学旁的珠江试航 ……………………………………… 55
图 4-6　20 世纪 80 年代黄本立与恩师高兆兰先生促膝交谈 ………… 58
图 4-7　1950 年黄本立北上参加工作前摄于广州 …………………… 67
图 5-1　岭南大学科学馆 ………………………………………………… 71
图 5-2　1955 年摄于长春 ………………………………………………… 73
图 5-3　20 世纪 50 年代黄本立拍摄的同事工作照 …………………… 74
图 5-4　1950 年黄本立在中科院吉林应化所假日值班 ……………… 78
图 5-5　1956 年黄本立在中科院吉林应化所实验楼暗室里工作 …… 78
图 6-1　1955 年黄本立在中科院吉林应化所做原子光谱分析实验 … 84
图 6-2　电极系统示意图 ………………………………………………… 88
图 6-3　双电弧基本电路简图 …………………………………………… 89
图 7-1　1954 年吴钦义在中科院吉林应化所给光谱学习会学员讲课，
　　　　在国内推广光谱分析技术 …………………………………… 96

图 7-2	1954年光谱学习会学员在中科院吉林应化所实验室做测微光度计实验	96
图 7-3	1954年在中科院吉林应化所工作人员和光谱分析学习会参加人员合影	97
图 7-4	1954年光谱组获吉林应化所先进小组称号	98
图 7-5	光谱物理班全体学生和老师合影	100
图 7-6	1960年黄本立夫妻于长春合影	102
图 8-1	1969年黄本立在"牛棚"里"研制"出来的曲线板——量角器	113
图 8-2	钽舟电热原子化装置示意图	120
图 9-1	1975年吉林应化所第八研究室光谱组成员合影	123
图 9-2	黄本立第一次赴美参加1982年冬季等离子光谱会议并做邀请报告	125
图 9-3	1985年参加第二届中日分析化学会议时参观东京大学	126
图 10-1	1985年张佩环与卢嘉锡院士等合影	137
图 10-2	1988年黄本立伉俪与厦大技术科学学院院长吴存亚教授伉俪合影于胡里山古炮台	138
图 11-1	1990年黄本立与第一批博士后们合影	146
图 11-2	1991年黄本立在德国Überingen与Alan Walsh伉俪、Walter Slavin、倪哲明等共进晚餐	148
图 11-3	1991年参加第27届国际光谱会议	149
图 11-4	1997年3月黄本立参加美国匹兹堡会议后顺访佛罗里达大学，并挤出时间与正在该校做博士后的学生杭纬一起做国内没有条件进行的实验	157
图 12-1	一种以复合光积分光强控制摄谱曝光量的装置	164
图 12-2	1992年黄本立在广东省商品检验局实验室	169
图 12-3	黄本立与王大珩院士、朱良漪先生等参加北京瑞利分析仪器公司光谱仪器鉴定会	172
图 13-1	1987年黄本立在多伦多参加第25届国际光谱会议时与华裔科学家合影	175
图 13-2	2003年黄本立与同事在西班牙第35届国际光谱会议申办展台前合影	177

图 13-3	2007 年制作的第 35 届国际光谱会议纪念邮票	182
图 13-4	2006 年黄本立发生车祸后在重症监护室过 81 岁生日	183
图 13-5	2007 年 9 月黄本立作为大会主席在厦门市人民会堂第 35 届国际光谱会议开幕式上致辞	184
图 13-6	2007 年 9 月 24 日黄本立作为大会主席在第 35 届国际光谱会议颁奖典礼上为 Gary M. Hieftje 教授颁发本届 CSI 奖	185
图 13-7	2007 年 9 月 25 日在第 35 届国际光谱会议晚宴会上黄本立为北京吉天仪器有限公司董事长刘明钟颁发优秀 Poster 奖	187
图 14-1	1980 年黄本立在中科院长春应化所实验室指导学生	193
图 14-2	20 世纪 90 年代黄本立和博士后杨芃原在厦门大学讨论实验	195
图 14-3	1999 年黄本立在厦门大学指导学生做实验	196
图 14-4	2005 年 9 月黄本立与他的学生们在 80 周岁庆典上合影	197
图 14-5	黄本立"十诫"幻灯片	199
图 14-6	2008 年黄本立在北京大学做讲座	200
图 14-7	2009 年黄本立到厦门大学漳州校区做讲座后为学生题词	202
图 14-8	2008 年黄本立参加厦门青少年科技创新竞赛活动	203
图 15-1	1988 年黄本立当上姥爷	205
图 15-2	2000 年黄本立于多伦多参加外孙女小学毕业典礼后拍的全家福	208
图 15-3	亲情	209
图 15-4	2001 年黄本立夫妇摄于鼓浪屿	210
图 15-5	2005 年黄本立获"全国先进工作者"荣誉称号,出席国务院文艺晚会	213
图 15-6	2010 年黄本立于四川成都第四届亚太地区冬季等离子体光谱化学会议获"原子光谱分析终身成就奖"	214
图 15-7	2004 年江门乡亲热烈欢迎黄本立伉俪回乡	217
图 15-8	2012 年 12 月黄本立伉俪于深圳参加第四届化学部资深院士联谊会	219

导 言

黄本立在新中国的光谱领域，诚如中国科学院院士陈洪渊 2005 年为黄本立八十①华诞题词中所说，他"业绩辉煌，高山仰止，师德垂范，教泽广布"②。黄本立在 1984 年成为我国第一位以原子光谱分析为研究方向的博士研究生导师，1993 年成为我国原子光谱分析学科领域的首位院士，足见他为新中国光谱学科的开拓与发展做出了卓越的贡献。黄本立在这个领域的贡献与地位，看似无心插柳柳成荫，实则是一个真正的科学工作者默默耕耘的必然结果。研究黄本立的学术成长历程，对青年学子有着借鉴与启迪意义。

黄本立 1925 年 9 月 21 日出生于香港一个印尼归侨家庭，祖籍广东省新会县。他命运多舛，2 岁③丧父，4 岁随母亲回乡，5 岁丧母，9 岁才入学，13 岁起因日寇南侵，开始了随家人四处逃难的生活。14 岁独自一人留在香港读小学，17 岁千辛万苦来到祖父经营矿业的广西八步，却求学无门，只能在两广正受日寇狂轰滥炸之际，独自一人来到广东坪石，以

---

① 八十华诞是指黄本立 80 周岁，虚岁 81 岁。
② 林永生主编：《热烈祝贺我国著名分析化学家黄本立院士八秩华诞暨从事科研教育工作五十五年》。厦门：厦新出（2005）内书第（91）号内部交流，第 4 页。资料存于采集工程数据库。
③ 本书按虚岁计算，即黄本立 1925 年出生为 1 岁，1926 年为 2 岁，以此类推。

同等学历考上培正培道联合中学初中二年级。为了夺回被耽搁的时间，一年后，他跳级考上华英中学高中部，但三年的学业还是被日寇搅得断断续续，支离破碎，作为家庭经济支柱的祖父又在他读高二时去世。面对多舛的命运，黄本立不畏艰难，勤奋刻苦，靠助学金、奖学金、勤工俭学和同学的资助，艰难地维持学业。1945年考入广州岭南大学物理系，1946年获该系最优成绩奖，1947—1949年获国际学生奖学金。1949年春因病停学休养，新中国的诞生使他放弃了继续读完大学并赴美留学的机会，毅然在大病初愈注册复学后不久，于1950年初北上长春，开始了他为之奋斗了半个多世纪的光谱分析研究历程。

黄本立于1950年3月进了东北科学研究所[①]，进入刚成立的光谱组。光谱分析属于分析化学，被归入"服务型行业"。"在一些人的眼中显得不那么重要"，但黄本立认为，"分析化学是科学技术和各行各业的'眼睛'，在客观上有所需求……'分析科学'（analytical sciences）这个词亦已经被广泛接受"[②]。他对于既是一种技术、又是一门学科的光谱分析，从不因为它在某一项大的科研项目里往往只是为主项目服务的配角而小觑它，而是把它当作特定科学研究的诸多环节中必不可少的一环，不仅扎扎实实做好每一项分析，还力求在理论研究上有所突破。

在中科院所属的科研机构中，中科院长春应用化学研究所早在1954年6月就将"应用"二字镶嵌在自己名字中了，当时叫中国科学院吉林应用化学研究所。黄本立得其精髓，脚踏实地，甘当配角，却又把它当作一门科学，全面系统研究它、应用它。他的不少同行，包括他的学生，研究方向都有所变化，唯独他几十年如一日，从未离开过对原子光谱分析的研究，至今仍觉得还有许多事情没做完。如果把黄本立在光谱分析领域所做

---

① 该所名称几经变更：1948年10月19日长春解放后，在伪满大陆科学院的废墟上建成东北工业研究所，隶属东北人民政府工业部；1949年9月起改称东北科学研究所，简称东科所；1952年8月改为中国科学院长春综合研究所，简称长春综研所；1954年6月改称中国科学院吉林应用化学研究所，简称吉林应化所；1978年12月14日，正式定名中国科学院长春应用化学研究所，简称长春应化所。

② 黄本立：2015年化学学科发展专题论坛（续）·世纪之交的分析科学——回顾与思考。《化学进展》，2001年第13卷第2期。

过的工作和研究归纳一下，大致可分为以下五类。

一是金属与合金的发射光谱分析。1950年进行的电解锌的光谱定性分析，虽是为配合研究所无机研究室的研究工作而做，却是该所的第一项发射光谱分析工作；1951年球墨铸铁中镁的光谱测定——这是为配合机械研究室的球墨铸铁研究而建立的方法，也是所里的第一项光谱定量工作。该方法建立后，为抚顺机电厂等分析了数百个样品，取得满意的结果，一些大企业纷纷派人来学习该法；1952年不仅到沈阳某厂为该厂建立了三七黄铜中铁铅杂质的光谱测定法，还为他们培养了光谱分析人员，使该厂在做该项分析时能用光谱法代替化学法，并发现和解决了该厂进口摄谱仪的聚光系统出现的干涉条纹叠加到光谱上去的问题。1953年参加了特种不锈钢光谱定量分析的研究。

二是矿石矿物及纯物质等粉末样品的发射光谱分析。其中主要做了五项研究：

（1）1953—1954年建立的钨矿中微量铍的光谱测定方法——这是该所为冶金部建立的全分析方法的一部分。此法建立后为冶金部分析了许多重要样品，均取得满意结果。他曾在科学院1955年分析化学研究工作报告会上宣读过这项工作报告并获大会好评。

（2）1954年为某矿建立了目测半定量方法——钼矿光谱半定量分析。工作过程中，他在国外的"数阶法"的基础上提出了一种"接线法"，不仅发展了"数阶法"，还对这两种测光方法进行了理论上的分析。该测光方法曾为吉林大学等单位采用，其理论分析部分被《发射光谱分析》[①] 第七章所引用。

（3）1955—1956年在做电解铜阳极泥中硒的光谱测定中，在国内首次建立了用发射光谱法测定微量难激发元素硒的方法，并观察了低电压电容放电各电子参数对硒的谱线强度及背景强度的影响。

（4）1959—1960年建立了氧化铌中微量钽、钛和氧化钽中微量铌、钛的光谱测定法。并在建立方法过程中提出了一种新的电解构型——环槽电

---

① 《发射光谱分析》编写组：《发射光谱分析》。北京：冶金出版社，1977年出版，1979年再版。

极。这种电极对分析难熔粉末样品中的难挥发杂质有较好的效果，它曾被长沙矿冶所等单位采用，并被收入《发射光谱分析》一书的第五章。

（5）此外，他还参加了一系列相关工作，如混合稀土分析（1956年）、混合稀土元素光谱图（1959年）和纯石墨分析（1964年）等。

三是进行激发光源的研究。在以下四个方面取得突出成就：

（1）1957年提出了一种在国内外产生很大反响的新的双电弧电路。

（2）1963年进行空心阴极灯光源的研究时，在建立空心阴极光源的工作气体循环系统时，设计了一种高效率小型循环泵，它在出气口压强约为20托[①]时，仍能使气体很好地循环；并能将堵住一头的空心阴极管抽空，使在换电极时不浪费气体。复旦大学物理系等不少单位都索取了该泵的图纸及实物，用这种空心阴极光源做过氧化铍中氟的直接测定，测定下限达10ppm，优于当时苏联文献报道的结果。

（3）1976年起进行的感耦等离子体光源的研究，在两个方面取得明显效果：一是建立了装置，并在这个过程中用在振荡器的直流电源上加入 Π 形滤波器的办法解决了等离子体放电声响的问题。该办法已为国内许多单位如上海冶金所、上海硅酸盐所、清华大学及生产该种高频发生器的工厂所采用。二是在研究各种参数对等离子体光谱的影响中，较深入地观察并分析了各种参数对不同电离电位的元素的不同激发电位的谱线和对背景的影响等，还做了一些样品分析。

研究乙醇溶液的影响的工作当时虽未结束，但已得到一些很有意思的结果，观察到了一些前人没有详细报道过的规律性，并于1981年9月完成了分析啤酒、酿造果酒及烈性酒中某些金属元素的方法。

（4）从1980年起进行低压控波光源的研究时，在国内尚未有相关文献报道的情况下，参考Baird公司的电路研制了一台实验装置，然后研究了它的分析性能。

四是光谱仪器的研究。20世纪50年代，他就在中国科学院自动化所杨嘉墀先生和苏联专家的指导以及兄弟单位的协作下，完成了用 ИСП-

---

[①] 1托=133.322帕。

51型摄谱仪改装的光谱分析光电装置的研制工作，并在1958年第一届全国光谱会议全体大会上宣读了研究报告，是国内最早发表的光电直读光谱工作之一。1963年，他在国内首创了一种以复合光积分光强控制摄谱曝光量的装置，十多年后还有人采用类似的装置进行撒样法矿样分析。1971年，他又为国内首创的X线激发光学荧光光谱仪的设计提出了总体设计方案和光栅单色仪光学布局和参数，以及部分部件的设计。

五是原子吸收光谱分析法的建立和研究方面。他早在1961年便在十分困难的条件下建立了国内第一套原子吸收装置，后来又用它进行了三项国内最早的原子吸收研究工作。

（1）用原子吸收法测定溶液中的钠。围绕这项研究，他在1963年全国超纯测试基地第二届年会上做了两个报告：一是宣读这项研究报告，报告发表于1964年，是国内首次发表的原子吸收论文；二是做了"原子吸收光谱在化学分析上的应用"的综述报告，发表于《科学仪器》创刊号上。

（2）1964年对原子吸收光谱法及火焰光度法测定钠时几种醇类溶剂的影响的研究。这项研究对醇类影响的机理从实验上和理论计算上做了探讨，并写出国内第一篇关于原子吸收基础研究的论文，曾于1965年在第二届全国光谱会议上宣读过。

（3）关于原子吸收分析用的一种钽舟电热原子化装置的研制，1972年就建立了包括钽舟原子化器在内的一整套原子吸收装置，并做了铅铜等元素的测定。这是国内首批无焰原子吸收法的工作之一，该装置后来被合作者用于血样分析。

从黄本立在工作中的表现看，他一直是国家需要什么，他就一门心思做好什么，扎扎实实地从一项一项的具体工作做起。为了把工作做得更好，他的眼光时刻紧盯原子光谱分析领域的新动向和新进展，敏锐观察，勤于思考，开拓求新，一看到新技术的苗头，就根据需要和可能，锁定目标进行研究。因此，在他所从事的光谱分析领域，他体现出一种开拓奋斗精神，在光谱分析新方法、新技术、仪器装置和机理等方面的研究都多有建树，成了一位极具创造性的主角。也因此，他还对诸多很有前途的新技术的率先研究，起了倡导作用。更因此，他在同行中脱颖而出，1984年成为我国第一位原子光谱分析专业方向的博士生导师，奠定了他在我国原子光谱分析领域的学术带头人地位。他主持的"光谱感光板测光自动化"课题，于1985年获中国科学院重大科技成果二等奖。

也正因为这种精神，他不仅在长春应化所的36年里创造了多个全国第一，还在已到退休年龄的1986年，奉调进入厦门大学，在短短几年内从无到有地建成了一个在仪器设备水平和研究工作水平都堪称国内一流的原子光谱实验室，带出一批新人，开创出一片新天地，取得了一系列骄人的业绩，使光谱分析事业，越做越红火。

20世纪80年代末，他和他的团队建立了流动注射电化学氢化物发生法，研究了流动注射－电化学氢化物发生技术和一些非传统性氢化物发生技术，可与光谱/质谱联用，使氢化物发生法不必使用硼氢化物。这项成果1991年在国际光谱会议上发表后，引起同行们的广泛关注。

20世纪90年代初，他开展了强电流微秒脉冲供电（HCMP）空心阴极灯激发原子和离子荧分析法的研究，使包括一些稀土元素在内的多种元素的检出限改善了几倍至几十倍。HCMP技术于1997年获得中国专利，并已成功地应用于辉光放电发射光谱和飞行时间质谱仪上，2000年获福建省科技进步一等奖。

对他的科研成就，方肇伦院士称，他是"光谱泰斗、科技先锋"，徐晓白院士、倪嘉赞院士和任英研究员伉俪、张玉奎院士尊他为"光谱先驱"、"光谱大师"，田昭武院士称赞他"为新中国光谱科学事业的开拓发展做出了巨大的贡献"，俞汝勤院士赞扬他"推进化学与物理学交缘融合，开拓光谱分析发展新路"[1]……2002年，黄本立荣获"福建省优秀专家"称号，2003年荣获"福建省先进工作者"称号，2005年4月30日光荣地被授予"全国先进工作者"称号，2010年又被授予"原子光谱分析终身成就奖"。2015年4月6日，91岁的黄本立喜获"厦门大学南强杰出贡献奖"，2016年3月，还获中共福建省委、福建省人民政府颁发的"福建省第四届杰

---

[1] 林永生主编：《热烈祝贺我国著名分析化学家黄本立院士八秩华诞暨从事科研教育工作五十五年》。厦门：厦新出（2005）内书第（91）号内部交流，第2-5页。资料存于采集工程数据库。

出人民教师"荣誉称号。

而黄本立认为,他在原子光谱分析领域所做的一切,不过是尽责而已。2012年8月20日,黄本立应邀在沈阳召开的"第二届全国原子光谱分析及相关技术会议"上做了一场题为"雪泥鸿爪———一个花甲的原子光谱生涯"的报告。报告末了,他既引用了从苏轼诗《和子由渑池怀旧》衍化而来的一个成语"雪泥鸿爪"[①],又引用了朗费罗[②]的一段诗和钰儿的译文[③]作为自己报告的结语。这是他对自己60多年原子光谱分析生涯的回顾、总结和自我评价。在他看来,自己做过的一切,犹如飞鸿脚爪踏在雪泥地上,偶然留下指爪痕迹罢了。在飞快发展的科学史上,个人研究痕迹转瞬即逝,不值一提,虽然偶有"鸿爪留身后,遗泽印时光",但是"或有飘零人,苦海中浮沉,睹我足印时,衷心又振奋",他也足以自慰了,决无值得炫耀之处。也许,这就是黄本立:不乏自信,但为人低调。

实际上,他不仅是一位成就卓著的科学家,还是一位教育实践经验丰富、桃李满天下的教育家。但教师职业对他来说,仍是他科学研究工作的延伸,是他为分析化学学科的发展做贡献的一个有机组成部分。他含辛茹苦培育英才,是想为现代分析学科增辉;他为严谨求实的学风鼓呼,是为了有更多的人为科研攀高峰;他对学生的爱,不仅仅是出自教师的职责,更是考虑国家分析化学学科的发展。如此的心胸,使他完全突破了门派观念,不管是否他的学生,只要是人才,他都会掏心掏肺,鼎力相助;他也十分关心青少年的成长,多次参与厦门市"大手拉小手"、青少年科技竞赛等活动,与福州、厦门的中小学生谈心,鼓励他们努力学习文化知识、探索科学真理,坚持踏踏实实做人、认认真真做事,勇于挑战权威,勇于追求真理,解放思想,实事求是。

有了这样的心胸,他一直把学生当成自己的同事、合作者,时时刻刻关心他们,即便是出国访问讲学,只要时间安排得开,他都会就近看望学

---

① 苏诗全文:"人生到处知何似,应似飞鸿踏雪泥。泥上偶然留指爪,鸿飞那复计东西。老僧已死成新塔,坏壁无由见旧题。往日崎岖还记否,路长人困蹇驴嘶。"

② 美国诗人 Henry W. Longfellow(1807–1882)。

③ 钰儿对朗费罗原诗的译文:"伟人洵不朽,我亦能自强。鸿爪留身后,遗泽印时光。或有飘零人,苦海中浮沉,睹我足印时,衷心又振奋。"

生，在与他们讨论科技动态或他们的论文的同时，不忘介绍国内情况，希望他们学成回国工作，还虚心地向他们学习自己不熟悉的东西。在与学生合作研究、撰写文章时，他从来都要求不以资历排名，而是按各人所出之力排名，对自己未参与的研究，他更是绝不署名。

严师出高徒，他的学生一毕业，用人单位都抢着要，他指导培养的硕士、博士、博士后，不少人如今已成为教学、科研的骨干和学术带头人，有的成了知名博导。但他们都谨记师训，敬业尽责，在各自的岗位上干得风生水起。可以说，黄本立调到厦门大学后的成就，不仅体现在科研上面，更体现在人才培养上面。

黄本立的学术成长值得研究，他以其在光谱分析学科领域的特有贡献，被"老科学家学术成长资料采集工程"列入了第二批采集对象。

采集过程

2012年4月，我们接受了厦门大学老科学家采集工程领导小组的指派，成立黄本立资料采集工作小组。我们怀着任重道远的紧迫感，赴北京参加了中国科协的采集工程人员培训班后，立即着手制定工作方案，并确定了"从间接采访开始，资料采集贯穿始终，在半年内拿出研究报告写作提纲，用半年时间写出初稿，再用半年时间修改、补充并写出结题报告"的工作计划。

我们很幸运，厦门大学和厦大化学化工学院的领导都很支持资料采集工作，黄本立更是鼎力支持，其他工作能往后推就尽量往后推，把很多时间都奉献给采集工作。黄本立身体健康、思维敏捷，又有保存资料的好习惯，资料采集工作进展相当顺利。我们不仅采集到黄本立正式出版、发表的专著、论文和相关评论文章，还采集到他早期的一些档案资料和手稿、书信，如高中临时毕业证、大学时期勤工俭学领薪酬的单据、20世纪五六十年代的教学大纲、六七十年代六七本读文献手抄本、八九十年代大量的往来信件（含大量私信），其中有的记录了他从长春应用化学所调到厦门大学时的思想，有的反映了他与国内外学者交流情况等，对于系统地反映其学术成长历程有较大的帮助。

为如期完成口述访谈任务，我们在收集资料的基础上，较早研究并确定了间接采访对象，及时拟订了几十份采访提纲，并事先邮发给有关采访对象，以便他们能做好准备。黄本立的学术界朋友、学生和亲人遍布全国甚至世界各地，间接采访本是一项耗时费力的事，但我们运气颇佳。黄本立远在异国他乡的弟子林跃河、女儿黄英、外孙女曹菲等正好在我们采访期间陆续回国探亲；第二届全国原子光谱及相关技术学术会议又于2012年8月19—21日在沈阳召开，黄本立应邀与会做报告，我们也趁机提早联系可能到会的拟定采访对象。

考虑到外出采访，时间特别珍贵，能在本地解决的问题，决不能留着占用异地采访时间；于是我们抓住时机，在2012年5—7月采访了其时在厦门大学的黄本立的部分亲属、同事和学生。然后不畏酷暑，放弃暑假休息时间，在沈阳会议开始前及时赶到，在大会期间抽空采访，苦干几天几夜，完成了各项采访任务；沈阳会议结束后，我们就近直奔长春应化所，住了近十天，每天不是采访就是一头钻进档案室、图书馆，寻找能反映黄本立学术成长的相关资料。

我们正式或非正式地走访了60多人次，其中有录音的正式采访35次，受访者37人次，整理采访录音共计1918分钟（近32小时）；对黄本立的直接访谈为12小时，共整理录音文字稿达44.5万字；视频资料共840分钟，其中口述访谈的高清视频录制8小时。

为了采访尽可能多的人，也为了尽可能全面地采集实物资料，我们走访黄本立家乡广东省江门市、佛山市、广州市及佛山一中、中山大学的档案馆；长春应用化学研究所的档案室、资料室、展览馆以及厦门大学档案馆、人事处档案室、科研处和黄本立的办公室、书房等处，共采集到并已数字化的资料有：传记类18件88页；证书类115件；证件类115件；信件类263件；手稿类42件；学术论文283篇；非学术论文著作12篇；译、著 117 部；报道类 98 篇；学术评价文章 19 篇；音频资料 58 件；视频资料 77 件；档案类 128 件；图纸类 4 件；其他资料 86 件；照片类 233 件。

从访谈及所采集的资料，特别是一些传记类文章、学术评介文章看来，截至我们搜集材料之时，尚未出版过黄本立传记。不过，或比较全面、或从某个角度报道有关黄本立的文章有一些，我们已从各类报纸、杂志和其他出版物上采集到传记类文章 18 篇，报道文章 98 篇。

在 18 篇传记类文章中，王尊本以"黄本立"为题写了 2 篇[①]，均保存在黄本立院士办公室。前者介绍了 1993 年 11 月当选为中国科学院（化学部）院士的黄本立从 1925—1993 年的求学历程、工作经历和各类发明及已发表的论文；后者介绍了黄本立在原子光谱分析的基础理论、新科技、新方法、新仪器及其应用研究的成果和贡献，主要包括原子发射光谱方面、电感耦合等离子体光源方面、原子吸收光谱以及原子荧光光谱等。

林峻越等写了三篇："热烈祝贺黄本立院士八十华诞"[②] "天行健，君子以自强不息——记中国科学院院士、厦门大学教授黄本立"[③] "黄本立"[④]。前两篇文章从不同侧面介绍了黄本立五十多年来以刻苦勤奋、不畏艰难、勇于开拓奋进和创新的精神，在研究工作中创造了多个国内领先或第一的业绩；发表在《20 世纪中国知名科学家学术成就概览——化学卷》的这篇传记比较全面地介绍了黄本立的成长历程、主要研究领域和学术成就等内容，参考价值较高。资料存于采集工程数据库。

《分析化学》期刊上发表的"德高望重 硕果辉煌"一文[⑤]，在祝贺黄

[①] 王尊本：黄本立。见：《1993 中国科学院院士 1994 中国科学院外籍院士》。杭州：浙江科学技术出版社，1998 年 4 月，第 67-70 页；《中国高等学校中的中国科学院院士传略》。北京：高等教育出版社，1998 年 4 月，第 251-252 页。

[②] 林峻越等：热烈祝贺黄本立院士 80 华诞。《光谱学与光谱分析》，2005 年第 25 卷第 8 期，第 1169-1170 页。

[③] 林峻越："天行健，君子以自强不息"——记中国科学院院士、厦门大学教授黄本立。见：《科技闽星谱—福建省王丹萍科学技术奖获奖者报告文学集（3）》。福州：海潮摄影艺术出版，2006 年 10 月，第 57-71 页。

[④] 林峻越：黄本立。见：《20 世纪中国知名科学家学术成就概览——化学卷》。北京：科学出版社，2012 年 8 月，第 271-281 页。

[⑤] 《分析化学》编委会、编辑部：德高望重 硕果辉煌。《分析化学》，2005 年第 33 卷第 9 期，扉页。

本立院士八十华诞的同时，介绍了黄本立一生的工作、科研和生活，已入馆藏基地。

厦新出（2005）内书第（91）号的《热烈祝贺我国著名分析化学家黄本立院士八秩华诞暨从事科研教育工作五十五年》于2005年9月印行，林永生主编，已入馆藏基地。此出版物收录了专家领导赠予黄本立的题词、各类祝贺文章，黄本立的自传、简历、担任职务、所获奖项、各个时期照片及论文目录等。这本册子是采集工程的重要参考资料。

于小央撰写的"黄本立"[①]，介绍了黄本立的成长历程、主要研究领域和学术成就等内容，存放处不详。

白蓝撰写的"乐为祖国育英才——记中科院院士、原子光谱学家黄本立教授"[②]介绍了黄本立在厦门大学工作期间科研、工作、生活的点点滴滴，存于黄本立院士办公室。

由梁礼忠编著的"客属名校又一骄子——记著名分析化学家黄本立"[③]，介绍了黄本立的求学历程、工作经历和已发表的论文等，存于黄本立院士办公室。

此外，黄本立自己撰写的"我的后半辈子"[④]，介绍了他自1950年春"北上"以后这"后半辈子"的工作情况和生活趣事，另有几篇以"黄本立"为题，简要介绍他一生求学历程、工作经历、任职情况，以及学术上的成就等，收录在不同的出版物[⑤]。资料都存于黄本立院士办公室。

[①] 于小央：黄本立。见：《当代福建科技名人》。福州：福建科学技术出版社，1989年。

[②] 白蓝：乐为祖国育英才——记中科院院士、原子光谱学家黄本立教授。见：《南强风采》。厦门：厦门大学出版社，2002年。

[③] 梁礼忠编著：《客家院士》。香港：天马图书有限公司，2002年，第218-220页。

[④] 黄本立：我的后半辈子——黄本立自述。见：林永生主编，《热烈祝贺我国著名分析化学家黄本立院士八秩华诞暨从事科研教育工作五十五年》。厦门：厦新出（2005）内书第（91）号内部交流，2005年，第13页。资料存于采集工程数据库。

[⑤] 这些出版物有：(1) 江涛等主编：《中国专家大辞典》。北京：中国人事出版社，1999年，第226-227页。(2) 中华爱国工程联合会：《中华兴国人物辞典》。北京：中国文联出版社，1999年，第9647页。(3) 中国光学学会：《中国当代名人录》，1992年，第817页。(4) 中国光学学会：《光谱学与光谱分析》，1992年。(5) 中国科学院学部联合办公室编：《中国科学院院士画册（1993-1999）》。上海：上海教育出版社，2001年，第47页。(6) 中国科学院院士工作局：《中国科学院院士画册》。济南：山东教育出版社，2006年，第230-231页。

有了访谈及所采集的资料，特别是有这 18 篇传记类文章和 98 篇报道，加上 19 篇学术评介文章，我们对黄本立的学术成长历程有了大概的了解，尤其在如下三方面有了比较清晰的认识：一是黄本立的经历及家庭背景、社会环境、所受教育对其性格特征、世界观的影响；二是黄本立在光谱分析领域耕耘六十多年的发展脉络、主要成果及其对学科发展的贡献；三是黄本立学术风格及其思维特征。

鉴于采集组成员对黄本立研究领域的了解程度并不相同，有的甚至一无所知，我们坚持采集与学习同时进行，王尊本教授还主动承当起"扫盲"任务。因为我们都明白，要写好黄本立，首先得读懂黄本立，对他的研究领域有所认识并进一步感知他在科研中的精神世界。为此，自采集工程启动后，我们不仅把采访过程、采集资料过程都当作学习过程，还不错过任何一个黄本立做报告的机会，不仅听讲、学习，还尽可能争取时间了解听众看法，甚至把黄本立的论文集和他的专著当作必读书，即便看不懂也硬啃。就这样，经过七八个月的努力，我们总算理清黄本立的学术成长历程及其科研特征、主要学术成就，把握了他成长过程中的几个关节点，并对其精神境界有所感悟，于 2013 年 2 月拟好黄本立研究报告的写作提纲。然后几经研究讨论，再进入写作过程。

关于本书

本传记取名《绚丽多彩的光谱人生：黄本立传》，体现了我们对黄本立及其一生的认识——光谱本身就有彩虹般的色彩，一生从事光谱分析研究的黄本立，不仅业绩辉煌，而且他本人也多才多艺，精神世界极为丰富。

本书从纲目到具体内容都几经修改，最后还经过黄本立亲自审核，逐章修正。全文近 16 万字，分为 15 章，采取纵横结合的结构方式，除第 14 章集中谈黄本立的为师之道外，总体上按时间先后安排各章，每章节分别阐述某一阶段的重要节点。

大致说来，15章可以分为五个部分：

第1-4章，写他的出生、家世及其所受教育。写清楚这些，就写出他日后成功的基础、师承关系，写出他语文基础扎实、英语水平高、科研能力强、兴趣广泛的基本原因。

第5-9章，写他在长春应化所36年创下的一系列全国第一，其中突出以下几个关节点：①立足国家需要，让个人兴趣在我国光谱事业的发展中发挥作用；②在为国家建设服务中发展光谱学科，做出成就，如建立被誉为最完美的双电弧、搭建国内第一套原子吸收光谱装置，走上一生坚持的仪器装置搭建之路等；③在应化所如何走上高等教育之路；④在"文化大革命"中如何战胜个人遭受的冤屈痛苦，偷偷搞科研；⑤"文化大革命"一结束，看准国际上刚露优势的ICP光源，为我国这方面工作打开局面。

第10-13章，重点写他调到厦门大学后如何在毫无基础的情况下，做了三件在当时影响很大的事。一是组建一支令人羡慕的科研队伍、建立在国内堪称一流的光谱实验室；二是开展一系列创新的研究（如流动注射电化学氢化物发生法、强短脉冲辉光放电等项目）并做出突出成绩，引起国际同行重视；三是用十年的努力争取了该领域最高规格的国际光谱会议在厦门召开，并用四年的精心筹备使得该会圆满成功。

第14章，专门写作为全国优秀教师的黄本立的"为师之道"。

第15章，主要写他退居二线后的生活，顺便写他的家庭，与夫人一辈子的相濡以沫，还有他如何继续推动光谱事业的发展。

我们希望通过这本传记及概括其主要学术成就的导言、点明其学术成长特点的结语，能比较完整地描绘出黄本立的学术成长经历，真实地展现黄本立紧跟学科前沿，始终高擎光谱大旗，为发展新中国光谱分析事业辛勤耕耘六十多年而又家庭和美温馨、业余爱好兴趣无穷的诗意人生历程。黄本立数十年如一日，坚持不懈地为自己的国家进行创造性的劳动，即便"有时很辛苦"，但也能"苦中作乐，其乐无穷"，他的乐者形象，早已乐了他的同道，也感染了我们。

第一章
父母早逝　家道中落

黄本立出生在香港一个印尼归侨家庭，祖籍为著名侨乡广东新会。按理说，他本该有着较好的成长环境，然父母早逝，家道中落，世事动乱，特别是日寇侵华，烧杀无度，令他在童年时代起就一直处于动荡不安之中。所幸的是，儿时的他既不缺关爱，也不乏传统又开明的家教，这使他在品尝生活艰辛的同时，不仅保有善良的品性，而且经受了另一类的磨砺与锻炼，为他日后的人生与事业打下了坚实的基础。正应了古人说的"塞翁失马，焉知非福"。

没有"出生纸"的香港仔

1925年9月21日，黄本立出生于家境不错的归侨大家庭。家里人管他叫阿立，但没人告诉他"黄本立"这名字是谁起的，有什么含义，他也从未想过这件事。为他起名的，可能是他的祖父或父亲，也可能是他的外曾祖父——一个穷秀才、小老头，在阿立的记忆里，只见过他一两回。

"文化大革命"的时候，有人说"黄本利不就是个财迷？本利，连本带利都要"。后来，黄本立听说这个人看到一本书，大概是看到"君子务本，本立而道生。孝悌也者，其为仁之本欤"这两句话，嘟囔道："哦，是立，不是利……"

1925年，孤立地看，只不过是个极平常的年份，但若放到世界历史中，却是一段被夹在两次世界大战之间的动荡岁月。阿立生不逢时，恰恰出生在这个夹缝里。本与世界大战毫不相干的他，因此不得不在荆棘丛生的人生道路上度过整个成长时期。

阿立出生在香港，却没有香港的身份证明，这是由他祖父的观念决定的。他祖父黄宏沛，又名赞尧，字祝三。不知道他受过什么正规教育，但因为长期在东南亚一带做生意，倒也见多识广，凡事有自己的看法，并且非常爱国。当时香港有个规定，只有在香港医院出生的孩子才能领出生证，即香港人说的"出生纸"。祖父偏不吃这一套，不稀罕这大英帝国子民的身份证。儿媳妇临产，他不让进医院，而是请了一位接产士到家里来为她接生，以致阿立没有这张"出生纸"。当黄本立谈到这一点时，他说一点都不后悔，甚至很佩服自己的祖父。[①] 他祖父一生娶有一妻二妾，共有儿女20多个，即黄本立有三个祖母。

大祖母林云英，不识字，没文化，缠脚后又放开了，善良而不幸，很迷信，每逢初一、十五吃素，还要在家里拜拜，成天念念有词，有时候想来想去就掉眼泪。她是这个大家

图1-1 黄本立的祖父黄宏沛

图1-2 黄本立的祖母林云英

---

① 参见黄本立院士名师下午茶录音整理稿——名师下午茶是由厦门大学校团委主办，校研究生会协办的每月一场的活动，旨在为学生和名师提供交流，活跃校园学术氛围的机会。2012年11月17日，地点在学生活动中心。资料存于采集工程数据库。

庭的管家，也是阿立的真正抚养人。对于她给自己的诸多教诲，阿立印象最深的，莫过于"吃饭时，菜你吃不了可以，饭一定要吃完，碗里的每一粒饭都得扒干净，一颗饭粒都不能剩下"。她还动不动就说"举头三尺有神明"，意思是"雷公在离你头上三尺高处看着你，你饭不吃完，一下就砸到你头上"，小阿立实在不敢不听她的话，所以从小就养成节俭的习惯，碗里的每一粒饭也都扒得干干净净。她生有二子一女，即阿立的父亲黄仕廉、二叔和姑姑黄雪芬。一家人还在印尼时，阿立的二叔在一个雨天，按大人吩咐去给亲戚送东西，从此家人再没见过他。家里也曾派人四处寻找，找到的只是提篮和他穿的木屐。可以断定，他是因大水溺亡了，但尸首没找着，只能报"失踪"。

父亲身患肺病，阿立才一岁多，他就去世了。阿立对父亲的印象，全凭他留下的一张照片。从照片看，父亲英俊潇洒而又带些洋气。他生前穿过的衣服，不管是西服还是礼服，都被祖母很好地保存了下来，质地不错，显示黄家曾经有过比较富裕的生活。至于父亲的其他情况，包括他是做什么的、受过什么教育等，阿立都无从知晓，只是听祖母说过，父亲小时候比较调皮。

图1-3 黄本立的父亲黄仕廉

阿立本该是父母三个孩子中的老二。不幸的是，他哥哥在一次玩火柴时被自燃的火柴熏伤，不治而亡；尚在母腹中的弟弟，也在父亲去世不久后流产了。祖父母和母亲英美瑶的痛苦难以言表，连哥哥儿时的玩具都舍不得扔掉。长大后的阿立，在家中翻找东西时，还翻出写着哥哥名字的那些玩具，这才知道自己曾有个哥哥叫黄本正。

眼见亲人一个个走了，大祖母的心情，按黄本立的说法是"比鲁迅笔下的祥林嫂好不到哪儿去"。

二祖母是在城市里长大的，较能干，一生生有好多个孩子，包括阿立的三叔、五叔、七叔、九叔……他们长大后大都在广西做生意。五叔似乎比三叔更精明些，祖父在八步开了一家商店，专卖矿区用具和生活用品，

第一章 父母早逝 家道中落

就由他打理。二祖母本人也常住广西，并在那里辞世。

三祖母阿立见过，但对她几乎一无所知。

第一次世界大战爆发后，阿立的祖父决定回国。他和广东的大多数海外华侨一样，回国时取道香港。他在香港待的时间不算短，但住房是租的。毕其一生，祖父只盖过一栋房子，那就是至今还挺立在家乡振振里的那栋楼房。

阿立刚出生时，家里还是一个人口众多的大家庭。在阿立印象中，小时候生活还是可以的，一大家子相处得还算和睦。①但此时的香港，在欧战冲击下，各种社会矛盾日益显现，罢工事件时有发生。特别是1925年上海"五卅惨案"发生，香港6月19日发生十余万工人大罢工后，这种矛盾越演越烈。"沙基惨案"的发生，更是激起广州、香港群众更大的反帝怒火。6月29日，香港25万工人罢工，13万人回广州，爆发了震惊中外的省港大罢工。这次大罢工持续16个月，成为世界工人运动史上时间最长的一次罢工。

1928年，阿立四岁时，祖父匆匆把全家迁回到广东老家，他自己则到广西贺县八步与人合伙经营锡矿。据家人说，一开始生意好像做得不错，但不久就被国民政府资源委员会压榨得喘不过气来，至抗战末期，贺县及周围的十多家锡矿公司，几乎全都倒闭了。祖父只好被迫重操旧业，跑到梧州去做买卖，结果于1943年病逝于梧州。这是后话。

很难说社会动荡对一个幼小的孩童会产生怎样直接的影响，但当社会的动荡牵动了人心，并转化为一种社会意识，积淀为一种民族心理时，那就一定会或迟或早地影响着每一个人的思想性格。当黄本立回忆这一切时，他无法很具体地说明这种影响，但他清楚地记得，在他成长的年代里，广州社会上流传着很多"机器仔"（机械工人）的故事，以至于他也不知不觉地就十分崇拜那些"机器仔"了，甚至上大学报的也是工科，后来搞科研，也很爱自己装仪器，表现出特强的动手能力。

家庭的变故使全家人的生活每况愈下，但值得庆幸的是，虽然阿立遭

---

① 黄本立口述访谈，2012年11月23日，厦门。资料存于采集工程数据库。

受的不幸一个接着一个，不得不在日益贫穷的生活状况下学着品尝生活的艰辛，但是他不仅从未被不幸压倒，反而从中得到一次次的磨砺。

故乡和祖父

广东新会是有名的侨乡，出洋的人非常多。这地方的归属，历史上几经变化，现在属于江门市（俗称五邑）下辖的三区（蓬江、江海、新会）四市（台山、开平、鹤山、恩平四个县级市）中的一个区。

据考证，"新会"一名，最早出现在距今一千五百多年前的东晋元熙二年（420年），当时叫"新会郡"，它是从南海郡划分出来的，并与之平级，下辖新夷等县。

宋以后，南移的人越来越多，广东的客家民系形成于元朝初年，而客家人进入五邑地区的历史，可追溯到明代。在五邑的不少地方，人们提到自己的先祖，都会"纪元必曰咸淳年，述故乡必曰珠玑巷"。这珠玑巷，如今位于广东南雄东北十公里处的古驿道旁，其实它是河南开封府祥符县的一个地名。但眷恋故土的中原移民，还是用老家珠玑巷的名称来称呼眼前的居留地。

江门市地处广东中南部、珠江三角洲西部，濒临南海，毗邻港澳，有"中国第一侨乡"之称。历史上的江门，曾属新会县管辖，因地处西江与其支流蓬江的交汇处，而蓬江北面的蓬莱山与南面的烟墩山，对峙似门，故名"江门"。鸦片战争后，根据《中英续议通商行船条约》，光绪二十八年（1902年），江门镇被辟为对外通商口岸，从此地位迅速提升，成为珠江三角洲西部的贸易中心。1904年，江门设立海关，成为中国沿海重要的对外通商口岸。1925年首次成为省辖市，以后又几经变更，时而成为新会的镇，时而成为独立建制的县级市。1983年，江门市脱离佛山专区，升格为地级市，并对新会、台山、开平、恩平、鹤山以及阳江、阳春实行管辖，时称"五邑两阳"，"五邑"第一次作为一级政区的主体而存在。随后，"五邑"的称谓在海内外更流行。1988年初，阳江、阳春从江门五邑地区分出，江门成为地级市，实行市管县体制。不管归属如何改变，江门都是一片富饶而神奇的土地，是中西文化的交汇处。在这片9541平方公里的土地上，2011年生活着420万五邑人，而侨居海外、港澳的五邑籍人士，也有370万，遍布世界107个国家和地区，可谓"海水到处，便有五邑华侨"。人数众多的五邑华侨，虽然后来有不少人定居海外，但他们中的大多数，其实从出洋伊始，就巴望着有朝一日赚了大钱，衣锦还乡，成就三大愿望：结婚、盖房、买田。有能力有抱负的人，还希望回乡办些公益事业，造福桑梓。经过他们一代又一代的努力，终于使五邑的社会、民生发生了巨大变化，形成许多新的墟集，镇上的店铺、钱庄蓬勃地发展起来，造纸厂、电灯厂、肥皂厂、火柴厂兴建起来，各种酒店、旅社也出现了，呈现出繁华景象。

江门五邑人，素来有兴文重教的好传统。在这里，许多地方坚持"励学制"，也称"学谷制"，为学子们解决生活问题，使之安心读书，以激励族人子弟求取功名。这一带很注重对学童精神上的激励，有励志启蒙的"开笔礼"，还有褒奖考中的"举人碑"。一人中举，全村光荣，且争相仿效，于是崇文尚武成风，考取功名者越来越多，以致出现了不少"举人村"。恩平市圣堂镇歇马村，有一条传承几百年的祖训："笔筒量米也教子读书"。尊师重教在这里早已成了民俗民风，使歇马村几百年来人才辈出，翰墨飘香。台山瑞芬平洲村是一个只有二百多年历史和二百多户人家的村庄，却在清朝道光、咸丰、同治年间琢出举人碑18座，形成一片碑林。阿立家所在的振振里，虽然没有歇马村、平洲村那么出名，却也从未忽视教育，到新中国成立初，黄家祠堂门口还竖立着七八块举人碑，"文化大革命"中遭到破坏，现在还有不完整的一块耸立在黄家祠堂门前。

阿立的祖父黄沛宏和为数众多的新会出洋人一样，当年，因家乡地少人多，为了生计而漂洋过海来到印尼的泗水。据说这地方本叫苏罗巴亚（Surabaya），而"泗水"是广东一个小地方的名字，迁居到这里的居民，如法炮制南移先祖之法，把祖籍地的名字安在居住地，觉得很是亲切，满足了思乡的感情需求。当然，他仅是个一般的生意人，并非什么名门望族，他初到印尼时做什么，已无法考证，只知道他在南洋做生意。第一次世界大战后，他才踏上回国之路。尽管他在新会没有什么土地，全靠做生意养家糊口，但他始终眷恋着自己的家乡。打从出洋之日起，他就一心想着赶快赚钱，然后回国，盖房，娶妻，养家糊口，做些公益事情。所以，他总是很忙，做生意，开钱庄，相当于现在的侨汇，帮助乡亲把钱汇回家。后来还办实业，开锡矿。

时代变了，加上生活的重压，祖父早就没了读书做官的念头，他并不奢望子孙学富五车，高官厚禄，更不希望阿立中什么科举，但还是希望阿立认真读书，多长本事，能助自己一臂之力，起码维持全家生计。当阿立刚到广州上小学不久就考了个第四名时，祖父很高兴，还赏了他两块钱法币。长大后的黄本立得奖很多，若非记在本子上，实在记不住。唯独这个非正式的奖，就像写在他心中，令他永难忘怀，也让他悟出祖父对自己的希望。

阿立从自己跟祖父有限的接触中感受到，他虽然没受过什么很高的教育，但遇事有自己的看法，好像很有学问。有一次，那是住在广州的时候，祖父买了一幅字画，是广东才子冯成修写的，内容好像是"退一步便是修身成功路"，属于治家格言和家训之类，意为人要忍让。他边欣赏边说："如果是真的就好了。"当时的阿立觉得他很有学问，心里佩服得很。

阿立从来没想过祖父是否有无师自通的本事，但长大后的阿立明白了，祖父漂洋过海的经历，与各种生意人打交道的实践，都成了一种很实惠的教育，使他并不缺乏文化素质。祖父对家乡的眷恋，对所谓大英帝国子民身份的反感，其实都是中华文化熏陶的结果，而他在生意难做的情况下改做矿业，却是受了实业救国思想的影响。

了解了黄本立的家庭与出身，就能理解他为什么既传统又能接受西方的科学思想了。

沃土幼苗遭霜雪

1928 年，四岁的黄本立被家人带着从香港回到广东新会老家，他兴奋不已。他第一次这么长时间坐在船里，而且坐的船是有"房间"的，一推开"房门",就可以看到大海。这些关于海的印象,是他对自己人生的最早记忆。

全家陆续回广东后,祖父仍然忙于做生意,大祖母一房回新会县丹灶乡振振里,即现在的江门市蓬江区环市街群星社区振振里。这个社区地处蓬江以北,面积24平方公里。家中其他的眷属则住在广州租来的房子。祖父没说为什么这样安排,但二祖母生的儿子黄仕国结婚时,也是要回到乡下办酒席请客的。

他对祖屋的记忆,他能感觉得到的也许就是房子不小,挺好玩的了。它是祖父操劳一生,为家人留下的唯一一栋楼房,忘不了的。祖屋依山而建,坐南朝北,因为屋顶装了几片玻璃瓦,屋内显得很亮堂。楼上三房一厅,前面是大阳台;楼下四房一厅,加上底下一间大厨房和一间"柴房"。楼上楼下,阿立常常撒开脚丫子,自得其乐地跑个没完。楼房的后面,原是一大片连绵起伏的山峦,叫凤山。家里人管它叫"后山",上面安置着黄家的祖坟。其实,这"后山"只是凤山的最北端。阿立儿时,倘若站在这"后山"顶上向南眺望,那是蓝天白云、草木葱茏,侧耳细听,更是松涛哗哗……遗憾的是,儿时的阿立,整天被小阿姨管着,大人是绝对不会让他上山的。

黄家楼前有一条东西走向的小路,路的左前方是个小果园,面积虽然不大,却也种满了各种果树,对孩子们来说,无疑是一个小乐园。出了门向右拐,穿过小巷,不远处便是黄家大祠堂了。祠堂右侧是梅园,有点像如今的俱乐部,里面有房子有果园,祖父闲时会去那儿跟人聊天、打牌,有时把阿立也带去,任他在果园里玩。祠堂和梅园之间,据说原是一家私塾,后来不知什么时候成了敦实小学。祠堂前是一片空地,既是孩子们玩耍的好地方,也是农民秋收时节的天然晒谷场。

蒙童本来就不懂得忧愁,被大人宠着的阿立,哪里知道祖父祖母早已为家里的事愁肠百结。他也不明白母亲英美瑶得了和父亲一样的病,回乡时已病入膏肓。她熬了不到一年,于1929年病逝。

母亲是再也见不着了,家中的小阿姨(婢女)整天照管着他,全家的人都对他宠爱有加。尤其是祖母,大孙子、儿子和儿媳的相继去世对她的打击太大了，她被折腾得犹如惊弓之鸟，唯恐这个宝贝孙子再出什么事。她一心只想怎么呵护他，觉得只要他能健康快乐地活着、能平平安安地生活在自己身边，那就足够了，就是全家的福。对于阿立年龄多大了，是不是该进学校了，她全然没去考虑，真是给忘了。

阿立都七八岁了，祖母还没想到让他进学堂，而是任凭他整天闲逛。闲逛，意味着自由自在，无拘无束。这种生活令阿立觉得很惬意，但也不是一无所获。他跟比自己大的孩子一起玩，其实也在学他们做这做那，跟着他们看书、写字，他上小学之前实际上已学会写字，甚至会写日记。当然，那是很简单的，而且连他自己都不知道，到底是什么时候学会这些的。

阿立在振振里生活、学习的时间并不长，交的朋友并不多，但有个叫黄裕谭的小朋友，印象很深。黄裕谭很文静，可能比自己小一两岁，因为他的祖父是读书人，家里书很多，家里人常让他看书、练字。因两家很近，阿立家出门右拐，往山坡上走一小段路就到，只有两三百米的路程，所以阿立常去他家玩，和他一起看书、学写字。很遗憾，后来两人失去联系。黄本立1972年回家乡时，曾到他家看了看，但人去楼空，据说早已去了香港。

第一章　父母早逝　家道中落

第二章
日寇侵华　艰难求学

祖父把家人从香港带回广东，本是希望给孙子一个安定的生活环境。然而，阿立小学没上完，七七事变爆发，他不得不在"逃难、停学、转学、跳班、借读、躲敌机中艰难求学"。[1]

在逃难中求学

幼年时期的阿立，总的说生活还是比较富裕的，但由于战乱，特别是日寇入侵，让他过着一种与家人聚少离多、独行侠似的生活。

1933年，阿立都九岁了，多亏二祖母提及"阿立该念书了"，大祖母才恍然大悟确实该让阿立上学了，不能让他继续在乡下闲逛了。于是七八月间，她就带着阿立从振振里搬到广州，和家里的其他人住在一起。9月，他进了离家不远的广州市立第六十四小学。

---

[1] 黄本立：我的后半辈子——黄本立自述。见：林永生主编，《热烈祝贺我国著名分析化学家黄本立院士八秩华诞暨从事科研教育工作五十五年》。厦门：厦新出（2005）内书第（91）号，内部交流，2005年，第13页。资料存于采集工程数据库。

这所学校如今已不存在，据说在日寇侵华时被炸毁了。但阿立在这里度过的四年，却是他求学路上唯一相对安定，且能和家人生活在一起的时光。在这些日子里，他生活安定，学业优秀，感受了亲情，还结识了不少新朋友，他的确感到很快乐。

黄宏沛在广州并无房产，全家一二十口靠租房居住，经济压力可想而知。不过，这并不影响阿立的稳定生活。

然而，正当阿立越来越觉得读书有趣时，"七七事变"爆发，日寇的飞机大炮，很快就粉碎了小阿立的快乐时光。广州市政府发布了疏散令，刚刚读完小学四年级的阿立，不得不在日寇铁蹄的驱赶下，随着家人在香港、广东、广西之间来回迁移，开始了他颇为坎坷的求学历程，正如他在八十周岁那年的回忆中所写的："严慈早逝，家道中落，读书、逃难、停学、转学、跳班、借读、躲敌机、眼看着身边中弹的同胞死去而无能为力……整整八年，心里都憋着满腔的闷气、怒气。"[①]

国难当头，黄宏沛首先想到的避难所自然是自己的家乡，他让家人仓促回到振振里。1937年9月，阿立转入振振里的私立敦实小学读五年级。在他的印象里，学校离家很近，在家里读书也还是很愉快的。

然而，小阿立心中的任何"好景"，在日本鬼子疯狂的铁蹄下都长不了。

1938年7月，日本侵略者直逼五岭以南，不愿遭受日寇蹂躏的广州人，只能纷纷离开自己的家园，寻找避难之地。

新会离广州太近了，眨眼工夫就可能陷入敌手。当时祖父黄宏沛还在广西，眼看形势越来越紧张，就捎信给家里人，让他们先去香港避避，于是祖母们在1938年7月带着全家重新踏上香港这片土地。这年10月21日下午，广州沦陷，遭遇空前浩劫，女眷们十分庆幸逃得及时……

然而，当全家人在香港住了一阵子后，祖父发现这么一家老小住在香港，生活费用实在太高，久呆不是办法。而且，他一直在密切地关注着形势的发展，越来越发觉，日本人野心太大，肯定会继续往南打，香港迟早

[①] 黄本立：我的后半辈子——黄本立自述。见：林永生主编，《热烈祝贺我国著名分析化学家黄本立院士八秩华诞暨从事科研教育工作五十五年》。厦门：厦新出（2005）内书第（91）号，内部交流，2005年，第13页。资料存于采集工程数据库。

保不住。香港一旦有事，自己却在广西，那就真的鞭长莫及，无法照顾家人了。再说，他在广西与人合办的锡矿股份公司，自家开的贺昌隆百货店，都必须有人经营……想来想去，祖父觉得，还是把全家迁往内地可能更安全些。

就这样，看形势稍稍稳定，全家人又根据祖父的指示去了广西八步水岩矿区。但由于姑姑的坚持，经祖母同意，阿立一人被留在香港读小学。

唯一的"寄宿生"

就在家人接到祖父捎来的信，得知要迁去广西，姑姑黄雪芬经了解得知，广西八步水岩矿区地处偏僻山区，没有什么好学校，教育条件肯定不如香港；而她认识的朋友中，有一位十年前的老邻居，他的哥哥就是香港私立粤华中学的校长，那中学设有附属小学。她琢磨着，应该让阿立留在香港接受比较好的教育。但她明白，在筹划与奔走联系学校的同时，首先得说服自己的母亲。因为她深知，母亲在经历那么多不幸后，视阿立为心肝宝贝，一定舍不得让这个孙子离开自己的视线，更不放心让他独自一人留在当时动荡不安、随时都可能发生意外的环境里。在采集相关资料时，因黄雪芬年事已高，我们已无法得知她当时是如何说服自己母亲的，但结果确是：全家人都去广西跟祖父汇合了，唯独阿立一人留在香港念书，而且一待就是三年多，过着一种饱含艰辛却十分锻炼人的生活。这三年多的时间成了他童年教育的一个转折点。

在阿立的成长过程中，姑姑黄雪芬可以说是对他童年影响最大的一位。黄本立回忆姑姑对自己的影响时说道：

当时她自己也比较喜欢文艺方面的作品，她看了好多小说和杂文，像鲁迅的书她看，茅盾的书她看，巴金的书她也看，他们的小说差不多都有。我小时候经常拿她的书来看，她看什么，我看什么。

《子夜》我也看了，但是我看不懂，不明白怎么搞得这么复杂，茅盾笔下的那些女人们怎么都很厉害？像这些东西，我虽然看不懂，但是我还是看。后来她觉得这不是小孩看的书，就给我弄了另外一些书，像希腊神话、北欧神话，还有意大利亚米契斯的很有名的一本书《爱的教育》，那是世界名著。这些书本，她都给我买来看，所以我从小就在这方面看了很多。当然还有《安徒生童话》《鲁宾逊漂流记》这些我小学都看过。也许是她给我种下了这么个种子，所以我后来对文艺方面的东西还挺感兴趣。当然我自己分析我这个人，我觉得我做文艺方面的（事），可能比做科学方面（的事）更合适。因为我很喜欢形象思维。当然因为我搞的是理工科，而理科当然逻辑思维是必须的，所以我现在就变了一个"矛盾的统一体"。①

其实，姑姑自己并没有受过多少教育，小学毕业后就进了职业学校，学缝纫和成衣；但是她很用功，而且遇事很有见地。可能因为她和阿立的父亲都是大祖母这一房的，所以特别关心自己的亲侄子阿立。在阿立祖父那个时代，纳妾好像是一种平常事，男人只要有了点钱，差不多都要纳妾。可以想象，在一个有一妻二妾的大家庭里，不管这个家庭怎么融洽，各房之间多少总有点防范，或者有一种互相计较的意识。因此，当阿立父母过早离世，大房只剩下她和阿立时，她就觉得有责任来帮助大祖母，为阿立争取最好的受教育机会，创造尽可能好的成长条件。

姑姑可能还受了在港的一些朋友和亲戚的影响，大大地激励和坚定了她一定要让阿立受良好教育的决心。特别是祖父有个堂弟，阿立叫堂叔公的，家里也做生意，两家来往较多。那个时候，堂叔公好多个子女都上了正规的中学，多半还上了大学，这让她觉得，为了让阿立在教育上不落人后，一定得让阿立留在香港读书，并说服了自己的母亲。

当然，阿立在香港的费用只能用他名下的存款（压岁钱等）和他父母留下的"私房钱"，如母亲的嫁妆、首饰等，而不能用家里的"公款"，不

---

① 黄本立口述访谈，2012年11月27日，厦门。表述略有变动。

然其他房会有意见，祖父也不会同意。

在姑姑的奔走和老邻居的帮忙下，香港私立粤华中学附属小学的潘校长同意阿立入学，还破例同意他"寄宿"。

阿立进校后才知道，粤华附小虽然就在香港本岛内，却是个完全不具备寄宿条件的学校。没有学生宿舍，更没有学生住过校，只是因为当时没有其他办法，潘校长才同意阿立"寄宿"的。阿立的所谓"寄宿"，就是每天晚上把教室里的几张桌子拼在一起，放上铺盖，就在上面睡，还好香港也不冷，连冬天都可以挨过去。吃饭，阿立就和学校里的一个为老师煮饭的厨师搭伙，一起在厨房里吃。"寄宿"条件，十分艰苦。我们恐怕很难想象，一个家里曾有婢女伺候的十来岁的小少爷，怎能一个人在这空空荡荡的教室里，一住就是两年？

谈起这段往事，黄本立说：

> 我跟家里人一起生活的时间很短，后来更是一直在外头；所以我常想起看过的一本苏联小说，里面有一个角色，说过一句话："你们是在家里长大的，我是在街上长大的"，我大概就像这个在街上长大的孩子。
>
> 有人把香港说成天堂，其实，并非香港就是天堂，不是那样的。[①]

当时香港有很多为了赚钱而开的学店，多半都是中式的学校。当时，香港的学校一般都推行英国的教育制度，一进去就读第八班，一直升、升，升到第一班，那就是最高班，可以毕业了。原来还有个第九班，相当于九年一贯制，读完九年以后就可以上大学。这种学校都是不讲汉语的，全用英语教学。好多中国人，特别是希望后代能继承中国文化的人，都希望有中文学校，好让孩子接受中国文化的教育。中文学校于是应运而生，大多数是私立，有个别是教会办的。这类学校良莠不齐，很难评说。

粤华附小肯定不是什么名校，它只不过是一间营业性的"学店"。阿

[①] 黄本立口述访谈，2012年11月27日，厦门。资料存于采集工程数据库。

立就学时，它虽然冠名中学附小，实际上只有小学部。阿立在那里学习两年，从来就没见开过中学班。但是它的教师好像还不错。潘校长古文基础好，自己有时也教国文，主要讲《古文观止》，当然是选讲。潘校长在学校里有着很多个中式书柜，里面装满了线装书。在阿立的记忆里，他比较正式地接触古文，可能就是在香港的这两年了。在这两年里，他一个人在香港，又住在学校，课余时间很多，学习了不少古文名篇，背过《阿房宫赋》《祭十二郎文》等，至今还隐隐约约有些印象。

图 2-1　1939 年黄本立摄于香港

在香港英文是非过关不可的，但在此之前，阿立压根就没学过英文。在广州念了四年小学，连 ABCD 都没有碰过，在乡下念一年，更是没有接触英文。就因为这个原因，他到香港时本该读六年级的，结果只能留一级，从五年级读起，开始还觉得功课有点赶不上，就是因为英文。他只得利用放假时间，参加免费的英文补习班，恶补了一番英语。当时香港有个罗富国师范学院[①]，办了一个假期的英语补习班，供师范学院学生利用假期作教学实习用，也给需要学习英语者提供一个免费学习的机会。这个机会正好是阿立所急需的，他不惜牺牲休息时间，一有机会就去补习英文。这个补习班对他帮助很大，使他在短时间里打下较好的英文基础。

黄本立回忆说：

学校旁边住着一家开药房的，也姓黄，经济条件不错。这家有个大孩子叫黄文锦，当时已读中学了，后来还考进中山大学工学院。黄文锦是我的大朋友，我经常跟他玩，有的时候出去恶作剧，晚上出去玩，他跟我很好，我们两个，一个大一个小，能凑在一起玩，而且很谈得

---

① 罗富国师范学院，英文名为 Northcote Training College，以当时在任总督罗富国爵士（Sir Geoffrey Alexander Stafford Northcote）的姓氏命名。http://www.alumni.ied.edu.hk/data/menu-2.htm。

第二章　日寇侵华　艰难求学

来。这个人对我来说还是很有帮助，记得好像是他推荐我去参加英文补习。①

有人问黄本立："您那时是否感到孤单，缺乏安全感？"他明确答复："不是的。因为校长的弟弟是我家的朋友，这个关系对我还是起了一定的保障作用。但他是校长，有他自己的工作，不能保姆似地全天候管我。我要靠自己保护自己，要自卫。还好多半的邻居对我都不错。"

当然，一个小孩离开家人，独自在外读书，淘气的事难免，受人欺负的事也难免。这类事，对阿立的性格不能不产生一定的影响。有一次，他在学校三楼，看到一个风筝飘上来了，就拿一个竹竿把风筝挑了过来。没想到因此惹了麻烦，风筝的主人跑上来说："你为什么搞我的风筝？"他刚回了一句"我不知道"，人家就打过来。人家打他，他就跑。跑了又不服气，于是就拾起一块小石头，趁对方不注意扔了过去，但没扔中。他想，得赶快穿过天台跑回教室才行。他一跑下天台，就把天台的门锁上，躲进教室里不敢出来。

阿立说，因这类"事件"而产生的惧怕心理，让他变得"非常警惕"，有时甚至达到"步步为营"的境地。他因此而学会判断"敌情"，有时判断过头了，就变成好斗。他说，就他的性格说，他没有办法像韩信那样忍受胯下之辱，只能"你要欺负我，我就顶住，顶不住了就逃。对，像毛泽东谈游击战时说的那个意思，打得过就打，打不过就跑。"

当黄本立回忆这段独自一人，在一所没有寄宿条件的学校独自学习生活两年的艰难岁月时，他说的不是痛苦，不是孤独，而是大多数人都对他很好，自己所得甚多，既打下古文、英文基础，又交了好朋友，学会如何独立生活……

1940年7月，他取得了求学路上唯一一张正式的毕业证书——香港私立粤华中学附属小学的毕业证书，只是这唯一的毕业证书后来在那个动荡的时期也不知去向，他成了拿不出一张正式毕业证书的人。

---

① 黄本立口述访谈，2012年11月27日，厦门。资料存于采集工程数据库。

也是一种学习

1940年7月，阿立从香港私立粤华中学附属小学毕业。既已毕业，学校自然就不能留阿立再住，他只能搬到九龙，寄住在堂叔公家里，等候祖父来香港带他回广西的家。

那时堂叔公已经去世，留下五子二女，就是阿立叫堂叔的黄仕杰、黄仕能、黄仕镛、黄仕澄、黄仕照和堂姑黄念华、黄念梅。他们家经济条件较好，三、四、五叔和念华姑后来都就读于中山大学。在这段时间里，阿立基本上都在闲逛。但这家人对阿立都不错，大婶（黄仕杰妻子）可能有外国血统，她到外面活动时，有时也带着阿立，让他学了不少社交礼仪等。姑叔辈年龄和他比较靠近，年纪最小的念梅姑只比他大两三岁，大家很合得来。他们有很多书，让他也一起读，他因此学了不少东西。姑姑黄念华文笔好，抗战胜利后当过记者，更是他崇拜的对象。

更重要的是，阿立见叔叔、姑姑们都读大学，很羡慕，这又激发了他的学习欲望，觉得自己最低限度也应该读到大学毕业，将来要服务社会，起码的基础教育一定要有。

到了1941年春天，当他在堂叔公家待了近一年后，祖父终于腾出时间，到香港来接他了。

祖父说是来接他，其实还有事情要办，一直等到祖父把事办完，祖孙俩才开始了又一段相当艰难的行程。他们从香港乘船到澳门，在澳门住了一天，再入中国海关。入关后，就是现在的珠海市了。新会就在中山隔壁，但那时日本人已经占领了中山，费了好大的劲才过了这道鬼门关，步行到了家乡新会，然后再设法去梧州。

当时从新会到梧州是坐车还是乘船？黄本立早已忘了，但从梧州到八步一路上困难重重，他毕生难忘。

到梧州后，黄宏沛急着去办生意上的事，匆匆把孙子交给几位要回矿区的锡矿师傅，让阿立跟师傅们一道乘船回去。这些人都是他从印尼请回来的，很熟悉，信得过，他放心把孙子托付给他们。

阿立老老实实跟着师傅们坐了两天船，大家都觉得烦死了。逆水行舟，得靠人拉纤，硬拉上去，走得太慢了，要一直坐船的话，恐怕得一个星期才能到。几位师傅商量着改走陆路，但又担心阿立年纪小，身板瘦弱，吃不消，于是又想了一个兵分两路的主意：请船工照顾阿立，让他继续乘船走，而他们自己则走陆路。

阿立想："他们走了，留下我一人坐船，那不太没意思了？"于是就说："我也走。"他们怀疑地问："你能行吗？"他坚决地说："行！"[1]初生牛犊不怕虎，他真的就这么跟他们走了。

说来容易走时难，走过才知道，那真不是轻松的路程。全程好像就只有沿着河岸蜿蜒曲折、高低不平的山路，得走三四天不说，吃的住的全是问题，大人都觉得很辛苦，何况是一个十来岁的小孩？但他硬是不叫苦，更不退缩，说到做到。

他们每天早上一起床就走，到了一个地方找点什么吃的，然后再走，一直走到晚上，才向老百姓借宿。大概一天走五六铺路，十里是一铺路，也就是一天得走五六十里。如果不是穿着胶鞋，恐怕脚皮都得磨破。住的可不是什么旅馆，而是那种木板下面是牛栏，牛栏上面住人的"房子"。整个行程非常艰苦。

令师傅们始料不及的是，阿立真有一股倔劲——一个十几岁的孩子，居然一声不吭地硬挺着跟着这些吃苦出身的大人步行，从不求他们特别照顾，一直走到广西八步。

如今的黄本立，每谈及此，总会不无自豪地说："这就是当年在逃难时练出来的。有了这次锻炼，走路的本领算是练就了，同龄人还真的基本上都走不过我。"[2]真的，最能体现他这类锻炼的成果的，恐怕就是正奔九十的他，腿脚仍然很灵便，走起路来仍然大步流星……看他那硬朗的身板、矫健的步伐，谁能想到他曾是一个病秧子？

然而，当阿立风尘仆仆地赶到广西八步时，早已超过春季的开学时间，他只能辍学在家。

---

[1] 黄本立口述访谈，2012 年 11 月 27 日，厦门。资料存于采集工程数据库。
[2] 黄本立口述访谈，2012 年 11 月 27 日，厦门。资料存于采集工程数据库。

第三章
培正华英 精神洗礼

黄本立的中学，一共只读了四年。

黄本立不惜长途跋涉，冒着危险，独自一人从广西八步到广东坪石报考培正中学的插班生，开始了人生的第一次独立选择。刚读了一年，他又毅然决定跳级考高中，选择了私立华英中学。他的中学教育被日寇铁蹄践踏得支离破碎，他恨透日本侵略者，在国民党所谓"爱国主义"的宣传鼓动下，竟想投笔从戎，参加"青年军"。多亏老师指点，他认清所谓青年军的本质，毅然跑到梅县去完成高中学业。

"选择"从这里开始

一个人走什么路，机遇固然重要，但真正起决定作用的，恐怕是一次又一次的选择——不管这选择是完全自主的，还是在别人帮助下完成的。

由于从小就被迫离开家庭独立生活，黄本立学会了一种本事：遇事总要自己做出判断和选择。

1941年春，黄本立千辛万苦来到广西八步，本想在当地找一所中学，好好读书，可是矿区附近没有什么好中学。正当他为求学无门苦恼时，一直和他保持通信联系的"大朋友"黄文锦，从坪石给他寄来一封信。信中说："培正、培道要在广东坪石复办一个联合中学，叫培正培道联合中学，你是否可以考虑？"①

培正中学、培道中学都是很有名的学校，阿立自然有点心动，但想到路途遥远，时局又不稳定，所以还有一些顾虑。他把这个消息和想法告诉了家里人，征求他们的意见。也许因为阿立有过独自在香港学习、生活两三年的经历，家人相信他能应对路途的艰难，谁也没有表示反对。姑姑黄雪芬更是坚决支持，积极鼓励。

培正中学的前身叫培正书院，是华人基督教教徒廖德山、李济良、冯景谦三人自筹资金于1889年创办的，当时专收男生。另有一所女校叫培道中学，同属一个校董事会。书院开办之初便兼顾新学、儒学和宗教，除讲四书五经外，还讲授格致（自然科学）、算术、英文等。1907年定址广州东山，建了新校区。几任校长都在美国受过高等教育，他们励精图治，引进西方先进的教育理念和课程，开了华南地区教育与世界潮流接轨之先河。1933年和1938年，该校先后在香港、澳门设了分校。

由于先贤的惨淡经营和师生的自强不息，它稳步发展，到抗日战争前，已从一所书院发展成为设备完善、成绩优良、蜚声中外的学校。海外华侨、港澳同胞亦纷纷遣送子弟来校就读，全校师生达4000多人。坊市之间流传的"北有南开，南有培正"的说法，正说明它在全国都是可比的。当年广州流行一句话："真光猪，岭南牛，培正马骝头。"这是形容三所中学学生的特点：真光女中的女生胖乎乎像小猪，岭南中学的学生很倔像头牛，而培正的学生则如猴子一样敏捷活跃。

广州私立培道女子中学（简称培道中学）的前身为培道女学，美国浸信会所创办于1888年，由美国女传教士容懿美主持，后由纪好弼继任。1919年，改为私立培道女子中学。1923年实行新学制，设初中、高中及附属小学。另附设华侨班，共有学生500多人。

---

① 黄本立口述访谈，2012年11月27日，厦门。资料存于采集工程数据库。

1937年中日战争爆发后，广州不断遭受日寇空袭威胁，学校已无法正常运作，纷纷避战乱迁往其他地区。培正中学先迁鹤山，后迁澳门；培道中学则先迁香港九龙，香港沦陷，再迁澳门。1941年3月，培正中学与培道中学的校董事会决定在粤北坪石合办培正培道联合中学，简称培联，同时招收男女学生，以照顾因战乱而离散的学子。培联当年8月招生，9月上课。

得到了姑姑和家人的支持，阿立毅然决定，哪怕独自一人，也要去坪石。实际上，家人深知，在此战乱之际，让一个孩子独自上路是颇具风险的，但当时家里确实没有可以抽身送他的大人，即使有人可以去送，多一份来回的路费也承受不起，于是只能冒险，让阿立独自远行。

当然，他的家人是不会盲目地将他"放羊"的。他们之所以敢让他独自远行，一是因为他的堂叔黄仕镛，还有他的大朋友黄文锦，都在中山大学读书，此时中山大学也在坪石。既然有他们的地址，到时不愁找不到人，到了坪石也就先有一个落脚的地方。二是家人也帮助他安排了去坪石的行程：先把他交给一个要去桂林的卡车司机，给司机钱，由司机负责把他载到桂林，然后让阿立自己坐火车到衡阳，再转去坪石。

谁也没想到，阿立这一路竟是惊吓迭生。

黄本立至今还清楚地记得，从八步到桂林，中途要在旅馆里过一夜。旅途劳累，那天他睡得很香……

> 一觉醒来，却发现司机他们不见了，不在旅馆里。我赶紧跑出去，司机已经把车启动了，当然说不一定启动好以后他还会等我，结果我一跑上车，车就开走了。我估计我要是再晚半个钟头或者15分钟的话，那后果不堪设想，那我真是要流浪了。因为身上带的钱不多，钱都包在行李包里头，我怕丢，所以那次很惊险。[1]

惊魂未定到了桂林，迎接他的竟是日本飞机刚轰炸过了的惨状，硝烟未散，断壁残墙，死人就横在脚边……那个惨呀，触目惊心，黄本立终生

---

[1] 黄本立口述访谈，2012年11月27日，厦门。资料存于采集工程数据库。

难忘①。

他匆匆买了火车票，本想快点上火车，一走了事。没想到车童一看他还是个孩子，就向他索要小费。所谓车童，相当于现在的服务员。其实他们并非什么"童"，早已是四五十岁的中年人，是半老头了。阿立没办法，只好给钱，不然，本是免费供应的水，他们就是不让你喝。旧社会就是这样子，黄本立除了愤愤然，还能有什么办法呢？②

好不容易到了坪石，黄文锦已回香港度假。幸亏堂叔黄仕镛还在学校，阿立得以在他的宿舍里先安顿下来。

考虑到在战争时期，很多孩子都因此耽误了学业，好多学校于是在招生中采取了灵活政策，可以通过考试来决定考生读哪个年级。阿立想，自己逃难去香港读小学时，由于没学过英文已留了一级，小学毕业后等祖父接自己回内地又耽误了一年，不能按部就班从初中一年级读起，于是决定通过考试直接进初中二年级，以抢回一点被耽误的时间。

堂叔和他的舍友待阿立很友好。当他们知道阿立要以同等学历考初二，都纷纷帮他补习，黄本立至今还记得他们的帮助并且很感恩，他说：

> 他那些同学就帮我补习，帮我补习那些鸡兔同笼的算术题。因为他们也是离开用算术解题已经好长时间了，也不记得很清楚，所以用代数法先算出来，完了再回过头来用算术法解，然后教我。所以他们也费了很多功夫帮我，很不错。③

阿立也很争气，一考便中，如愿上了初中二年级，成为培联在坪石招收的第一届学生。

对此，阿立是特别地感激。这种感激，既源于他们友善、热诚和无私的帮助，在他心里播下了助人为乐的种子，也由于他们的帮助舒缓了阿立的一个心结——对自己的年龄比班上同学大似乎很在意。他在1952年8月

---

① 黄本立口述访谈，2012年11月27日，厦门。资料存于采集工程数据库。
② 同①。
③ 同①。

7日写的一份"思想总结"中说过,"自初中时起便把年岁少报了一些"。

阿立通过自己的努力抢回了耽误的一年,心里舒畅了许多,决心继续努力……

"我不会让您失望的"

1941年9月,黄本立成了培正培道联合中学(简称培联)初中二年级的正式学生。

培联校风挺严,校长每周都要对学生训话。黄本立至今还记得那时校长常说的话是:"我们要培养的人,就是要一只手拿着网球拍,一只手拿着小提琴。"黄本立谈到此处不无遗憾地说:"可是我两样都不会,因为我没有条件。但他们的目标就是这样子。"[1] 这是一种比喻,意为学校的学生既要有体育才能,又要有文化素质。

学校的老师,有的是中山大学的高年级学生,有的是中山大学的讲师,他们到那儿兼课。

为了这个目标,当时学校有许多规定。比如,发现学生吸烟一次,或私自上街一次,都得记大过一次,而一学期中如果记大过三次,那就将被开除学籍。

阿立在学期间,培联确实显得很"牛",当时国民党第四战区司令、广东头子余汉谋的几个子女和外甥都在那儿读书,第十二集团军副总司令(广东)徐景唐的儿子也在那儿,所以余汉谋派了一个连的官兵来保卫这个学校,其实就是保卫他的子女。当然,其他学生也沾了光,安全了点,过得比较平稳。

黄本立虽然只在这所学校读了一年,却也认识了一些朋友。当时初二和初三住同一个宿舍,睡在他隔壁床的同学叫关汉銮,他虽然不是曲江籍,但他父亲在那儿做生意,家就在曲江,他对黄本立不错,两人成了朋

---

[1] 黄本立口述访谈,2012年11月27日,厦门。资料存于采集工程数据库。

友，一直到后来都有联系。

但这个学校有个不成文的做法，喜欢让调皮捣蛋的学生当班长。有一次，黄本立的座椅突然在上课时塌了，班长报告到学校，说是他弄坏的，学校不知道真相，给他记过处分，并反馈到他祖父那里。

祖父一得到这消息就火了："给你钱让你念书，你还闯祸，别学了，回来吧！"[1]此时的阿立好像长大了，他知道，祖父生气是因为不了解情况，他更不想因为此事影响自己的学业。于是写了一封信给祖父，说明事实真相，还诚恳表示："我恳求您让我念书，我不会让您失望的。"

黄本立后来听祖母说，祖父看了信说"这信写得很通顺，是不是黄文锦帮他写的？"[2]其实，祖父常年在外做生意，哪里知道，阿立没上小学就能写简单的日记了，此时正在学写"小说"呢。

黄本立至今还记得初二那年教他语文的郭老师，还有一段小插曲[3]：她让学生写作文，阿立写了一篇自称是"瞎胡编"的习作，题目现在已经忘了，但还记得内容是讲抗日战争的，大意是有一个儿子想参军，又怕老母亲在家里没人照顾。知子莫如母，为了让儿子没有后顾之忧、安心地去抗战杀敌，母亲最后自杀了……这是一个虚构的简单小故事。郭老师批改作文时写道："如非抄袭，便是佳作。"批改好的作文发回来时，阿立一看到"抄袭"二字就火了，当即急得站起来说："老师您说话要注意一点。"郭老师悠悠地说："我倒是建议你说话要注意一点。"……但是后来郭老师倒是信了他，此后阿立写什么东西，她都很认真地给他批改。

当时的培联虽然是临时组建起来的，但老师还真不错，颇有一些很"厉害"的，如教他历史的老师，居然张口就能一字不差地把昆明大观公园里大观楼前180个字的"古今第一长联""五百里滇池……数千年往事……"一口气背出来教学生，连记性很好的黄本立都佩服至极。当他后来有机会去昆明时，还特地去拜读昆明大观楼那对中学历史老师教过的长联。

1942年7月，顺利读完初二的黄本立，发现跳一级对于他来说并不费劲。心里一直为自己比同班多数同学年龄大一些有点纠结的他，心想要是

---

[1] 黄本立口述访谈，2012年11月27日，厦门。资料存于采集工程数据库。
[2][3] 同[1]。

能再跳一级直接报考高中的话，不就可以再抢回一年了？已经习惯了自己做选择的他，于是又匆忙做出一个决定：以同等学历报考高中。

决定是做了，但要拿只读过一年初中的自己跟整整读了三年的人比，他实在没有多大把握……而且，报考仓促，已没有很多备考时间了，但又很想试一试。于是，整个假期，他不是蜗居在坪石中山大学土木系学生——他的大朋友黄文锦的宿舍里，就是待在曲江（今韶关）他同学关汉銮家中，做考试准备，没有回广西的家。时值战乱，人心浮动，要找一个安心读书的处所真不容易，他十分珍惜这个机会。

当他怀着忐忑不安的心情，等待招生结果时……始料不及的是，他报考的华英、仲元等五所中学，都给他发来了高中录取通知书。这是好事，也是令人费神的事：到底上哪所学校好呢？

难忘的华英

该上哪所学校好呢？远在广西的家人不能给黄本立什么主意，他只能向一些朋友和同学打听。一直住在曲江的关汉銮同学告诉他，华英中学很重视教学质量，要在曲江复课。他还了解到，华英中学不仅重视教学质量，还是教会学校里最平民化的一所，不仅收费比广东同类学校低廉，而且相当重视学生的劳动锻炼，培养学生勤俭的品德，于是黄本立就选择了华英中学。

华英中学是基督教会在华办的一所中学，由中华循道会于1913年创办。开始是所初级中学，只收男生，称为华英男校。据说，当时只有学生9人，教职员5人。经过苦心经营，1922年成为完全中学。1925年，当学生已发展到200余人时，中国先后爆发了"五卅"运动和"省港工人罢工"，同年6月，发生了英法帝国主义残杀我国工人的"沙基惨案"。在全国人民的压力下，华英停办了三年。

1928年秋，局势缓和，学校校董会决定复办华英，自此结束了由教会派出的英国人担任校长的历史，校长改由中国人担任。1936年还创建了导师制，逐渐以教学质量高而闻名。尽管日寇侵华、学校被迫漂泊流离，师生仍坚持在战乱中上课。1941年底，港九相继沦陷，华英应在曲江（韶关）的老校友伍学宗、熊真沛等的邀请，又得到一位将军的资助，1942年从佛山搬到曲江。曲江市有从东北、西北往南流的两条河，合流处恰好构成一个英文字母V字形，华英中学就在这V字形底部西岸，在英光小学内复课，合并为男女同校，并在曲江一带同时招收学生，于是年9月复课。

黄本立还记得，当时华英中学的学生都得上劳动课。学校为此划出一块地，让学生自己种菜，老师就把分地的事交给他，由他负责把地平均分开，一人一块。那么大的一片地，又是不规则图形，怎么分得平均呢？一开始还真的有点难倒了作为中学生的黄本立。那时候没有长的卷尺，只能用绳子、木棍等，可是量好的不规则的多边图形老是变形，不好计算面积。后来他想了想，把整片多边形分成若干个四边形和三角形；再对每个四边形都画上一条对角线，量出其长度，使它们都成了稳定的三角形；根据稳定三角形原理，它们不会变形了，面积就可以算出来了，这样也就可以把整块地的面积算好，可以分地了。老师看了后很满意，这也让他很有成就感，大大激发了他学习的热情和用所学知识解决实际问题的兴趣。

华英中学时任校长谢至理博学多才，还把那些出身贫寒、有正义感、爱劳动、肯干福利工作的学生看成"华英儿女"，包括黄本立在内的很多学生都很崇拜和尊敬他。凡学校有什么体力劳动或服务性的工作，这些"华英儿女"都会积极自觉地带头参与，虽无组织却常自发在一起活动。有的学生嘲笑他们是烂仔，他们干脆就以此戏称自己。又因为华英中学当时有很多社团，他们索性就把这个自发性的组织称为烂仔团，黄本立当时也是这个烂仔团中的一员。虽名为烂仔团，却在老师和同学中有很高的声誉，他们不仅团结，还乐于助人、有正义感、爱劳动。

图3-1　1943年黄本立摄于广西贺县八步

然而就在1943年，就在他刚上高二时，

祖父突然去世，家中经济支柱轰然倒塌，早就没了双亲的他不能不担心，自己是否还能继续把书读下去？

还好在华英这样的学校里，黄本立不必因为自己在经济上的急剧下降感到抬不起头来，他在高中一年级结交了一些朋友，这些朋友也都主动给了他一些帮助。加上他申请到一点助学金，又申请了半工半读。他做一些浇水、种花、锄草和管理花圃之类的事，广州话俗称"花王"。

黄本立谈起华英中学[①]，就常常提到谢至理校长、李华英老师、男生学监李穆龙先生、教务主任霍泽广，还有黄乃盐老师、梁德灵老师、生物老师……至今他还感怀至深，念念不忘。

化学老师黄乃盐，极重视学生的动手能力，总是努力创造条件，让他们自己动手做化学实验。抗战时期没多少中学可以做化学实验的，但华英中学能做，黄本立现在还清楚地记得，他就是在当时的化学实验课上学会做肥皂的。

音乐老师梁德灵多才多艺，不仅组织学生合唱团、管弦乐队，还用竹子做牧童笛，甚至制作过一把低音大提琴（bass）。当年的黄本立通过了梁老师的听力考试，参加了梁老师组织的管弦乐队，拉大提琴（cello）。这个乐队还在市里演出过，水平相当不错。

当时的"代理总务主任"潘清樵还搞了一份叫"熊猫"的墙报，每周出一期，专门搜集校内某些笑乐之事或不良言行，或画成漫画，或写成小品文，内容丰富，语言幽默诙谐，深受学生欢迎。黄本立经常帮"熊猫"墙报画漫画，写通讯，和其他同学一起抄抄写写，潘清樵的宿舍成了他们的活动据点。

在华英，黄本立和李穆龙先生一直很合得来，很有默契。李穆龙先生是岭南大学毕业的，平时看上去嘻嘻哈哈，爱搞笑，逗人乐，成了华英的"故事大王"。他遇事有见解，有正义感，经历却有点传奇色彩，曾在上海教书，也在当时左翼的联华电影公司工作过，还有一身讲故事的本领。光复后，他一家都到新加坡去了。他没有一点老师架子，找黄本立时常常用

[①] 黄本立口述访谈，2012年12月26日，厦门。资料存于采集工程数据库。

吹口哨，音调就像粤语的"黄本立"。后来黄本立到岭南大学读书后，有一次在宿舍里听到楼下有这特殊音调的口哨声，就猜想，难道是李先生从新加坡回来了？赶快跑下楼，一看果然是他。

华英中学的校徽，寓意丰富：两本书叠在一起，上面一本象征知识学问，博学多能；下面一本象征经验；铁钻表示提倡科学，振兴工业，为社会育才；五道光芒代表五育——"德、智、体、群、美"；外图表示前途光明和光照世界，这些无疑都是这所教会学校教育精神的体现，也是学校对自己学生的要求。

华英的精神，有人用"勤奋、真实、朴素、认真"来概括，有人言"博爱、奉献"，有人则言"严、实、全"。不管哪种说法，黄本立在这所学校里受益良多，深受华英精神熏陶。他不仅像海绵吸水一样吸收知识，学习用所学知识解决问题；而且也学习在复杂的环境里不断提高自己的识别能力，迅速地成长。

"我想我就是这样的人"

在多样化的校园生活中，中学时代的黄本立既显示出了自己的个性，又得到了全面的锻炼。他只接受自己认为该接受的，拒绝一切他所不认可的东西，他的这种做法有点像鲁迅先生笔下的"拿来主义"。

无论是培联还是华英中学，原本都是教会学校。教会学校都有做礼拜、过圣诞节、联谊性聚会等活动，但并不是强迫你非去不可，你想去就去，不去也不勉强。对于这种可去可不去的活动，黄本立并不热衷但也不完全拒绝参加。因为在他看来，参加这些活动，包括读《圣经》，其实都是学习西方文化的一个重要渠道。

圣诞节是西方一个很重要的节日，在当时的广州，跟外国文化有较多接触的人，也都很喜欢过圣诞节。节日里，圣诞老人会出来送礼物。如果希望送礼物给某个同学，就可以先交给圣诞老人，圣诞老人到时候就会按指定的名字叫着发。这样的活动学校每年都有，虽不规定你一定得参加，但同学们一般都会参加，因为大家都不把它当作一种宗教活动，而是把它作为一个文娱活动来参加。华英中学在圣诞节还常常组织晚会，让学生自编、自导、自演，黄本立也乐于参加，还在晚会上表演过。

联谊性的团契，通常就是志同道合的几个人在一起聊聊天、喝喝茶、唱唱歌。黄本立不觉得其中有什么政治目的，如果你不是教友，他们也许偶尔会跟你讲讲基督教的道理之类的东西，但并不很明显，也不是很经常。

如果问黄本立，他的思想有没有受到教会活动的影响？黄本立晚年回忆说①：

> 由于参加了教会活动，思想可能会不知不觉地受些影响，主要是"博爱"思想。我觉得"爱"总是没错的，只要有爱心，人会变得好些。但是有一些东西我硬是接受不了，比如说基督教的"爱你的仇敌"，我就接受不了。还有，比如说什么圣母玛丽亚生了一个孩子，这个孩子就是创造世界的上帝的"圣子"之类的话，我也接受不了。不过，肯尼迪说过一句话："宽恕您的仇敌，但是要记住他们的名字"，我觉得这句话还是可以接受的，也比较同意。

关于教会学校来华办学的目的，黄本立是这样看的，他说：

> 外国人来华办学，自然都有其目的，它要培养的，是那些熟悉西方习惯、接受他们的文化、能为他们服务的人。但这些能为他们服务的人，不也可以用学到的知识和本领来为中国人民服务吗？这一点，我们不应忽视，教会学校出身的也不要妄自菲薄。我想我就是这么一个人。我是教会学校培养出来的，但我不也能为自己的国家服务吗？②

---

① 黄本立口述访谈，2012年11月27日，厦门。资料存于采集工程数据库。
② 同①。

谈起这两所教会学校，黄本立最深切的体会是"仁爱"，特别是华英中学老师和同学们的帮助，让他亲身感受到这一点，并一直铭感于心。他说："在华英中学遇到了一些好的同学，有一些后来对我帮助比较大，特别是有一些家里比较富裕的同学帮我很多。"在祖父去世后，家里没有办法给他寄钱，一些同学很主动地帮助他，包括后来他在岭南大学病倒后，也是当时华英中学的同学和老师给了他很大的帮助，这是后话。

但是唯独说到三青团，黄本立倒有点耿耿于怀的样子。他回忆说[①]，那时每个学校都有三青团，他班上还有一个三青团的中队长。此人本来比自己高一班，是光社的人，后因战乱落了一班，就跟他同班了。中队长可是学校三青团中最大的官，显得不可一世，老说三青团员都是优秀分子等等，黄本立很烦他。

有一次，大家正在食堂有序地排队买菜，一个三青团员跑过来就要插队。黄本立看不顺眼，就说："你们老说三青团先进，怎么不守规矩了？"这个三青团员和他的同伙被这话惹火了，吃过饭就找黄本立，把他"约"了出去，几个人围殴他一个。黄本立当时只一个人，寡不敌众，白白挨了打。

同学知道此事后，大有为他鸣不平的，有一位叫李克炎的还跑过来，自告奋勇对他说："不要怕，我帮你！"恶气难消的黄本立，见他长得很高，大概有一米八，不禁勇气大增，就带着他去找那个中队长。

平时很威风的中队长，这时好像也有点怕了："不，不，不，咱不，不……"但黄本立他们表示还是得决个胜负。谁知这家伙很阴险，不守规矩，在挨了几拳之后，冷不防一脚就往黄本立的裤裆里踢，不待对方反应过来，他已转身跑掉了。

学校知道打架事件后，马上就下命令："谁也不许再打架，谁再打架开除谁"。校长谢至理平时对黄本立很好，这时却也批评他了："这次你错了。他们打你，是他们错；你找上门跟人打，是你错。"

过后，李穆龙学监把他找了出去，手里拿着一份英文报纸——《基督教箴言报》，先是装模作样地训了他一顿，说些"不要打架"之类的话。

---

① 黄本立口述访谈，2012 年 11 月 27 日，厦门。资料存于采集工程数据库。

走到没人的地方悄悄说:"别怕,不用跑!他们快完蛋了!",意思是说,三青团快完蛋了,国民党快完蛋了。一席话,说得黄本立大有拨开乌云见洞天的感觉①。

正如黄本立自己说的,他是这么一个人,如果觉得一个人值得交往,就会真的对他非常好;但是如果讨厌一个人,也是会记住的,只不过他一直是个比较容易跟人家投缘的人。他承认,自己大概是受了中国古典文学的影响,有点侠义精神,爱"不平则鸣",平时有一点爱憎分明的样子,也有一点江湖上说的那种义气。也许正是由于他的这种江湖义气和为人正直,才有那么多愿意帮助他的人。也正如黄本立说的,他是这么一个人,虽然是教会学校培养出来的,但是却一心想报效祖国。

破碎从军梦

黄本立一心盼望着能安心学习以便将来报效国家,但日本侵略者的铁蹄又一次无情地粉碎了他的美梦。

1944年,他好不容易读到高三上学期,日寇早已来势汹汹,广东形势再次徒然紧张起来。政府令学校集体疏散,谁知道疏散令刚下来,鬼子也就接踵而至。幸亏学校行动快,让能疏散的学生都回家了。还有约80余人,回家之路早被战火截断,学校只好将他们组织起来,分水陆两路送至连县(现在叫连州),借双喜山基联中学宿舍暂住。

黄本立在疏散令下达后,按学校的要求回了家。但广西八步是一个镇,黄家在水岩场矿区,到镇里要走一二十里,他有事要办,只能常常一个人走来走去。

疏散到连县的同学,据说日子也不好过,在六月至八月约两个多月里,他们都只能上午温习功课,下午集体游泳,或做其他户外活动。

---

① 黄本立口述访谈,2012年11月27日,厦门。资料存于采集工程数据库。

这种状况大大地激发了青年学生的抗日热情，黄本立的同班同学何远赤，大概就是在这次疏散时弃学参加游击队去了。他很高大，与许多同学的关系都不错。他的离开，不能不在学生中荡起波澜。新中国成立后，他当过广州军区武装部部长。

9月，粤北局势稍稳定，华英因办学优良，获准同另三所中学一起迁回曲江原址复课，学生达400余人。

10月，黄本立急匆匆赶回曲江读书。谁知相对平安的日子只维持了三个月，1945年1月，当局又颁紧急疏散令，华英中学把百余员工学生安全疏散至多田。这次因为学校有经验，事先在多田租了房屋，购储了粮食，做好应急准备，师生在此一直住到抗战胜利，才迁返佛山原址。

黄本立身材瘦弱，却两肩扛着一颗思维敏捷、爱憎分明的头脑，回顾自己被日寇铁蹄践踏得支离破碎的求学经历，他对日本侵略者恨之入骨，产生了先驱赶恶魔再读书的念头。因此，这次疏散令下达后，他既没回家，也没随学校转移多田。

此时国民党正打着"十万青年十万军"的旗号，在各地招募"青年军"。负责宣传的人鼓动听众说，青年军将由美国军官负责训练，使用的都是最新式的武器，非有相当的文化程度不能胜任。黄本立听了，于是产生了一个"认识"：看来，以前国民党军队老是打不过日本鬼子，是因为士兵的素质太差，现在国难当头，当兵打仗不正是知识青年对国家的责任吗？于是，黄本立决定弃笔从戎，并去报了名。

报了名，就得去听招募负责人"训话"。这位"负责人"倒也爽快，开宗明义就说："青年军就是党军。"黄本立不听则已，一听心里就咯噔了一下，觉得糟了，可能受骗了，有点后悔，又觉得实际情形可能并非如此，只不过这个人胡说罢了……心里纠结，又不好对人说出来，从此心里老是不痛快。

到了1月底，作为国民党战时广东临时省会的曲江沦陷了，日本人征用华英中学校舍，将学生赶出学校。招募青年军的负责人也跑了，黄本立和其他一些留守的同学，躲在一个同学家开的火柴厂里才得以生存。

这段经历虽然促使黄本立开始反省，觉得自己对国民党认识看来还很不够，但这种"认识"阻挡不了强烈的爱国心的驱使，反而更坚定了他从军救国的念头。

后来听说，国民党招募的"青年军"将在上杭①蕉岭一带集合，他和另外两个同学，费尽心思躲过日军的重重封锁线，从广东曲江出发，历尽千辛万苦，向"青年军"营地进发。路上不好走，临近4月才到达目的地。

到达"青年军"营地时，已是晚上，黄本立他们找到了华英中学的李华英老师。出乎黄本立意外的是，他不仅没热情地欢迎他们，还惊诧地问："你们怎么来这里了！"好像他们根本就不该来似的。

当他们激动地说了自己的打算后，李华英老师深为他们一心救国的举动所感动，但还是严肃地把所谓青年军的黑幕告诉他们：这支队伍鱼龙混杂，连妓女都有，什么知识青年军，根本就是骗人的。然后，还对他们说："我自己都想走了，你们赶快离开这里，继续上学去。"

黄本立万万没想到，自己下大决心投笔从戎，本以为从此可以为国出力了，何曾想到，要报国却还有投错门的问题。

他在深悔自己糊涂的同时，很庆幸自己能碰上李华英老师。如果不是他在关键时刻阻止自己参加青年军，让自己刹那间从所谓的报国梦里清醒过来，自己的命运恐怕就得重写了。

黄本立接受了老师的劝告，断绝了从军的念头，决心先完成高中学业再说。他和两位同学，不敢逗留，第二天天亮前就快速离开青年军营地，辗转来到梅县（现梅州），住进梅县青年会的宿舍，并想方设法借读省立梅州中学高三下学期，并于7月毕业，学校发给他一张临时毕业证书。

证书全文如图3-2所示："广东省立梅州中学临时毕业证明书：学生黄本立，男性，现年一九岁，广东省新会县人，于三十四年二月考入本校高中第三年级，肄业于三十四年七月，肄业期满毕业考试成绩及格准予毕业，但因毕业证书一时尚未制妥，呈厅验发，特遵照规定发给此书以资证明，此书有效期间为一年，该生应依期将此书缴校换领正式毕业证书，

---

① 福建省上杭县。

图 3-2　1945 年黄本立借读梅州中学后获得的临时毕业证明书

合并注明。校长李时可，中华民国三十四年七月。"

按规定，他必须在规定的时间里去换取正式毕业证书。但他当时好像全然不知道临时毕业证书和正式毕业证书有啥区别，不知道自己领的是临时毕业证书，也不知道还有要去换正式毕业证书这件事。他稀里糊涂拿了这张高中毕业证书后，因为一心想考岭南大学，就急匆匆地躲在梅县青年会的宿舍里复习功课，哪顾得上去换什么正式的高中毕业证书！以至于他后来去岭南大学注册时，交的也只能是这张临时毕业证书。岭南大学注册表还就此给予了特别备注。

幸运的是，我们在广东省档案馆找到了它的复印件。而这复印件就成了黄本立现在唯一能拿得出来的毕业"文凭"了。

如何从梅县"复员"回广州，对黄本立来说也是一个问题。幸亏当时也是从曲江疏散到了梅县的华英同班同学胡景钟一家租船回广州，就把他也捎上了。

第四章
岭南工读　名师指点

黄本立考上岭南大学，在完全失去家庭经济来源的情况下，靠半工半读、助学金和朋友的接济，顽强地坚持学习，并深受高兆兰[①]、冯秉铨[②]教授等的关怀和教导。他们的爱国情怀、对教育事业的忠诚执着，以及在科研上的严谨精神，对他影响至深，让他受益一生。

1949年2月，刚要上大学四年级第二学期，他得了肺病，但乐观对待。大病初愈回到学校，面临着是到美国去读研究生，还是留在新中国参加工作的选择，受恩师影响和同学鼓励，他毅然选择了北上长春，参加祖国建设。

[①]　高兆兰（1914-1999），云南省昆明市人。1934年毕业于岭南大学物理系。1936年回到岭南大学任教。1940年到美国密西根大学研究生院物理系留学。获博士学位后到美国锐提安公司研究部任研究员。1946年回到岭南大学任教。1952年后任中山大学物理系教授。她是我国著名的光谱物理学家和教育家，在发射光谱、激光光谱和喇曼散射光谱分析以及光电技术等领域做出重要贡献。她曾任全国人大第三届代表和全国政协第五、六、七届委员。参见《南方日报》郑照魁：《高兆兰：一生只求那束光》，2013年4月24日。

[②]　冯秉铨（1910-1980），河北省安新县人。1930年毕业于清华大学物理系。毕业后到岭南大学任教。1940年到美国哈佛大学留学，获博士学位后留在该校任教。1946年回国后先后任岭南大学教授、理工学院院务主任和校长等职。1952年后曾任华南工学院教务长和副院长。他是我国著名的电子学家和教育家，在发展电子振荡理论和无线电广播发射技术以及电声、水声等领域做出重要贡献。参见姚树华：《冯秉铨教授的道路》。广州：华南工学院出版社，1987年。

岭南大学的工读生

在选择教育机会的问题上，黄本立好像是个天生的理想主义者。尽管家里已经不能给他任何经济支持了，他仍然不愿放弃接受优质教育的机会。自从听从了李华英老师的劝告，断绝了从军念头后，他就沉下心来完成高中学业，选择并顺利地考上南方赫赫有名的岭南大学。

黄本立之所以选择岭南大学，很重要的一个原因在于他读高中时就知道它的教学质量是"响当当的"，还知道它以前是教会大学，华人自办后有个美国基金会，还有很多外教。另外，他有不少培联初中的同学，后来读的正是岭南大学附中高中部，他跟他们有来往，对岭南大学自然就比较熟悉。而且，这些同学高中毕业后也大多报考岭南大学，所以当岭南大学到梅县招生时，他很自然就选择了它。

岭南大学是民国时期13所中国教会大学之一，它的前身叫格致书院，是在美国北美长老会海外差会同意下，于1888年创办的。建校之初，岭大校址几经变迁，1904年才将永久校址定在广州城珠江南岸（河南）的康乐村，即现在中山大学的校园内，1918年正式称为"岭南大学"。

广州作为通商口岸之一，第一次鸦片战争后，西方纷至沓来创办新式学校自有它的目的。1925—1927年，在全国性反对教会和收回教育权运动中，广州处于大革命高潮中，该校工人、学生连续罢工、罢课，以各种形式进行斗争。1927年4月，学校宣布停办，并遣散职工。当时以著名律师钱树芬为首的一批爱国校友倡议接办学校，同年7月经广东省政府批准，学校正式收归国人自办，改名私立岭南大学，组成了以华人为主体的董事会，由董事会决定聘请钟荣光担任首任校长，李应林任常务副校长，8月1日就职。原美国纽约基金会，也改组为岭南大学美国基金会，主要负责外籍教师的工资。外国人在中国办的学校，都只是委任中国人为校长，最高权力机构则一如其旧，归于外国。岭南大学的这一"改组"，可以说是"独一无二"的。究其原因，也许与当时的岭大身处革命运动最蓬勃的广

图 4-1 珠江、白云山和小河沟——岭南大学校徽原形（黄本立摄于 1950 年初）

图 4-2 岭南大学校徽

州不无关系。

1952 年，岭南大学在院系调整中与中山大学及其他院校的文、理科合并，组成现在的中山大学。此前，岭南大学的前后三任校长是钟荣光（1927—1937）、李应林（1937—1948）和陈序经（1948—1952）。他们都十分注重根据本国、本地区的实情和需要来培养人才，殚精竭虑要把岭南大学建成一所立足华南面向全国的高水平大学。

抗日战争期间，岭大曾迁往香港、曲江等地，抗战胜利后才又搬回广州。

黄本立顺利考取岭南大学，然而，在专业的选择上，他却有一次"突变"。他从小崇拜"机器仔"，即搞机械的年轻人，希望自己长大后能当上技师。他填报的志愿是工科，拿的也是工科的录取通知书，谁能想到，他转眼间却成了理科的学生？

原来，当他跑到工学院去注册时，接待他的竟是物理系的老教授朱志涤。他过去留学美国，当时可能是代理工学院院长，出面接待新生。朱教授看了黄本立的资料，就问："你是哪儿人？"一问得知原来两人是隔壁村的同乡。

朱教授说："你这个成绩不是还可以吗，你为什么学工呢？"黄本立简要地讲述了自己想当机械仔的想法，朱教授说："其实，你要是学物理的话，只要把物理学透了，将来你要搞'工'就很容易了，你看工科的书就会像看小说一样……"

黄本立觉得，这话虽然可能有点夸张，但很新鲜；再看看工学院的各系，除了化工，其他系好像还真的都跟物理很有关系，像土木工程、机械工程，哪个不跟力学有关？他脑子飞快地转了转，觉得朱教授的话不无道理，就说："好，那我就转到物理系吧"。于是，他到教务处走了一趟，就在注册的时候转到物理系去了。

刚进大学，黄本立心中还盘桓着一点"情结"，挥之不去，但又说不清是什么，也分不清是自卑还是自傲。多年后他回忆说[①]：

> 当时的我可能有点像坊间说的"虎气和猴气"，就是有点虎气，又有那么点猴气。可能是因为当时家里穷，自己又进了贵族学校，难免心中有点自卑；但又有着强烈的自尊心，觉得自己哪一点都不比别人差。

他有个好朋友叫梁蕲美，是个一身傲气的人，后来去了加拿大。他好像当时就看准了黄本立的心思，径自鼓励他说："你比他们差什么？一点也不差！"受他影响，黄本立好像自此虎气大增，觉得不管心中存有什么"气"，大学是必须读下去的。

当然，要念完四年大学，衣食住行也是不能不考虑的。

第一学期，家里虽已捉襟见肘，但还能设法给他交学费的钱，其他就顾不上了。幸亏他一位华英同班同学的妈妈既是岭南大学的女学监，又是

图4-3　1946年黄本立摄于岭南大学

[①] 黄本立口述访谈，2012年11月27日，厦门。资料存于采集工程数据库。

校长夫人在美国学习时的同学，平时来往比较密切；她觉得黄本立太艰难了，就介绍他去为校长管花园。有了这份"工资"，节省一点，一个学期就这么对付过去了，但下一个学期呢？

这时，他祖母的生活全靠姑姑黄雪芬、三叔黄仕国和三婶施月婵微薄的收入来维持了，哪里还能给他哪怕一丁点儿的支持，这着实令他烦恼不已。

在这种情况下，同学的热情相助成了他能继续完成学业的关键——有送他衣服的，有送他钱的，特别是张植鉴，对他的确很好，给了他很多帮助。

他和张植鉴在华英时就同班，他姐姐也是同班同学。但当时交往不是很多，考进岭大后接触多了，才变得亲密。张植鉴了解黄本立的难处，眼看他遇到过不去的坎了，就说："你的学费，我让我哥哥全包了。"他哥哥是从美国回港的商人。他说到做到，从此他哥哥每个学期都按时给黄本立交学费的钱。即使后来黄本立半工半读，有了"工作"，还得了奖学金，主动谢绝他们的继续帮助，但张植鉴说："你要用钱的地方还多着呢"，坚持继续资助他。

后来，张植鉴患了肺积水，被迫停学，到美国治病、休养去了。出国后，他们还保持着联系，也继续保持着对他的支持。

每当谈起同学，黄本立感慨万千，非常感激同学对自己的无私帮助。他说，同学帮助自己度过了决定一生命运的关键时期，既没有任何功利目的，也不是因为自己曾帮过人家什么，纯粹是一种对人的无私关爱。同学的这种帮助，不仅令他感动，令他为学校、为同学对自己的不离不弃而铭记一生，更主要的，还或多或少地消除了他独自一人在香港读小学时养成的"警惕性"，悄悄地在他心里播下助人为乐、竭诚回报社会的种子。他默默地把同学的无私帮助转化为塑造自己人格的动力，自从有了工作，有了助人能力后，他也总是悄然无声地慷慨解囊。

当时的黄本立，是一个不愿意白等别人资助的人。尽管同学对他那么好，他还是毅然提出工读的申请，决心一边工作，一边念书。获得校方批准后，他从1948年起至1949年1月，一直坚持"工作"。中山大学的档案馆,至今还保存着当年他在岭南大学做工读生的部分工资计算单,上面还有老师冯秉铨先生的签字(图4-4)。

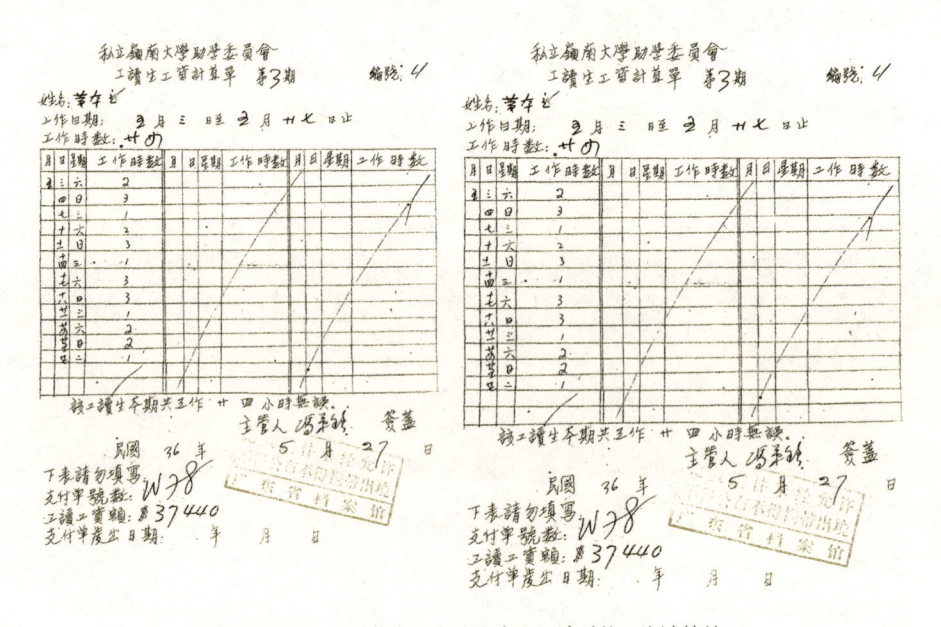

图 4-4 1947年黄本立在岭南大学工读时的工资计算单

他做过各种各样的工作,最早的一份正式工作是当小学老师。当时的岭南大学,学生有三个基本组织:学生自治会、治食会和体育会。其中学生自治会又叫学生青年会,除了开展为学生服务的工作外,还开展"乡村服务"和"工人服务",办了一所小学,主要为校内职工子弟而设,收费低廉,同时经营校内"八角亭"小食部(即小卖部),收入作为小学经费。学校的工友和比较困难的教职员的子弟都可以去学习。黄本立在那儿教美术,教孩子们画画。

后来,他的工作就越来越跟物理专业有关系了。物理实验室需要有比较稳定的直流电源,用的是蓄电池,而蓄电池是要充电的,黄本立就负责充电的事。这工作不很复杂,只要看着它,充电别过头就行。那时用的是铅电池,如发现电池里的电解液不够了,就往里面加蒸馏水。他上的是晚班,工作到九点钟就可以下班,中间还可以做写作业等其他事情,因为这工作是不必每分每秒都盯着看的。虽然学不到什么技术,但起码为充电积

图 4-5　1947 年黄本立忙里偷闲驾着同学梁蕲美自己动手造的小艇在岭南大学旁的珠江试航

累了一点经验。

　　他还做过化学实验室的储备室（stockroom）管理员。每当学生来做实验的时候，他负责分给每人一份橡皮管、移液管、试管烧杯等之类的实验器材。当然，实验课前他要做好预习，要给哪个，给什么，都要搞清楚，做好准备。东西给了，让学生签个字，打破了，也要他签字，破到一定数量是要赔偿的。

　　最后，他又被安排到物理系帮忙。物理系在抗战期间是停办的，1945 年算是战后复办的第一年，他所在的一年级成了系里的最高班级，他负责帮教授做处理文件之类的事情。到了二年级，"普通物理"不仅仅物理系学生要学，化学系、工学院的学生都要学，学生太多，老师改作业都忙不过来，就交给高一级的学生改，他就成了帮老师改作业的人，像一个小助教似的。

　　此外，他还得帮老师准备实验，这工作对他的帮助特别大，很有效地训练了他"给你半页纸，你就要搞出个实验来"的本领。比方说，要做一个光学实验，教师给了个题目，他就要先把器材找好，自己先做一遍，然后才交给同学去做。类似的实验，就算是黄本立所在班的，也是由他先做，然后才让其他学生去做。

有时候，他在帮助教师准备实验时，也会闹出点笑话来。比方说有一次，冯志超老师带着他搞起电机，当时起电机的两条输出导线相距不到1厘米，电线有点破，正在放电，黄本立却傻乎乎地、下意识地用手去拨它，结果电流经过他身体入地，把他电得跳起来。这东西虽然是用手摇的，电流不大，电压却很高，有几万伏。幸亏那时起电机只有电压，电流非常非常小，他才侥幸没出大事。

这个有惊无险的"事故"，虽然只成笑话，但他永远记住了。从此以后，他决不允许自己，也不允许学生违规操作。谁违背了这一点，谁就得挨批。

就这样，当别的同学在复习功课时，他得去教小学生画画；当别的同学都在休闲娱乐时，他得履行学校园丁之责，到校长家浇花；或忙着帮老师制作教具，做实验准备、发放器材、批改作业。他在学校所做的工作，从粗工开始到教孩子画画，从管实验设备到帮老师改作业，让他在学以致用上大显身手，也让他的身体一直处于紧张忙碌的状态中，虽不觉得累，但精力的透支，正在一步一步地摧残着他的健康。

黄本立庆幸自己进入二年级后"运气好"，得了该校物理系成绩最优奖，接着获得了1947—1949年的国际学生奖学金，从此不必为每年的学费发愁了。其实这"运气"，不就是有人说过的"机会碰巧撞到了你的努力"吗？是机会加努力的结果。奖学金，再加上工读的报酬，他觉得自己"很阔"了，甚至可以节省些钱寄给祖母。

然而，繁重的工作和艰苦的生活，终于把潜伏着的、父母遗传给他的肺病诱发出来了。1949年1月，刚读完大四上学期，他的肺就出了问题。2月到广州博济医院检查，竟是浸润期肺病，不得不住进佛山循道医院休养。这事，他不敢告诉家里，他了解家里也不能给他什么帮助了，何必给他们徒增烦恼。

还好，中华循道会在中国办学，一般是一个学校和一个医院相邻而建，人员可以互换，起码在广东是这样。华英中学已于抗战胜利后就搬回佛山，并于1946年11月正式复课了。循道医院离华英中学很近，经过谢至理校长的联系，黄本立从2月中至8月，一直享受着医院免费住院静养的待遇。当然，当时药品很贵而又极为缺乏，他是买不起的，所以谈不上什么药物治疗，只是年轻人生命力强，有吃，有休息，加上他的乐观精神，过了半年，也就转入静止期了。

住院期间，华英、岭南的同学常来探望，一位英语系的同学给他送来一大摞袖珍版英文小说。他无事可干，每天抱着小说看呀看呀，越看越带劲……直到有一天，潘清樵带他去看电影，他才发现自己眼睛不行了，看什么都模模糊糊的。

不过，此时的他并没弄清楚眼睛视物不清是怎么回事，总的说是有点瞎乐观，但有时又很"达观"地想："没什么，死了也就算了。"一个"死"字，"达观"的后面隐藏着他对自己的健康状况信心不足，或者说是父母的早逝在他心里留下了阴影。正如他后来在"我的后半辈子"的文中解题说，因为"自幼体弱，窃以为如能活到五十岁，足矣。因此参加工作时的二十五岁，就成了我'自定义'的前、后半辈子的分界线（50÷2=25）。""死"自然不至于，但从此落下近视眼，跟眼镜结下不解之缘。

从8月起，他出院后借住在岭南大学附近的一座小屋里，想在那儿等候开学复读。1949年10月1日，毛泽东在北京天安门上向世界宣告中华人民共和国成立，14日，广州市也解放了。

1950年1月回到了岭南大学爪哇堂宿舍，他注册了大学四年级下学期，准备先完成学业，谁知又面临着新的选择……

师 恩 难 忘

岭南大学的四年对于黄本立来说，是人生中非常关键的时期。在这里，他经历了社会的巨变，经受了各种思想的冲击，感受了生命的意义。每当谈起岭大，他总是有说不完的话题，他不能不谈同学们对自己的真诚关心、无私帮助，不能不谈老师们的教诲之恩。

在岭南大学的教师中，最让黄本立感念终身的，是冯秉铨、高兆兰教授夫妇。冯秉铨教授是顶级的电子学专家,是新中国无线电电子科学的奠基者之一,在发展电子振荡理论和无线电广播发射技术等领域做出了重要贡献。在我国解放初的电子学界,曾有"南冯北白"之说,"南冯"指的就是他。而高兆兰教授是中国光学、光谱学的开拓者之一。

冯秉铨、高兆兰教授夫妇都是坚定的爱国者,有着一颗与国家民族命运息息相关的赤子之心。冯先生在回答美国记者关于"留学生们为何出国"的问题时,坚决地说:"我们到美国的目的十分明确,就是学习美国的先进科学技术,对美国人民有所了解,将来建设我们自己的国家。"这个信念早已根植于他的心田,贯穿着他的整个人生。

图 4-6 20 世纪 80 年代黄本立与恩师高兆兰先生促膝交谈

在美国学习时,冯秉铨教授被选为哈佛大学和麻省理工学院中国留学生联谊会主席,还组织留学生进行抗日救国宣传募捐和义卖活动。他在美国不到两年便取得博士学位,并先后受聘为哈佛大学讲师、研究员,被视作哈佛的学术新星,但他从不误把他乡作故乡。

高兆兰于 1944 年 4 月在美国获物理学博士学位,先后被选为美国两个学会的荣誉会员。1944 年 5 月她受聘于美国锐提安公司研究部,任研究员,从事气体放电及雷达X波段开关管的研制。第二次世界大战期间，她在美国成功设计雷达系统中的T-R box，为反法西斯战争做出了一份贡献，在密执根大学时就获得过金钥匙的荣誉。但她认为，在美国搞科研是给人家"锦上添花"，而回国工作则是"雪中送炭"，坚决回国。同学们都亲切地称她"Dr Gao"。

冯秉铨、高兆兰志同道合，抗战胜利后就毅然谢绝美方的高薪挽留，抛弃在美国的优越生活条件，回到满目疮痍的祖国，到岭南大学当"穷教书匠"。1946年6月，他们乘坐第二次世界大战后第一批货轮回到广州，实现了高兆兰赴美留学时在入境登记表上写下的"学成回国"的心愿。

他们对祖国的挚爱与忠贞、对科学事业的执着追求，无不深深地烙刻在黄本立的心间；他们的精神汇成一股合力，震撼着黄本立的心灵，影响了他的一生。

黄本立喜欢的"电子学""光学"这两门课就是他们夫妇给上的。黄本立忘不了高先生挂在项链上的金钥匙；忘不了高先生在讲授每门课的绪论时，必定论述中华民族祖先在本门学科中的贡献的情景。黄本立觉得自己只有努力学习，掌握知识，为国家和人类多做贡献，才能回报老师的培育之恩。

冯先生既"把教学工作当作一项科学研究来对待"，又视之为一门艺术。他认为，教学的对象总是变化的，新的技术成果和新的理论观点也日新月异，因此不能"廿年一本书"照本宣科地讲下去。"讲课的关键在于充分地掌握教材，在于讲课时充满信心和运用良好的授课艺术。"他从自己的教育观出发，练就了一套令人叹服的授课本领，能使课室内的学生自始至终跟着他的讲授进行思考。凡是当年曾经受业于他的学生，无不对他的教学方法和教学效果叹为观止。曾任全国政协副主席、中国科协名誉主席的周培源教授，更是誉之为"士子楷模"。

对此，黄本立有着切身的感受。作为一名功率放大器和功率振荡器的专家，冯先生给他们班开过一门无线电电子学课，要求学生学了能用。他在这门课结束后，就对黄本立和梁蕲美说："你们给我做一台示教用的超外差收音机，要把所有的元件都放在面上"。理论早已讲透，要求也已说明，他们就按照老师讲过的理论，在一块大黑板上动手了：他们先把整个电路画在黑板上，变压器、电源、电子管和调频的电容器等元件都装在相应的位置上，用电线把各个元件按电路连接起来，最后装上喇叭，再插上电源，经过调整就响了。黄本立后来回忆说，"当时看见这么大的一台超外差收音机就这样装好了，还可以响，可以选台，蛮过瘾的，顿时有了点成就感。"[①] 这台超外差收音机就作为冯先生示教用的教具，学生们一看就非常明白，因为所有元件都装在大黑板上。

高先生始终坚持在教学第一线，积累了丰富的经验。她认为讲课是教学过程中最主要的教学环节，必须系统地解释该门学科的重要问题；对理科课程来说，应理论联系实际，还要举例介绍理论与工业生产技术上有关的问题；为了巩固与加深讲课的效果，学生必须阅读适当的教科书和参考书。为此，学生要加强外文学习，掌握一至两门外国语言，才能阅读外文资料。

一般老师讲"摄影光学"都只讲成像原理，高先生给黄本立他们班上光学课，不仅深入浅出讲原理，还强调理论联系实际，讲应用，讲照相机。按理说，把照相机的光学系统和照相机的结构讲讲也就完了，但她还讲感光材料原理，讲胶卷，讲感光材料是怎么做的，甚至讲到第二次世界大战以后才流行的彩色胶卷，学生们听了觉得是一种享受。

高先生教学生原子光谱原理，教他们做一些如未知波长测定等的基本实验时，一再告诉他们，进行科学实验时一定要耐心、细心和用心，还要有恒心，不怕失败，才能成功。她举例说，那台给他们用来做实验的石英光谱仪刚到货时失调，她做了几十次试验才把它重新对光、调整好。她教导学生们对实验数据要加以整理、分析、归纳、推算……才能做出结论。这些教导黄本立都牢记心中，对他后来的光谱分析生涯产生深远的影响[②]。

他们夫妻都很爱学生，爱得犹如春雨"润物细无声"，默默地塑造着学生的品格。逢年过节，两位恩师常常会把同学们叫到家里一起吃晚饭，

---

① 黄本立口述访谈，2012年11月27日，厦门。资料存于采集工程数据库。
② 黄本立：悼念恩师高兆兰教授．《光谱学与光谱分析》，1999年，第19卷816页。存地同上。

做游戏。当黄本立患病在佛山住院时，两位恩师不仅常常给他写信，还寄钱给他，叫他安心养病。冯秉铨的人生体悟是："我愿意为青年的锦绣前程而操劳，我不能离开青年，如果让我离开青年，我会感到生命失去了意义。"① 这番话，他当年并未对学生们直接说出，即便说了，他们也未必能体会得这么深。但当黄本立自己也成为人师，有了恨不得把自己的所有本事都传授给学生后，他就从老师当年的做法中体会到了他们的良苦用心，从而更感激自己的恩师。

1994年3月19日，当广东省科协和中山大学隆重举行"庆祝高兆兰教授从事教育、科研60年大会"时，黄本立在贺信中说："您不但授我以知识，而且还教我怎样做人"，"你那一贯严以律己、宽以待人、治学严谨、锲而不舍的精神，永远是我学习的楷模"。当高先生于1999年10月12日不幸病逝时，回想起恩师半个多世纪以来对自己的恩重如山，他不禁"桩桩往事，涌向心头"，"万分悲痛，黯然泪下"②。

在岭南大学，让黄本立念念不忘的，何止是冯高二位恩师！后来成了中科院学部委员（院士）的张恩虬老师，当时还是岭大的一位副教授。他本来是很支持黄本立勤工俭学的，但有一段时间，当他发现黄本立把大部分时间都用于搞摄影服务，学习成绩有所下降时，他立马就说："阿立，你要注意了，你成绩有点下降了，适可而止吧！"黄本立一直都忘不了他对自己的关心和及时提醒——正是由于他的及时提点，黄本立才猛然醒悟：知识的积累犹如建金字塔，作为学生，只有把基础打牢，才能更好地发挥特长和潜能，决不能喧宾夺主，误了正业。

那时候，抗日烽火刚息，内战硝烟又起，正常教学所需的一切，都还处于逐步完善的过程中。冯志超老师当时是助教，负责帮助冯秉铨教授辅导学生做电子学实验课，黄本立成了他的"下手"。实验课前，冯先生会交给冯志超老师一张"实验设计"，要求他做准备。在实验器械不很完善的情况下，准备者就要动脑筋拼凑，或寻找一些替代品，看学校有什么东

---

① 摘自百度网。
② 黄本立：悼念恩师高兆兰教授．《光谱学与光谱分析》，1999年，第19卷第816页。资料存于采集工程数据库。

西，设法凑齐，让同学们可以做出一套实验来就行。这对准备者是一个很好的锻炼。黄本立从冯志超那儿学到不少知识和技能，受益匪浅。虽然后来黄本立和他失去联系，但心里一直惦记着他①。

岭南大学的学习经历，让他受益终身。在这里，他不仅养成了严谨的治学态度，很强的动手能力，为以后的科研工作奠定了基础，而且让他悟出了爱国是怎么回事，老师又该怎么当。他因此非常主张大学生一定要干点活，但不能喧宾夺主，不能让工作影响学习。

在风雨中学习成长

1996年10月，时任国家教委主任的朱开轩在北京与岭大同学座谈时说："我十分欣赏岭南人的凝聚力，岭南校友团结一心，几十年从来没有变化，这在中国教育史上是一个很值得研究的课题。"②

新中国成立前，由于政治和宗教背景等历史原因，社会上常把岭南大学也说成是"贵族学校"。其实，该校很重视这个问题，早在1929年初召开的一次会议上，与会者就指出学校存在的六点"事实"，其中第四点是，"本校中学生毕业后纷纷北上京沪转学，以费廉而学科齐备，比诸本校年中交学、宿、膳、杂费几至六百元（但谓本校仍要赔贴每名约二千元），认为太过贵族化。"会议议定了五条解决办法，其中第一条是"减收学费"，第二条是"多设助学金"，这都是很注意去贵族化的措施。

外国人在华办学，自然不能与帝国主义侵略相提并论，但教育对国家至关重要，其主权自不能总操于他人之手。所以钟荣光先生说："救国事业，首要教育"，"靠人终非久计，应当尽量发达，以得将来接受华人自办。"他还认为，"岭南收归华人自办"不仅是一个"收回教育权"的问题，

---

① 黄本立口述访谈，2012年11月27日。资料存于采集工程数据库。
② 岭南大学校友会：《钟荣光先生传》。岭南大学广州校友会印行，2003年11月第4版，第118页。资料存于中山大学荣光堂。

更是"承担教育的责任"。为了这份责任,他呕心沥血、艰苦奋斗10年,为学校的发展打下很好的基础,且泽被后任。钟先生"笃信基督,人所共知;但严守信教自由原则,只求身体力行、以示榜样。彼进求西学,但求西学融化于国人原有文化传统生活之中。"为此,他坚持自己的办学方针,只强调以基督精神治校,不再以培养基督徒为主旨。所谓基督精神,钟先生认为就是"基督牺牲服务"的精神,其实也包含了一致抵抗"外人之侵略"的爱国精神[①]。为此,学校的宗教色彩大为减弱,学生的思想自由得到充分保证。作为一所私立大学,它有着办学的自主权,学校的思想环境还是较为宽松的。

继任李应林坚持独立办学的精神。1941年12月,香港沦陷,他本人也受到日军通缉。他偷渡九龙,经过日寇层层关卡盘查和封锁,历尽艰险,刚抵达粤北,又得美国基金会"大学停办"的电文。他随即赴重庆,向教育部提出借款复校。教育部的答复是:"改国立,全部教育经费教育部包起;不改国立,一文不借。"李应林既不听从美基金会的"关门"主张,也不接受教育部"省事省心"的办法,决心坚持独立自主,自力自造,开明开放的岭南精神。

岭大还是一所深受孙中山先生关爱和影响的大学。孙中山先生与岭大的渊源可追溯至格致书院时期。民国时期,他又3次造访岭南大学:

1912年5月9日,孙中山莅临岭大参观,向全校师生做了"非学问无以建设"的演讲。

1923年12月21日,孙中山与宋庆龄到岭大视察,向岭人师生发表演讲,希望学生担负起建设民国的责任,"要立志要做大事,不可要做大官"。他指出,古今人物名望的高大,不在于他做的官大,而在于他所做事业的成功。他勉励学生要做有益于社会的事,不可做大官。要把中华民国建设好,让民国的文明,将来能和各国并驾齐驱。

1924年5月2日,岭南大学举行纪念史坚如烈士像揭幕暨黄花岗起义13周年大会。孙中山在廖仲恺等人陪同下第三次到岭南大学,应邀出席了

[①] 岭南大学校友会:《钟荣光先生传》。岭南大学广州校友会印行,2003年11月第4版,第140页。资料存于中山大学荣光堂。

纪念大会，并向师生做了题为"世界道德之新潮流"的演说，勉励学生们要学习黄花岗先烈的志气和新道德，要像七十二烈士那样，虽至牺牲生命也在所不惜。希望青年学生发奋读书，研究为人类服务的各种学问，立志为国家服务，为社会服务。

黄本立入学时的校长是李应林，离校时的校长是陈序经，自然无缘亲耳聆听国父孙中山和钟荣光校长的殷殷教诲，但这一切早已凝固为岭大精神、岭大传统，滋润着每一个岭大学子。不管是孙中山"要立志要做大事，不可要做大官"的理念，还是钟校长"作育英才，服务社会"的思想，都深深融入他的灵魂。

当然，黄本立在学期间的岭大，正处于社会巨变时期，情况是相当复杂的，各种思想并存，各种势力都在各显其能。广州的地下党审时度势，从实际出发，要求岭大的学运工作努力做到既保存进步力量，又推进社会发展。

当时的岭南大学，进步刊物主要是两块墙报：艺文社搞的"艺文"和历史政治学会出的"政风"。它们虽在宣传进步思想方面起了一定的作用，但墙报这种形式的影响毕竟有限。

1948年下半年，革命形势迅猛发展，蒋家王朝全面崩溃已是指日可待。面对大好形势，共产党的外围组织爱国民主协会（简称爱协，后称"地下学联"）深感创办一份铅印刊物，在同学中宣传进步思想，推动学生运动，迎接全国解放，已是刻不容缓了。

趁着进步同学古永灼（后参加地下学联）在1949年初被选入大学学生自治会，实际上掌握了学生自治会主办的刊物《南风》半月刊之机，地下学联把它从学术性月刊，改变成以反帝反封建为基调、围绕加强形势教育、动员学生迎接解放为宗旨的、公开出版的综合性半月刊。

这份半月刊有个出版委员会，与黄本立同宿舍的中学同学刘耀荃也在其中。他们俩人的关系在华英中学时就很好，黄本立每去香港，都住刘家，要接触该刊物自然容易。刘耀荃化学课学得好，念中学时就在家里做实验，被同学称为"科学佬"。抗战后期他逃难到昆明，在某航空公司当报务员，当时闻一多、李公博先后被国民党特务杀害，加深了他对国民党专制腐败无能的认识。抗战胜利后回广州，便向鲁迅学习，不读化学，进入岭南大学社会系学习，新中国成立后曾任广东省民族研究所所长。

大学时期的黄本立，虽非学生政治运动的主动参与者，但他也不是从来不问政治的独行侠。恰恰相反，他从小生活在广州这片曾经的革命策源地里，政治早已成了他生活的一部分。虽说抗日战争胜利以后，大革命时代的那种气氛，早已被时代巨变前的风云变幻所掩饰，但从小到大，耳濡目染，坊间传说的机器仔的英雄行为，总在时隐时现地影响着他，使他学会在生活中学习，也在生活中抉择。在与三青团骨干的打架事件中，在从军梦的破灭里，在他对国民党腐败统治的愤愤不满中，都不难看出他早已在复杂的政治斗争中学习、成长着……不过，性格使他喜欢与志趣相投者来往，而且不问他们是什么党派。不了解他的人，很可能以为他不关心政治；了解他的人比如刘耀荃，即便在极左盛行的年代，也说他在岭大时是"相当进步的"，喜欢"与进步同学接近"。

进了大学后，为了生存，他不得不整天为勤工俭学奔忙，但他仍然活跃在与兴趣、与专业相关的领域中。他是物理系学生主办的学术性联谊性组织"物理学会"（Physics Club）的活跃分子和摄影兴趣小组的负责人。他还以勤奋、正直深得同学赏识，朋友不少。特别是到了大学三年级，同宿舍的刘耀荃同学，经常会跟他谈些社会科学方面的问题，断断续续地向他推介一些革命思想，还替他找来一本葛名中写的《科学的哲学》。这是一本辩证法的入门书籍，不仅使他对宗教有了进一步的认识，也使他从理论上初步认识了资本主义制度的不合理。接着，他开始阅读一些从香港偷运过来的进步报刊，如香港《大公报》《文汇报》等。特别是到1949年春天，在佛山循道医院养病期间，病友小梁经常收到香港寄来的进步书报，黄本立几乎成了这些书报的"常任"读者，进一步接受革命思想的影响。

这些学习虽然谈不上系统、深入，却足以帮助他理清自己长期所受的基督教教育，使他学会在形形色色的思想潮流中辨析真伪，帮助他在社会的巨变中做出自己的选择。

不二的选择

一个人的一生，可能会面对许多选择，每一次的选择，都将是自己人生观、世界观的一次显示。

当黄本立巴望着早日康复回校上课时，"中华人民共和国成立了"的声音，通过电波传到岭南大地，他觉得自己真是热血沸腾了。不到半个月，1949年10月14日，广州也解放了，他更是兴奋得追着欢迎解放军的人群跑，冲着雄赳赳进城的解放军队伍，一个劲地猛按快门……因为，他太想把这个普天同庆的时刻记载下来，似乎非如此不能排除淤积在他胸中的对国民党统治的满腔怨气；他觉得国民党无能而又贪污、腐败，搞得民不聊生，对它实在没有好感。

喜庆之余，他于1949年冬回到学校，作为一个还没有拿到毕业证书的大学生，一边等候春季复学，一边给同学照相、洗相。过了不久，两条道路摆在他面前，他不得不做出新的选择……

一方面，他的好友张植鉴，正着手帮他向美国华盛顿大学提出读研究生的入学申请。黄本立是该校捐赠的国际学生奖学金的获得者，被录取的概率应该是很高的。而且，赴美后良好的研究环境和稳定的生活，对一个屡经磨难的贫寒学子来说，无疑有着巨大的吸引力，他能不认真考虑？

另一方面，他大学同班同学李小琼来了信，信中说"东北是国民经济恢复时期的重工业基地，很需要理工科人才"[①]。女同学心细，还不忘加上一句："长春有个东北电影制片厂"。言下之意，你爱摄影，如果感兴趣也可以到那儿去。

1949年7月李小琼自岭南大学毕业不久，就从香港到北京，参加了中国人民大学干部培训班，在那儿受训了几个月，然后被分配到长春东北科

---

① 黄本立：《兴趣跟着事业走》，《涉世之初》，1999年第10期，第38页。资料存于采集工程数据库。

学研究所①工作。李小琼到长春时,东北人民政府已成立。当时新中国掀起了轰轰烈烈的"全面恢复国民经济"的热潮,进入了国民经济恢复时期,东北地区成了新中国的重工业基地,鞍钢、抚顺煤矿等都在这里。

日本侵略者野心很大,侵占中国东北后,大概是想把日本的首都搬到长春来吧,所以把长春改叫"新京"。这段历史,早已成了中国人的耻辱,凡有良知的中国人,谁能忘得了?被日本鬼子搞得求学不能的黄本立,更是恨从心生,气愤难忍。

图4-7　1950年黄本立北上参加工作前摄于广州

而李小琼工作的研究所,原是伪满时期的大陆科学院,新中国成立后属东北人民政府重工业部管辖。这里资源不缺,工人阶级觉悟较高,但确实缺乏科研人才。李小琼在东北工作几个月后感触很深,所以满怀激情给黄本立等几位同学写信,希望他们能到东北来支援祖国建设。她信中的每句话,都像磁铁般地吸引着黄本立,使他热血沸腾。

再说,他非常尊敬和信任的冯秉铨、高兆兰教授早已在这方面为他做出了榜样——广州临近解放时,岭南大学的有些老师,由于不了解共产党,不了解新中国,不是跑到香港去,就是设法出国。而冯教授却在黄本立休学住院期间,在给他的一封信里,非常明确地阐明了自己的意向:"We will stay here to do our job and do it well"。意思是说,他们决定留在这里工作,而且要把工作做好。就是这么一句看似很简单的话,当时却每一个字都重锤般地敲击着黄本立的心灵,让他深受感动。

老师说:"我们决定留在这里";同学说:"东北很需要理工科人才"。他把前者理解为老师为自己指明了方向,树立了榜样;又把后者理解为"这就是新中国的召唤"……字字句句都像是光照远航轮船的灯塔,把他牢牢地吸附在祖国的大地上。他想先去做国家需要的,等以后有机会再调到

---

① 中国科学院长春应用化学研究所最早的名称。

东北电影制片厂，做他感兴趣的摄影工作。

李小琼的信是写给黄本立和陈首燊、张翰英、谭浩然、叶龙飞五个同班同学的，五人读了来信，就商量着动身北上"革命"的事。其他四位虽然当时都还在广州，却都早已毕业大半年了，自然毫无顾虑，决意马上动身。只有黄本立，因为生病耽误了一学期，还得再读半年才能拿到毕业证书，不得不考虑：是把最后一个学期读完，拿到毕业证书再去"革命"，还是干脆不读这四年级下学期，和同学们一起北上呢？他想："不就差半年、少两个学分吗？半年能多学多少东西？只不过多了一张'羊皮纸'（毕业证）罢了，参加革命哪还顾得了这种事儿？"①

就这样，从1937年起就郁积在他胸中的怨气直往外冲，解放全中国、建设新中国的呼声更是令他心潮澎湃，他再也顾不了那么多了，铁了心要和同学们一起走，热血沸腾地北上"革命"去了。

事实上，就在他跃跃欲试于北上时，当时的东北科学研究所所长武衡②正在南方招聘人才，承诺只要读完大学三年的，就算大学毕业。只不过，黄本立他们接到李小琼来信的时候，还不知道这件事罢了。

当时满腔都是革命激情的他，根本没把缺一张"羊皮纸"当一回事。没想到后来单位评工薪时，有只上完三年大学就拿到毕业证书的人却说，黄本立大学都没毕业，他的工资够高了。他的提薪因此而被"捋"了下来，比有"羊皮纸"的收入低了不少。

对于这结果，他有点不公平的感觉，至少自己还念了三年半的大学呢，但也无奈……如今再谈这件事，他却笑着总结了一条"经验"：看来"羊皮纸"有时还是很重要的，只怪自己"当时很'傻'，不懂'羊皮纸'的重要。"最后，他没忘幽默一把："现在我除了院士，什么'士'都不是，学士、硕士、博士都不是。'羊皮纸'有时还是要的；不过，千万不要弄

---

① 黄本立口述访谈，2012年11月27日，厦门。资料存于采集工程数据库。
② 武衡（1914-1999），江苏徐州人，1934年清华大学地质系学习。1949年任东北科学研究所所长。1955年任中国科学院党组成员，副秘书长，地学部委员（院士）。1957年任国务院科学规划委员会副秘书长。1958年任国家科学技术委员会常务副主任，党组副书记。1972年任中国科学院党组副书记。1977年任国家科委常务副主任，党组副书记。1983年任国家科委顾问。1984年任中国科学院学部主席团执行主席。

张假的来凑数！"①

  当时一起北上的共五人，都是同班同学。起初，同学们怀疑大病初愈的他，能不能吃得消长途跋涉的劳苦？但黄本立觉得这是一个机会，不能放弃，于是决心"蛮大"地表态："没问题，我能去。"怕同学们担心，黄本立还为他们做了分析：几个人一起走，大家可以相互照顾；若让他以后一人走，那不更危险？大家想了想，觉得有道理，于是接受他"同行"，并约定取道汉口、北京去长春。五人中的叶龙飞，行前已跟很有名的核物理学家彭恒武教授联系好了，他到北京后就留在北京物理所工作。五人同行，一路还算平安，顺利到达长春。

  自从黄本立把脚踏入东北科学研究所的那一刻起，他就身不由己地和原子光谱结下了不解之缘，转行搞摄影之心悄然收起。虽然他曾希望有朝一日能进入电影制片厂，但真诚地祈盼早日参加新中国的建设却是最主要的。为"国家的需要"而先放弃他的"摄影家之梦"，并从此坚定不移地过着自己的学术生涯，把"主战场"留给光谱事业，让摄影兴趣停留在小小的自留地里。

  历史是最公正的，半个多世纪，不管春花秋雨，云卷云舒，还是冰冻霜寒，风雨雷电，他都在坚守着自己脚下的土地，耕耘着他的光谱天地，这不能不是对他的"革命"动机的最好验证。

---

① 黄本立口述访谈，2012年11月27日，厦门。资料存于采集工程数据库。

第五章
兴趣闪光　变废为宝

黄本立在中国科学院长春应用化学所及前身工作36年，大致可以分为三个阶段：1950—1966年近16年、"文化大革命"十年和打倒"四人帮"后的十年。

新中国重工业基地的蓬勃发展鼓舞着黄本立，这里对光谱分析的急需也如磁铁般地吸引着他。黄本立一进研究所，就投身到光谱研究之中，不计较个人名利，完全从国家的需要出发，很快就度过了对摄影的兴趣与光谱分析研究的融合期。他做了大量定性、定量分析工作，并迅速把光谱分析方法推广到工厂。

在他看来，自己只不过是出于革命责任感而努力工作罢了，没想到科研工作却让他发现，原来自己的兴趣在这里也可以闪光、发展。

他的兴趣是摄影

大凡认识黄本立的人，没有不知道他热爱摄影的，可以说是相机不离身的摄影"发烧友"，不仅自己热爱摄影，还影响了他们家的两代人，他的女儿和外孙女也都很爱摄影,而且大有"青出于蓝"的势头。在长春应用化学研究所、在厦门大学、在中国科学院,在认识黄本立的所有人中,只要谈到他,常常都要来一句"他很爱照相"。汪尔康院士谈到这点时说:"他搞的是光学仪器,所以他照相很好……到哪儿去都爱照相,这并不完全是一个兴趣爱好,我个人认为是由于他有这个专业。"①

黄本立对摄影的热爱,始于他在大学学习照相机原理和冲洗彩色幻灯片胶卷的时候,并在勤工俭学中学以致用。黄本立回忆说:

> 我在战乱中度过我的少年时代,1945年以前从未用过照相机。抗战胜利后我进了岭南大学物理系,1946年从美国回来的高兆兰教授教我们光学。在讲几何光学时她讲了照相机原理,还把她从美国带回来的、在当时还相当珍贵的彩色幻灯片胶卷给我们做实验,亲自和我一起把胶卷冲洗出来。她还鼓励我组织一个课余摄影小组。可以说是 Dr. Gao 把我带进了摄影这块引人入胜的园地。②

在当时,直接冲洗彩色幻灯片,是彩色照片里头最复杂的一种。她把这些在当时算是很先进的东西教给学生,大大激发了他们探究新技术的热情。

黄本立等摄影爱好者,在高先生的鼓励下,组织了一个

图 5-1 岭南大学科学馆(黄本立摄于 1948 年)

---

① 汪尔康口述访谈,2012 年 8 月 23 日,长春。资料存于采集工程数据库。
② 黄本立口述访谈,2012 年 11 月 27 日,厦门。存地同上。

摄影兴趣小组。当然，当年没有数码相机，也没有电脑，玩照相可是一种高消费，因为经济原因，即使心里痒痒，他们也只能偶尔玩玩，不能尽兴。黄本立在无奈之余，冒出一个有偿服务的点子来。他跟组员们讨论：能不能替同学们做些照相、冲洗、印相之类的事，收一点成本费，比如市价的三分之一或四分之一？这样照相、洗相的经费也就有着落了，而且还能为同学们服务。大家一听，连呼高招，只是担心老师能否同意……

令他们喜出望外的是，不仅得到高教授的鼓励，系里也支持，甚至把物理系自设的供学生使用的暗室交给他们管理，供他们替同学们照相、冲洗、印相之用，着实令他们欣喜万分，越做越有劲。

黄本立组织的摄影小组，在高教授的指导下，照相技术大有进步，来照相洗相的人越来越多，他们果然实现了"扣除成本，略有盈余"的设想。组员们个个兴奋不已，信心大增，跃跃欲试，想多挣点，争取买上一台新的放大机。

其实，盈利极其有限，忙了一个学期，结算的结果却令他们大失所望：买放大机的钱还是不够。正当他们苦于无计可施时，最后是高老师"补贴一点钱"，才使他们终于如愿从香港买回了一台相当不错的放大机，有了它，既让摄影兴趣小组组员大展拳脚，乐不可支，也为光学课的教学实践提供了方便，所有关心这事的学生都高兴得不得了。

2012年12月27日，黄本立院士应邀回到中山大学。有一天和我们一起漫步校园，经过科学馆楼下，他深情地对我们说："我们当年洗相片的暗室就在这栋楼五楼的阁楼。"

可以说，因为兴趣而又刻苦，再加上学校的支持，黄本立在走出岭南大学校门之前，摄影好像已不仅仅是他的兴趣了，它昂然成了他的第二专业，也成了他的梦想和追求。

黄本立的摄影技术，早在岭大时就有点名声在外了。广州解放时，他曾参加拍摄广州人民迎接解放军进城以及其他游行庆祝活动的场景。摄影小组把这些照片冲印出来，同学可以随意购买，既有宣传效果，又得些许利润，改善了摄影组的设备，真可谓一举两得。

为了照相，他算得上吃了苦头却不长记性。

1950年2月，他和陈首燊、谭浩然、叶龙飞、张翰英四位同学一起北上"革命"，不得不在汉口停留一天，他们想趁机到黄鹤楼好好地游玩一番。

五个人兴冲冲地来到中山路，看到了一座"相当壮观"的大楼，觉得以它作为拍摄背景，效果一定很不错。

黄本立一看到好景致就全神贯注，拿起相机，颇为内行地一边后退，一边对光……因为太投入了，忘了瞻前顾后，一不留神，退到一位正在站岗值勤的解放军战士面前。

那个年代，到处照相的人太少了，年轻的解放军战士不仅拦住他询问，而且一下子来了好几个，把他们团团围住。他们年轻，又觉得自己没做什么坏事，刚开始语气比较冲，又一时无法解释清楚自己是干什么的，弄得解放军战士也警惕起来，把枪里的子弹都推上了膛。几个毛头小伙哪见过这阵势？当时着实被吓了一大跳。解放军战士把他们逐个搜了一遍，结果又发现在叶龙飞的身上也挂着一台照相机。

问题好像变复杂了，解放军战士把他们五人带到司令部，然后又送到派出所，最后还被当作匪特嫌疑犯带到了公安局。

幸亏陈首燊的姐夫在新中国成立前是地下工作者，当时正好在武汉开会。当解放军战士问他们有无可以证明自己清白的人时，陈首燊赶快把姐夫开会的地点说出来，最后由他姐夫出面证明，他们才得以释疑。即便这样，他们也在公安局里面从上午十一点一直被"问"到晚上九点才释放出来。虽然是一场虚惊，可是给黄本立留下了深刻的印象。

1950年10月2日，已经成了革命干部的他，和李小琼到丰满水电站探访老同学。到了那里，一见风景很好，又是第一次看到大水坝，他就全然忘记在汉口遇到的麻烦，又猛拍了

图 5-2　1955年摄于长春

第五章　兴趣闪光　变废为宝 73

一些相片。事后,当他得知那里可是货真价实的"国防重地"时,着实吓得不轻,老是怕组织"不了解自己",甚至会"被枪毙",惶惶不安了许久。其实,他拍的景在伪满时期的画册中早就有了。

黄本立在长春应化所工作时也曾为单位拍过不少"新闻"照片,例如他曾拍摄过吴有训、钱学森、唐敖庆、吴学周,英国人李约瑟,苏联科学院代表团,朝鲜人民解放军代表团团长洪存哲;新中国成立后长春第一个五一劳动节游行,还不时向《长春日报》投稿……可惜这些照片大部分现在都找不着了。他还拍过一些同事做实验的照片,他自己也在实验室自拍过,还常常拿放大机在暗室洗相片。他的女儿黄英说:"其实像我这个年代的孩子,如果能有几张相片已经不错了吧,但我能有两大本,而且都是他自己照的和洗的黑白相片,所以挺值得骄傲的。"

图 5-3 20 世纪 50 年代黄本立拍摄的同事工作照

改革开放后,他到国内外各地出差的机会多了,也拍了一些异国异域的风土人情和风光照片,其中有不少照片被用来作为他做报告或讲课时制作 PPT(演示幻灯片)的素材,令课堂更为生动活泼。厦门大学化学化工学院的王尊本教授回忆道:"我和黄先生一起出差到三峡,黄先生非常活跃，简直跟小孩一样，趴着在船上照相，照三峡嘛，这样过来那样过去，照很多相。而我和许金钩就坐在船上看，我们比他小十几岁，我对金钩说，'黄先生心态比我们好'。"

黄本立只要是觉得有点意思，就会随时抓拍，所以他的照片多数都是一些用"傻瓜机"、"卡片机"拍的"快照"（snapshots）。他常常说："凯撒大帝有一句名言——Veni, Vidi, Vici（我来了，我看到了，我征服了）；我也有一句'胡言'——我来了，我看到了，我咔嚓了"。黄本立的口袋里总是放着一个小数码相机，看到有点意思的东西就"咔嚓"一下，哪怕是天天走过的路，他也总能发现新的东西、新的视角。如上下班途中、散步途中，他都常会有所发现，并立即停下来拍两幅。虽然他不能像著名的摄影家郎静山说的那样"拿照相机就是我的生活"，但是他常常说："我真希望能像郎静山一样，九十岁的时候还能拿着相机到处专门去拍照。"

现在他总是感叹有数码相机太好了，想拍几张就拍几张，虽然还很怀念用放大机洗相片的那个过瘾劲头，但还是数码相机不用胶卷的"咔嚓、咔嚓"来得更痛快。他喜欢用电脑处理数码照片，进行二次创作；还喜欢把一些照片做成各种藏书票。他的外孙女曹菲说："他很喜欢摄影，也喜欢在电脑上处理照片，我给他发一些照片，几天后他发回来，给修改了，而且弄得还挺漂亮的呢，所以我说他很有自己的创造力。"

时间的流逝可以冲淡许多记忆，却把黄本立对摄影的爱好深深地沉淀在他心里，好像成为他身体的一部分，没有人能把它"拿走"。这也许和黄本立喜欢形象思维，和他的艺术修养有很大的关系。他总是自谦地说："我始终是一个业余摄影爱好者，从未成为一个专业人士。"因为他觉得自己虽然有不少摄影习作，却没有足够多足够好的作品。其实，他总是忙于自己的业务，大多数照片都是匆匆路过"顺便"拍的，受到各种条件的限制，不像专业摄影师有精良的装备和足够多的时间。但就是这些在有限的条件下拍摄的快照，也常常受到很多人的赏识，照片的构图、用光、角度、寓意等等，都令很多人赞叹不已，不管是非专业的还是专业的人士都常常称赞他很"专业"。这些快照还多次参展并获奖。中国科学院举办第一次院士摄影作品展前，曾向所有院士和学部工作人员征集并选中了338

第五章　兴趣闪光　变废为宝　　*75*

张照片，其中就有黄本立拍的十幅照片。厦门大学每次校园摄影展也总少不了黄本立的"习作"，在厦门大学摄影比赛的获奖名单中更是频频出现黄本立的名字，如"嘉庚群楼"、"百年育人"、"院士的向往"和"攀登"等作品都曾获过奖项。

2015年11月，厦门大学出版社出版发行了《随影录——黄本立摄影作品集》。这本影集虽然只收入黄本立摄影作品的一小部分，但大部分作品都加上了极富诗意的说明，全书洋溢着黄立本的才情和对美的执着追寻，显得十分厚重。

原来兴趣可以在这里闪光

令人惊讶的是，一个那么希望从事摄影工作的人，何以能那么快就来了个华丽转身，放弃做专业摄影家的想法，全身心地投入到当时国家急需的光谱分析研究中去，并从此和光谱分析结下不解之缘？

东北科学研究所早在1948年建所之初，就根据原有的工作基础和当时经济恢复时期的需要，成立了检验室，组织了包括合金、窑业、矿石、油脂和煤炭等专业分析小组，除了接受所内外各种试样分析任务外，还向产业部门分派实验小组，让科研人员走进工矿企业，对铜矿、钨矿、铁矿和镁矿等进行全分析，帮助鞍钢建立中心检验室，加强研究所与产业部门的结合。

然而，如果从研究的硬件说，刚成立的东北科学研究所只能用"一穷二白"来形容。即便到了黄本立已成了研究所物理研究室一名见习技术员的1950年，由于新中国刚刚诞生于战争的废墟中，美帝国主义恨不得把她扼杀在摇篮里，朝鲜战争也爆发在即，国家的安全还受到严重威胁，形势仍然十分严峻。当然，从战火中走过来的中国共产党，深知经济落后就只有挨打的份，早已下决心全面恢复国民经济建设。东北科学研究所以国家急需为己任，从1950年起就开始了发射光谱的研究，在国内首先建立起光谱分析组，当时叫"原子发射光谱分析组"。

作为新中国的重工业基地，国民经济恢复时期的东北，生产任务十分繁重，对光谱分析技术的需求量很大，但科技人才却十分紧缺。黄本立一进研究所，就亲眼目睹了生产部门如何成天追着研究所，请他们帮助解决生产中出现的问题。他意识到自己正处在一个容不得你慢慢"见习"的年代，也深深感受到自己作为一名新中国科技人员的光荣与责任，真有点坐不住了，于是毫不犹豫地投入了进所后的第一个研究课题——"光谱分析之研究"之中。

当黄本立进入研究所时，当时的物理研究室的负责人、留用的日本科研人员石井千寻（据说他原来是搞宇宙射线研究的物理学家）正在考虑用光谱分析的方法，并着手自己组装光谱仪。主意自然很好，但先买零部件，然后组装光谱仪，最后再用它来做测定，那就真不知要等到猴年马月了。因为在当时，光买齐合适的零件就几乎是不太可能的事。

不久，所里把为无机化学研究室研制成功的电解锌（Zn）作定性分析的任务交给物理研究室。黄本立觉得，既是急需，就得想办法尽快解决问题，何不先找找看当年的大陆科学院是否落下什么可用之物？如有还可用的旧仪器，那岂不更好？有了这个想法，他就鼓足劲头，跑到研究所的仓库里头去东翻西找……几经战乱，原来的伪满大陆科学院早已荒芜至极，乱七八糟，国民党留守长春时，甚至把主楼的地下室变成了部队的马厩，哪有什么现成的仪器？

黄本立一时找不出什么东西来，但他还是不肯罢休。也许是因为他在大学时期就曾有过在实验条件不足的情况下，想办法帮助老师拼凑实验条件的经验，凡是他认为可能放仪器或部件的地方，都一个角落一个角落地仔细翻找，希望能找出可用之物或替代品来。想不到功夫不负有心人，还真让他在一大破烂堆里找到了日本人扔下的废旧小型摄谱仪。这个废旧小型摄谱仪已经不成形了，既生锈，又缺零件……虽然他很恨日本侵略者，但对他们留下的这个破旧仪器，却如获至宝。他高兴地把摄谱仪弄了出来，先是清理干净，然后加以修复，又利用大学时期学的光学知识调整它的光学系统，直至把它变成了可用之物。

有了这台摄谱仪，他增强了信心，又跑到破烂堆里东翻西找，结果意外地找到了几盒虽已过期很久但还勉强可以用的感光板。有了摄谱仪和感

图 5-4　1950 年黄本立在中科院吉林应化所假日值班（黄本立自拍）

光板这两样东西，黄本立心里就踏实多了，他知道可以完成这项定性分析任务了。因为，照相技术早就是他的强项，光谱分析的原理他也学过一些。

当时武衡所长刚从从南方招聘来了一批人，其中有一位吕大元[①]，新中国成立前曾在中央研究院北京物理研究所严济慈先生领导下做过科研，后又在上海"资源委员会"工作过；他来了之后任东北科学研究所物理研究室主任。他对黄本立当时的工作很感兴趣，并加以指导。

黄本立把这台被日本人废弃的日本岛津制造的小型九十度定偏角光谱仪（6200-3500A）稍微做了些改造，很快就整出一台可用的光谱仪。他利用这台修整好的摄谱仪很快完成了电机碳刷子和电解锌等样品的定性分析，效果还真不错。

图 5-5　1956 年黄本立在中科院吉林应化所实验楼暗室里工作（黄本立自拍）

这是黄本立到东北科学研究所后完成的第一项发射光谱分析工作，而这项工作虽然是为了配合无机化学研究室的研究工作而做的，又完全靠"修旧利废"来完成，却也算是旗开得胜。

当年 5 月，他的第一篇论文"电解锌之光谱的定性分析"（与吕大元合作）在研究所出版的《东北

[①]　吕大元（1908-1974），江苏省南京市人。1932 年毕业于中央大学物理系。曾任北平研究院物理研究所助理员和资源委员会中央造船公司工程师。新中国成立后历任中国科学院长春光学精密机械研究所和上海光学精密机械研究所研究员。他在大型石英摄谱仪的研制和激光研究等方面做出重要贡献。参见百度网。

科学通讯》上发表。

对当时的黄本立来说，成绩、文章都显得不那么重要，重要的是，他自己能为国家解决一些问题了。这一结果令他很开心，也让他豁然开朗：原来，自己所热爱的摄影，和现在从事的光谱分析，不仅不矛盾，而且有着密切的联系。"玩"摄影的兴趣，不仅不会影响科研，反而让他在科研中更得心应手，对"科研工作"有很大帮助；从事光谱分析，不仅不会埋没自己的摄影兴趣，还能让大学里所学的电子学、光学知识、个人的兴趣都得到了发挥和结合，有助于为它的发展找到一条更宽畅的道路，开辟更广阔的天地。

这一"发现"不仅使他决心让摄影兴趣跟着事业走，而且大大激发了他的研究积极性。他不知不觉地打消了"转行"的念头，让摄影安居业余地位。他成了该所原子光谱分析研究领域中的积极分子，最后让光谱分析成了他的终身事业。

责任心是枚定海神针

从根本上说，使黄本立放弃"跳槽"念头的，是他强烈的责任心。自从决心打好配合东北地区重工业的恢复和发展这一战后，他热情地投入工作，在出色地完成了进所后的第一项发射光谱分析工作电解锌（Zn）的定性分析后，又乘胜追击，完成了"人造石墨之定性分析"和参与了原藻红（erythrosine）"不纯物存在时吸收光谱研究"等工作。因表现出色，他于当年 8 月加入中国新民主主义青年团，11 月转正，还当过团小组长。

这一切，让他感受到做研究工作的乐趣，在当年年底的工作总结中，他由衷地表示："愿终身为人民科学奋斗。"1951 年 9 月，他晋升为技术员，成了中国物理学会长春分会会员。

就在这一年，东北科学研究所从苏联引进了 ИСП-22 型摄谱仪，开始光谱定量分析研究。黄本立是个对新仪器爱不释手的人，根据吕大元先生的安排,他把几个月的时间用于出差查阅文献和调整仪器,从中学到不少东西。

当研究室接受了"球墨铸铁中镁含量之光谱定量分析"任务时,黄本立成了代理课题负责人。球墨铸铁是一种高强度特殊合金铸铁,因里头的碳呈球状而得名。为了使铸铁里的石墨变成球状,必须用球化剂,而当时用的球化剂就是镁(Mg)。这镁该加多少,是很有讲究的。他经过近一年的努力,终于在1952年8月完成了球墨铸铁中镁含量之光谱测定方法。这是他完成的第一个光谱定量分析法的工作。后来他才知道,差不多同时,著名光谱学家、北大赵广增教授的一个博士生也在做光谱的定量分析研究,但黄本立他们已实际运用到生产上了。

自从有了进口的中型摄谱仪,又有了成功的经验后,他先后研究建立了黄铜的光谱分析方法、推广了球墨铸铁中球化剂镁的测定方法、电解铜阳极泥等的定量分析方法、参与建立不锈钢的光谱分析方法等,也分析了大量的样品。当黄本立意识到自己正在为祖国的国防工作尽力,心里确实很高兴。

因为检测的结果都令人十分满意,一些大企业纷纷派人来学习。黄本立他们又把光谱分析推广到工厂中去,帮助工厂建立了光谱分析实验室,为抚顺钢厂试制了一台高压电火花光源,这可能是我国第一台自制的光谱分析用的激发光源。他们还为一些工厂分析了数百个样品,逐一完成了分析测试任务。

1952年1月20日,中国科学院院长郭沫若到东北科学研究所视察,并题词"东北从事科学研究的同志们,很能配合实际需要,使科学研究能为工业、农业、国防等方面的建设事业服务,成为新中国科学工作者的先锋"。

也就在这一年的8月末,黄本立接受了"三七黄铜中铁及铅含量之光谱定量分析"的任务。他到沈阳郊区的一家工厂住了约一年,帮助他们研究并建立了三七黄铜里微量铁和铅杂质的含量的光谱测定方法。这家工厂生产的三七黄铜十分重要,该厂常驻有冶炼、仪表方面的苏联专家,但没有光谱专家。黄本立在住厂期间,为他们建立了光谱实验室,建立了三七黄铜中铁、铅杂质的光谱测定方法,包括炉前取样用的模具等,同时还为该厂培训了光谱分析人员,使该厂能用光谱法代替化学法进行该项分析。在工作中,他发现并解决了该厂进口摄谱仪的聚光系统出现的干涉条纹叠加到光谱上去的问题。厂方很满意，他也以自己能为国家的建设尽力而欣慰。这是他参加工作后独立完成的第二项工作。

沈阳冶炼厂是专门提炼电解铜等比较纯的金属的，因为要纯，就必须知道里面有哪些杂质。虽然需要的结果仅是成品分析，但这么一系列元素，如用化学分析法来做，那是很慢的，所以厂方希望也能用光谱分析。他乐于担起责任，很快解决了问题。

这类工作，几乎是越做越多。1953年以前，他们"与厂矿的联系主要偏重在东北地区"，以后就"逐渐扩展至关内各地区"。到20世纪50年代末，"除西藏以外，几乎各省区均有一定数量的单位已和应化所发生过联系"。而这种联系，又主要是"通过推广研究成果，代厂矿分析检验，向外寄赠资料，为厂矿培养干部"等方式来进行的[1]。

黄本立和他所在的光谱组，在这段时间里为"协助解决生产者存在的技术问题"所做的工作，被写进长春应化所所志："分析化学研究室、光谱组及极谱组为全国各地生产部门进行了大量有关矿石、钢铁、合金、纯金属、耐火材料、矽酸盐、水泥、水、油脂、农药及各种日用品的分析检验。培养了大量分析干部（约500人），并供给了产业部门大量研究资料（约2000份）。"[2]

两三年的时间并不长，但这一投身到原子光谱分析研究中的经历，却让他越来越意识到光谱分析对国家建设的意义，从而对光谱分析研究产生了越来越浓厚的兴趣。这一新的兴趣，已不仅仅是个人兴趣爱好，它被注入沉甸甸的科学责任感，让黄本立大大加强了科研的自觉性。

就这样，凭着自己在研究工作中的发现与感悟，凭着那份强烈的责任心，黄本立像被定海神针定住似的，在长春应化所一干就是36年，而且一步定终身，再也没想要转行，更没想要调到东北电影制片厂去当摄影师。不过，千万别以为他喜新厌旧，抛弃了自己的兴趣，他只不过是为自己的兴趣找到了一片更为广阔的天地。

---

[1]《中国科学院应用化学研究所概况（1948-1958）》。中科院长春应用化学研究所1958年8月编印，第10页。资料存于中国科学院长春应用化学所档案室。

[2]《中国科学院应用化学研究所概况（1948-1958）》。中科院长春应用化学研究所1958年8月编印，第7页。存地同上。

第六章
服从需要　发展学科

新中国成立初期的东北科学研究所研究条件极差，但黄本立不抱怨、不坐等，而是积极创造研究条件，除了前面提到的在金属与合金方面的光谱分析工作外，还陆续为冶金部建立了钨矿中微量铍的光谱测定方法，研究钼矿半定量分析的新方法，创立了一种可测定包括卤素在内的微量易挥发元素的双电弧电路等，很好地体现了"任务带学科"的精神，在完成任务的同时发展了光谱分析学科理论。

20世纪五六十年代初，他发表了国内首批原子吸收光谱分析方面的研究论文；在"文化大革命"靠边站时期，他不顾生存条件的恶劣，因陋就简地建立了国内第一套钽舟电热原子吸收实验装置。

分析任务带光谱学科

黄本立1950年初进入东北科学研究所后，凭着一份责任心，从接受一个个任务开始，很快地完成了从学生到科技工作者的角色转换。

1952年8月起东北科学研究所改称中国科学院长春综合研究所（简称

长春综研所）。1953年是中国第一个五年计划的头一年，长春综研所"无论在研究题目的性质上，研究工作的方向上以及研究力量的组织安排上也都较以前有了很大变化。比如，研究题目已不尽是为解决工业生产中提出的技术问题，大部分都是同时考虑到国家建设和本门科学发展的需要的科学问题；经常性的试样分析也少做了，做的大都是针对国家重要资源而开展的一些分析方法的研究；由原料开始至中间工厂实验的做法亦已结束；研究方法包括题目的制定、执行和检查已逐步趋于正规"，"大部分室、组大体上都有了自己的学科方向。"[1] 从这年起，所里"先后接受了国家下达的重大分析任务，其中有钨矿、钼矿和锡矿全分析，这些任务的完成，促进了该资源的综合开发利用，并在国内较早地开展了光度分析和铌、钽、钨、铍、钍、稀土、镓、铟、铕等稀有元素分析方法的研究。"[2]

同年，所里"与抚顺钢厂签订合同"，由所里"派去一个小组的研究技术人员，在抚顺集中力量解决当时亟待解决的钢铁炉前分析技术问题，同时还在所内为抚钢制作费氏火花光源"[3]。这是一项比较重要的工作，做好了对促进我国冶金工业，特别是有色金属及钢铁工业的发展将起重要的作用。

所谓炉前分析是一种抢时间、争速度的活——必须在钢铁出炉前分析完，确定合格了，这炉"钢"才能够出炉。那么大的一炉钢，如若分析不准确，造成的损失可想而知。用化学分析方法，速度慢，必须好多人同时工作，才能保证出炉的钢是合格的。光谱组是个人才济济的团队，面临着这类抢时间的新任务，年轻的副组长吴钦义挺身而出，带着一班年轻人挑起了担子，甚至派人到厂里去做，起了很好的作用。

黄本立于当年1月刚晋升为实习研究员，3月就开始从事题为"金属光谱定量分析"的研究工作。因为所里已给他分配了工作，走不开，上不

---

[1]《中国科学院应用化学研究所1953–1957年工作总结草案》。中科院长春应用化学研究所1958年8月编印，第3页。资料存于中国科学院长春应用化学所档案室。

[2]《长春应化所志（1948–1986）》第二册。中国科学院长春应化所1990年8月编印，第87页。存地同上。

[3]《长春应化所志（1948–1986）》第二册。中国科学院长春应化所1990年8月编印，第89页。存地同上。

了"前线",但他想到这项工作没有比较稳定的激发光源是不行的,而自己学的是物理,对电子学有点底子,于是自告奋勇挑起了制作费氏火花光源的担子。他仿制并改良了德国"Feussner高压火花激发光源",5月初就做出了比较稳定的光谱分析用的激发光源。刚做完这件事,他立马又开展"球墨铸铁中镁含量之惯常分析",建立并推广了球墨铸铁球化剂的测定方法,6月完成。

这年6月,经中科院东北分院研究工作评奖委员会评定,给予长春综研所包括"金属光谱定量分析之研究"在内的9项研究成果以荣誉奖励[①]。7月,黄本立参与了"镍铬不锈钢之光谱定量分析"的课题,为某钢厂建立不锈钢的分析方法。

在研究所1952—1953年的"立功运动"中,黄本立得过两个三等功。

回顾刚参加工作那段时间所做的事,黄本立说:"那时在金属、合金的分析方面做得比较多,都是直接为经济建设服务的。当时,大家基本上都

图6-1 1955年黄本立在中科院吉林应化所做原子光谱分析实验(沈联芳摄)

---

① 《长春应化所志(1948-1986)》,第一册《大事记》。中国科学院长春应化所1990年8月编印,第43页。资料存于中国科学院长春应用化学所档案室。

不考虑这么做会对个人有什么好处，会出什么'科研成果'，觉得对工厂帮助很大就高兴了。实际上，当时做的几种合金钢，到现在也还是重要的产品。如含钛的不锈钢，不锈钢含钛就能减轻重量，那可是航空用的，这说明我们的国防工业当时就已起步。"[1] 他一直觉得很自豪。

然而自豪归自豪，但黄本立不同于一般的技术员，他在完成任务的过程中，脑子里总会冒出一些他认为值得深入研究的问题，这就把一些值得研究的问题，其实就是学科问题提上了议事日程。他常常是把一些零星的想法先记录下来，也详细记录一些实验现象、结果；在完成某阶段工作任务后，一有闲暇，便开始整理，同时进一步深入研究。这既是当时黄本立工作的特点，同时也无形地指引着他的方向。他乐于沿着这个方向一项接一项地做下去，当时他自己并没有意识到，这正是作为科学家必备的基本素质。

"铍"是一种很重要的元素，原子能工业中要用到它；铍青铜，电器上用得很多，做弹簧触点等都得用。黄本立接受了测定钨矿里的微量铍（Be）的任务后，考虑到铍的含量很低，做起来不容易。他当时就提出，能否与搞化学的同志合作，由他们先做一做分离的工作？分离等于浓缩，做起来会容易些。所里接受了他的这个建议，请分析界老前辈梁树权先生的大弟子来做这项工作，结果做得很好。就这样，用化学法与光谱法相结合的方法解决了铍的测定的问题。在中科院1955年分析化学研究工作报告会上，黄本立宣读了钨矿中微量铍的光谱测定方法，获得大会的好评，被认为是中国在化学和光谱结合上的第一个成功例子。

有了钨矿中微量铍光谱测定的经验，他们又受命为杨家杖子钼矿建立钼矿光谱半定量方法，做钼矿中共存元素的分析，以查清矿物里钼以外的伴生物，如铜等。光谱组先查文献，看有无现成的方法。当时能看到的文献多数是俄文的，后来选择苏联"老大哥"曾用过的"数阶法"，试试能否解决问题。

这"数阶法"，其实就是一个特殊的半定量分析的方法。做法是把一

---

[1] 黄本立口述访谈，2012年11月29日，厦门。资料存于采集工程数据库。

个阶梯滤光片放在光谱仪的狭缝前面,照出来一条比较高的阶梯光谱,约有 12 毫米高。因为减光板(滤光片)不同部位的黑度不一样,所以光照过来的透过率就不一样,从最黑的一直到最亮的可分成九阶,各阶有不同的黑度,摄得的谱线出现的阶数越多,表示它的光强越强,产生该谱线的元素的含量就越高。这样谱线出现的阶数可表示元素的含量。

在做钼矿中共存元素分析的过程中,大家发现该方法显然还有问题:要是这根线到了最淡的那一阶,光还出来,还有黑度,怎么办?是否就要换一根弱一点的线?对某些元素来说,是否一定能找到合适的线?这是个问题。黄本立想了想,觉得"数阶法"确有不足之处,但不是没办法改正。这不就是一个测量光度的问题吗?我们何不干脆就在旁边换另外一根较弱的谱线,从相同黑度的阶起接着继续数下去。从理论上算了一下,觉得可以,就管它叫作"接阶法",用上了。

另外,要是只单独看一条某个待测元素的光谱线,有时候准确度会受影响,如果采用"内标法",即在里面另外加上一个元素,比方说测基体,用特意加进去的固定量的元素来做基体,如果看到这个是五阶,那个是三阶,两个相差两阶,再算一算,从理论上看是可以的。

就这样,他在钼矿光谱半定量分析的研究中,发展并改善了国外常用的一种半定量方法——"数阶法",提高了该法的准确度,扩展了分析测定浓度范围。"钼矿光谱半定量分析"在《中科院 1955 年分析化学研究工作报告会会刊》(1958 年科学出版社出版)上发表,同时发表了"不锈钢的光谱定量分析""钨矿中微量铍的光谱定量分析"等文章,在全国有一定的影响。

黄本立曾说,这种在"数阶法"基础上提出的"接阶法"、"内标法",谈不上是什么发明,只能说是一种小改进。但这种测光方法,其实还真能解决工作中出现的一些问题,确实是对"数阶法"的发展,所以,吉林大学等单位曾采用过它。其中的理论分析部分,更是给光谱分析学科带来了新的内容,也被《发射光谱分析》一书中的第七章所引用[1],很好地体现了他"以任务带学科"的精神。

---

[1] 《发射光谱分析》编写组:《发射光谱分析》,第七章。北京:冶金工业出版社,1977 年(1979 年再版),第 296-298 页。资料存于采集工程数据库。

1954—1955年，中国科学院吉林应用化学研究所[1]（简称中科院吉林应化所）"在物理化学分析方面"的主要任务之一是"配合国家重要矿产资源的勘探和设计进行矿石的全分析工作，以及为现场审订各种有色金属矿石及三种水泥等分析方法"[2]。黄本立的动手能力很强，但他在尽心尽力为国民经济的恢复和发展解决一些难题时，从未忘记作为科学工作者的职责是用自己的创造力为新中国做贡献，从不只埋头干技术活。他非常注重在工作中能有所创新，不管这创新是大是小，也不管这创新的影响是深远的，还是很快就被人遗忘的，他都孜孜以求，从不放弃。他习惯于在不断地解决问题的过程中积累经验，并把这些经验上升到理论高度，寻求更多的发现与创造。

1955年9月，中山大学教师张展霞[3]到中科院吉林应化所进修，黄本立在带着她研究"电解铜阳极泥中硒的光谱测定"中，在国内首次建立了用发射光谱法测定微量难激发元素硒的方法，并观察了低电压电容放电各电子参数对硒的谱线强度及背景强度的影响。研究成果"电解铜阳极泥中硒的光谱测定"发表在《中山大学学报》1957年第2期上。

1959—1960年，在建立氧化铌中微量钽、钛和氧化钽中微量铌、钛的光谱测定方法过程中，他更是建立了一种新的电极构型——环槽电极，这种电极对分析难熔粉末样品中的难挥发杂质有较好的效果，"使用这种电极获得了较高的测定灵敏度；并通过实验论证了同事发现的一条新的钽线 Ta2949.0Å"[4]。它曾被长沙矿冶所等单位采用，并收入《发射光谱分析》一书第五章中。

黄本立进研究所后的工作，一言以蔽之，工矿企业需要分析什么就做什么，基本上都是服务性的。他好像只有一个想法：要服务就得服务好。从表面看似乎没什么科研的念头，但是要服务好，就得用心、用脑，全力以赴。一旦做到这一点，就总会有所发现，有所创新，甚至创造的。

---

[1] 此名称1954年6月3日启用。

[2]《中国科学院应用化学研究所1953-1957工作总结草案》。中国科学院长春应化所1958年8月编印，第6页。资料存于中国科学院长春应用化学所档案室。

[3] 张展霞（1931- ），广东省汕头市人。1953年毕业于中山大学化学系。后留校任教，1986年任分析化学专业博士生导师。

[4] 黄本立：《黄本立院士论文选集》。厦门：厦门大学出版社出版，2010年，第100页。资料存于采集工程数据库。

"最完美的双电弧"

1956年，黄本立提升为助理研究员。

光谱分析是比较灵敏的，黄本立用它解决了许多问题。但他从不满足于它的"好用"，而是很关注它的不好的一面——它并非灵敏度高得不得了，什么东西都可以测，而是有它的限度。有一些元素，比如说铍，如果含量实在太低，就测不出来。

怎么办呢？在完成测定钨矿里的微量铍（Be）的任务时，他想到用化学方法来帮助解决问题。同样的，在做矿石、矿物粉末样品的分析时，也有不够灵敏的时候，善于联想和举一反三的黄本立，想到"双电弧"。它其实也就是用物理的方法，或者化学加物理的方法——用分馏的原理，把多一些样品放在"小坩埚"的电极里加热；加热后容易挥发的东西肯定先出来；先出来的不就可以用一般常规的光谱分析了？做一般的光谱分析，在电极里放10毫克，甚至几毫克的样品就够了，若放20毫克样品，就显得太多了。样品多了电极放不下，样品不够又达不到光谱的灵敏度，为解决这一矛盾，可用一个微型坩埚来装试样，几百毫克甚至上千毫克都可以放进去了。然后通过一个电弧为它加热，使之分馏，蒸汽从"坩埚"顶上冒出。然后，在上面再安装另外一个电弧，让它再激发那些分馏出来的蒸汽。这样，上下两个电弧，一个是加热的电弧、一个是激发的电弧，这就成了所谓双电弧方法。

双电弧在国外早已有之，但他们的两个电弧只用一个串联电路，电流一样，不稳定，相对偏差达到30%左右，难以做比较准确的定量分析。另外，有一些类金属或者非金属元素，用光谱法来做时，要有比较高的激发

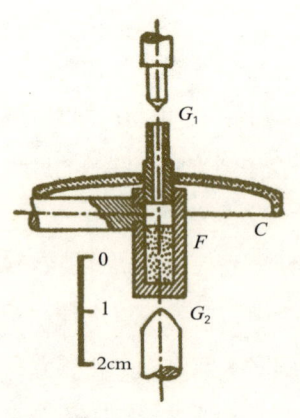

图 6-2　电极系统示意图
G_1—激发电弧，G_2—加热电弧，F—装有试样的"炉子电极"（要得到最高灵敏度，F的尺寸可以适当地增大，以装盛较多的试样），C—坩埚盖，顶上钻有小孔（引自黄本立《光谱分析用的一种新的双电弧电路》，1957年）

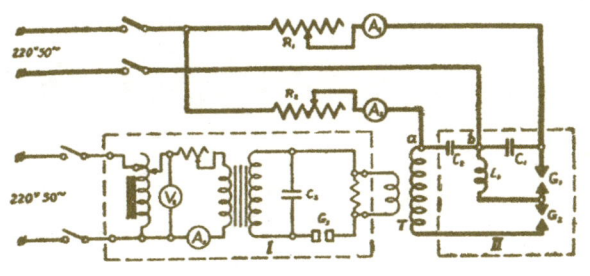

图 6-3 双电弧基本电路简图

I—引燃装置，II—附加电路，T—Tesla 变压器，C_1-L_1-G_1—激发放电的电容放电回路，G_1—激发电弧，G_2—加热电弧，C_2—隔直电容。粗线表示双电弧强流部分（引自黄本立《光谱分析用的一种新的双电弧电路》，1957 年）

能，才能够把它的谱线激发出来，在这样的情况下，直流电弧显得无能为力，无法做出来。

为此，黄本立在 1957 年提出一种可以测定卤素的新型双电弧电路。它的创新点主要表现有三点：第一，加热和激发放电的电弧分开，改串联为并联，使之能分别加以控制；第二，激发电弧（放电）采用高频引燃、低电压电容放电，稳定性大大提高；第三，激发放电槽路可利用不同电容和电感的组合，使激发放电可从电弧性一直过渡到强电火花性，从而可以测定所有的易挥发元素，包括过去的双电弧不能测定的微量难激发元素如卤素等，并可获得较好的精度。

当然，在这个过程中间还得解决一些小问题。比如，如果用的是石墨电极，它发红了以后电弧就灭不了，如在电流停了以后再加电压，它马上又会连着起弧，不好控制。为解决这个问题，黄本立在串联装置里加了一个放电隙，它是用难熔金属如钨做的，不会像石墨电极发射那么多的热电子，这样加热电弧就不会成为不受控制的连续电弧了。

这个双电弧电路做成后，他觉得还不错，就向所长吴学周[①]先生汇报。

[①] 吴学周（1902-1983），字化矛，号同棠，江西省萍乡县人。1925 年毕业于南京高等师范学校（后改为国立东南大学，即南京大学）。毕业后留校任教。1928 年赴美国加利福尼亚州理工学院留学。1931 年获博士学位。1932 年到德国达姆斯塔特高等工业学校进行合作研究和讲学。1933 年回国任中央研究院化学研究所专任研究员。抗日战争胜利后任该所代所长，并兼任上海交通大学和上海医学院教授。1948 年被选聘为中央研究院院士。1950 年任中国科学院应用化学研究所所长。1955 年当选为中国科学院院士。他是我国著名的物理化学家，在分子光谱学研究等方面成果显著。他曾是全国人大第二、三、五、六届代表。参见《吉林日报》，2007 年 5 月 16 日。

第六章 服从需要 发展学科

所长是分子光谱专家，一眼就看出它的价值，高兴地说："太好了，你赶紧整理出来"。黄本立于是写了两篇不到一页纸的简报，心想发篇研究简报就行了。没想到吴所长竟让他一改再改，一连改了六稿，这才让"简报"在《科学通报》上发表。这件事让他很受启发，也非常感谢所长的严肃认真。从此以后，黄本立不仅自己写文章常要改五六遍，对学生也这样要求。

吴所长看了简报，又鼓励他说："你可以往国外发"。那时要往国外发表文章是很难的事，哪像国门打开了的今天？作为一个刚参加工作几年的后生，哪怕是敢想敢干的黄本立，那时确实还没敢往这方面想。

不过，有了所长的鼓励，他也就壮了壮胆，试着用英文写了一篇论文，题为"光谱分析用的一种新的双电弧电路"。寄哪里呢？当时发表文章，多数只考虑社会主义国家苏联；又考虑到文章是比较实用的，他也不敢寄给级别较高的《苏联科学院院报》等，只寄给自认为"比较实用"的苏联期刊《工厂实验室》。

令他没想到的是，文章于1958年3月就被翻译成俄文发表了。这是他第一篇用英文投稿、俄文发表在国外期刊的文章。虽说译文把文章中提及的南京大学译成了北京大学，但总体译得挺好，还得了几十块钱稿费，他很是高兴。

事有凑巧，文章发表前夕，吴所长恰好赴苏联访问。作为光谱专家，他理所当然会去拜访苏联科学院光谱学委员会的人士。这个委员会的主任是曼德尔施坦姆院士，他的父亲也是院士，搞光学的，很厉害。这个院士见了吴所长，竟拿出一篇文稿给他看，问他："这篇文章的作者，您知道是谁吗？"吴所长看后回答："知道啊，我们研究室的。"院士赞赏地说："不错"。

吴所长回来后讲起此事，黄本立想起所长让自己六易其稿的事，十分诚恳地说："吴先生，这得多谢您！"即便半个多世纪后谈起科研之道，他总是念念不忘吴所长的精神对他的熏陶。

研究有了成果，他首先想应该向自己的恩师高兆兰教授汇报，于是在一次会议上把文章的抽印本呈送给她。高教授看了之后连说"好，好，好！"三个字，还说："真是青出于蓝而胜于蓝"，倒让他不好意思起来。

这项研究的报告在1958年第一届全国光谱会议（北京）全体大会上宣读后，不少单位纷纷来函索取资料图纸，地质科学院地矿所等单位都发表过使用该电路的论文。论文发表后，更是在国内外，尤其是在苏联引起强烈反响，多次被引述。苏联的两本专著都提到该新型双电弧：《原子能材料的发射光谱分析》一书的"分馏法的改进"一节，首先提到这种新型双电弧"具有可以改变光谱激发特性的优点，使用这个光源还可以改善分析的再现性。"《稀有和分散元素的光谱测定》一书甚至说："黄本立提出了最完善的双电弧电路……用这种类型的双电弧对许多元素都可达到高灵敏度，方法的均方误差为±8%"。彼阿奥普拉吉娜和米阿耶勒二人都在苏联首届西伯利亚光谱会议上宣读的论文中提到，使用该新型双电弧做碘、溴、氯的测定时，获得了比使用苏联科学院的光源专家阿布拉姆逊的电路"更好的灵敏度和精度"。此后不久，英国出版的《光谱化学文摘》也用较长的篇幅介绍了这篇论文。可见这项研究成果在国外也有一定影响。

建立国内第一套原子吸收光谱装置

原子发射光谱分析虽说分析速度较快，但在20世纪60年代"尚有一系列难以克服的缺点"，而"原子吸收光谱作为一种分析方法，在一定程度上可以克服发射光谱分析法的这些缺点"，具有"在很大程度上消除了谱线干扰（辐射干扰）的影响"、"分析试样组成对分析结果的影响不大"和"温度影响小"等优点[1]。

应该说，原子吸收现象是很早就已被发现的。在某些领域，如汞的原子吸收，早在20世纪30年代就有实用方法，有人已利用汞在常温常压下也可以原子化的特性来测量大气里汞的含量。但原子吸收光谱法作为一种

---

[1] 黄本立:《黄本立院士论文选集》。厦门：厦门大学出版社出版，2010年，第102页。资料存于采集工程数据库。

分析化学上的通用方法，则是在科学家沃尔什（Alan Walsh）的倡导下才开始被人重视的。50年代中，沃尔什从英国移民到澳大利亚，在澳大利亚提出原子吸收分析法，后来因之而被英国女王封为骑士。光谱界同仁有时候就按英国人的习惯，不称他的姓，而管他叫Sir Alan。他从1953年提倡这种分析方法并开始进行研究，1955年在澳大利亚一个展览会上展出其成果，1957年在国际刊物上发表文章。文章一经发表，就引起全世界光谱界人士的注意。

黄本立像是原子光谱分析领域的侦察兵，每时每刻都在关注着这个领域的新动态和新进展。Walsh刚提出原子吸收光谱分析新技术不久，他就凭着敏锐的学术洞察力，写了一篇综述文章《原子吸收光谱在化学分析上的应用》，并在1963年全国超纯测试基地第二届年会全体大会上做了报告，同年6月发表在中科院新技术局主办的《科学仪器》创刊号第一页上，对在我国宣传和推广原子吸收方法起了一定的作用。

20世纪60年代初，国际上尚无专用的原子吸收光谱分析仪器出售，我国的科研条件更是十分困难，但坚信"朋友是老的好，技术和仪器还是新的好"的黄本立，不仅关注、宣传国际上刚出现的原子吸收光谱分析新技术，而且努力实践运用，并总能与时俱进，创造条件试用新技术。

1961年起，他和裴藹丽、王俊德合作，在条件十分简陋的情况下，用滤光片式火焰光度计改装建立了国内第一套原子吸收光谱装置，开始了原子吸收光谱分析法的试探性研究。当时，他们考虑到"过去常用的测定溶液中钠的方法是火焰光度法（以下简称发射法），但是该法易受锶、钙、铈、镧等元素的干扰，例如当钙含量很高时，甚至用单色仪工作也不能完全消除干扰。原子吸收法可能比较容易地解决这个问题，文献上曾报道过用吸收法测定血清及尿、土壤、卤磷酸钙燐光体、石灰石及水溶液等试样中的钠。"[1] 于是"以德国蔡斯厂生产的III型滤光片式火焰光度计为基础，卸掉原有的反射镜，再配上钠汽灯（BGW厂NAE24型）、快门和聚光镜

---

[1] 黄本立：《黄本立院士论文选集》。厦门：厦门大学出版社出版，2010年，第115页。资料存于采集工程数据库。

（苏联ΠC-192型，f=90毫米，d=60毫米），便组成全套装置"[①]。别看这台装置简陋，却是我国第一套原子吸收光谱装置，他们用这套装置进行了两项国内最早的原子吸收光谱分析研究工作，做出了比较完整的数据，发表了国内首批有关原子吸收光谱分析的论文。

一项研究工作是用原子吸收法测定溶液中的钠。之所以先测试溶液中的钠，完全是条件所迫。当时根本不可能有可供实验的正规仪器，他们只能拿到一台最简单的滤光片式的火焰光度计，配上聚光系统，在它的前面再装上一个在光谱实验室中常用的钠灯，光线照过去就可以做光谱比较简单的钠元素的原子吸收分析。

实验的关键是怎样得到"可观的"原子吸收信号。考虑到自己搭建的仅是装置，不是仪器，当时也只有钠光源，即钠汽灯，所以只做钠的实验。要是完全按钠灯的标准条件操作，由于钠灯的蒸汽压强比较高，谱线很宽，灵敏度就很低，因此他们就想办法降低钠灯的工作电流，获得可用的原子吸收信号。

他们的研究报告"原子吸收光谱法测定溶液中的钠"也曾在学术会议上宣读过，并于1964年10月发表在《中国科学院应用化学研究所集刊》第12集上，是国内首批发表的原子吸收分析论文。这个报告在当时对国内开展原子吸收光谱分析工作起了一定的倡导作用。

另一项是进一步对原子吸收光谱法及火焰光度法测定钠时几种醇类溶剂的影响进行研究。

在以Zeiss Ⅲ型火焰光度计改装成的装置上，以相同条件观察了不同浓度的甲醇、乙醇、丙醇对钠的原子吸收值及发射值的增强作用；测量了各种醇类、水溶液的表面张力及黏度，喷雾器的喷雾率及有效喷雾率，火焰温度；并对醇类的增强作用的机理做了一些探讨。实验及计算结果表明，虽然有效喷雾率是决定吸收值增强作用的主要因素，但对于电离电位较低的碱金属，由于火焰温度降低而引起的电离度的减小亦起一定的作用。对于发射值的增强，除了有效喷雾率和电离度之外，还要考虑

[①] 黄本立：《黄本立院士论文选集》。厦门：厦门大学出版社出版，2010年，第115页。资料存于采集工程数据库。

Boltzinan 因子 $e^{-E_i/kT}$[①]。

  黄本立课题组在这方面做了不少工作，从实验上、理论计算上加以探讨，他们的论文"原子吸收光谱法及火焰光度法测定钠时几种醇类溶剂的影响"，于 1965 年在第二届全国光谱会议（上海）上宣读，并被评为优秀论文；1966 年 7 月发表在《物理学报》第 22 卷第 7 期上，这是国内第一批关于原子吸收光谱分析基础研究的论文。这篇文章如果不是发得及时，恐怕就得拖到"文化大革命"后了。因为，这期刊物已经火药味十足，最前面的两篇文章全是《人民日报》社论，一是"横扫一切牛鬼蛇神"，二是"触及人们灵魂的大革命"。

[①] 黄本立等：原子吸收光谱法及火焰光度法测定钠时几种醇类溶剂的影响。《物理学报》，1966 年 7 月，22 卷（7），第 733-742 页。

第七章
认真教学　喜结良缘

　　黄本立曾想过当摄影家，但似乎并无当教师的打算。到长春后，他凭着满腔的热情和初生牛犊不怕虎的干劲，在新中国近乎一张白纸的原子光谱分析领域，耕耘出一片沃土，收获了第一批可喜的果实，并在多层次的人才培养中做出自己的贡献，同时还收获了爱情。

　　就教学而言，从参加工作到"文化大革命"前的这段时间里，他除了完成日常的培训任务外，还像模像样地当过两回老师：一次是 1954 年的光谱学习会，另一次是 1960 年的光谱物理训练班。如果说前者属于非学历教育，是培训性的学习会；后者则是正规的大学本科教育。在这两次教学中，他不仅出色地完成了所承担的任务，还表现出独特的爱生方式——从严要求，一丝不苟，为他以后的教学打下了很好的基础。

光谱学习会

　　黄本立走进东北科学研究所，既是进了研究机构，实际上也进了一个急需人才、珍惜人才、也很重视培养人才的好环境，大大地激发了他的教学潜质和从教的积极性,使他在培养原子光谱分析人才方面做了许多工作。只是他当时付出的一切努力,目的在于缓解光谱分析人才紧缺的压力,而不在于成为人师。为了满足国家重工业发展对光谱分析人员的需要,他对培训技术人员之事极为热心,每次下厂矿,不仅自己亲力亲为做实验,还千方百计、殚精竭虑地培训厂矿分析人才,直到受训者能完全胜任分析工作为止。

20世纪50年代,随着国民经济的迅速发展,对光谱分析人才的需要量与日俱增。1954年6月"中国科学院长春综合研究所"改称为"中国科学院吉林应用化学研究所"。光谱组副组长吴钦义是厦门大学物理系1946年毕业生,艺高胆大。他参加过苏联专家在国内举办的培训班,发现那些来培训他们的"专家",其实未必都是院士、教授,有些甚至是技术工人。初生牛犊不畏虎,他就提出光谱分析组搞训练班的想法,大家都赞成他的这项建议。

图7-1 1954年吴钦义在中科院吉林应化所给光谱学习会学员讲课,在国内推广光谱分析技术(黄本立摄)

图7-2 1954年光谱学习会学员在中科院吉林应化所实验室做测微光度计实验(黄本立摄)

领导批准了办班的报告,定名"光谱学习会",意思是请有意者来一起学习、切磋、研究,共同协商如何推广光谱分析,以便把光谱分析做得更快更好。"培训"改为"学习",一词之差,使高职称者也乐于参与,大大提高了参加者的层次。

据《长春应化所志》第1册第43页记载,通知发出后,有54个单位的72人报名参加"学习会",其中不少还是大学的副教授、系主任、高等技师、厂矿化验室负责人和科技教育骨干，包括北京大学的高小霞、武汉大学的查全性、兰州大学的程傅、山东大学的冯传海、上海冶金所的曹思启等。与会者不乏年龄比老师还大的人，如兰州大学的程傅已是副教授，时年五十开外；也不乏学术地位较高者，如北大的高小霞是带着助教来的；还有一些军工单位里相当于分析室主任一级的人物，或是经验很丰富的人。当然，这里面也有年纪比较小的，其中就包括后来成了黄本立终身伴侣的光机所的张佩环。这些不同层次的人的到来，使这个为期两三个月的学习会成了名副其实的互相学习的平台。大家相互切磋，很是热闹，都感到收获良多。

从"学习会"出来的人，后来不少成了知名教授和光谱专家，如高小霞成了学部委员（院士），查全性成了院士。黄本立很佩服吴钦义想出的这一招，太原重型机械厂的陶汝霖主任甚至说"我们这个班是光谱的黄埔一期"。苏联专家此前已办过一期，但他们主要是训练操作工的，这期却主要是训练干部和技术骨干的；再说，黄埔一期训练的都是军官、军干而非士兵，所以谁也没去反驳这位陶主任的说法。

当时的黄本立只是个实习研究员，领导知人善任，让他指导实验，要求他真正做到让大家都可以动手做实验，回去后就可以开展工作。还让他

图 7-3　1954 年在中科院吉林应化所工作人员和光谱分析学习会参加人员合影（二排右一黄本立）

讲他很感兴趣并且很擅长的暗室操作、照相材料的性能等课程。如鱼得水，自然都做得很出色，他在学员中的威信还是蛮高的。

他很感激并怀念这个学习会，因为这是一个颇见成效的学习会，是他教师生涯的正式开始，而且，他在这里找到自己的终身伴侣张佩环——这是他原来想都没想过的。

黄本立当时很年轻，学员又都是干部，年纪比他大、资历比他高的不乏其人。他从不以老师自居，一点都没有老师的架子。但他课讲得好，学员听得明白，为人又热情、坦率，与大家合得来。在他心目中，这些学员就是可以相亲相爱的同行、同事，他乐于跟大家一起学习，一起讨论，一起在食堂用餐，休息时一起看看电影，到南湖散散步，相处得很融洽。而且，在他看来，自己也从他们身上学到很多东西。

当然，学员中也有比他年轻的，张佩环就是其中的一个。她在长春光机所可是一颗闪耀的星，年轻漂亮，业务好，人缘不错，身旁不乏追求者，但她偏偏看上身患肺病、个子又不高的黄本立，这说明她有独特的眼光、还是说明他有着独特的魅力？他们不说，别人自然也不好乱猜了。

图 7-4 1954 年光谱组获吉林应化所先进小组称号（前排右一黄本立）

张佩环在接受我们采访时说，她佩服他"讲课讲得最清楚"，赞赏他"为人直爽，直截了当"。我们发现，其他受访者，一般都说黄本立课讲得"很清楚"，唯独她用了"最"字。说她是他的粉丝，一点都不为过，虽然当时还没人用这个词。她还说，在食堂里一起吃饭，从未见他丢弃一颗饭粒。他的节约程度，令人根本看不出他是从香港来的。当然，她也说不出，香港人的"节约"是怎样的？不过，这不重要，重要的是，她乐于和他接触，乐于常在一起散散步、聊聊天，真正意义上的互相切磋、互相学习。

光谱物理训练班

1960年，黄本立又一次正儿八经地当上了老师，头一回走进高等教育队伍。

随着国民经济的发展，理科人才显得很紧缺，特别是苏联专家全部撤离后，国家更是急需培养自己的理科人才，教育部于是发了一份"关于抽调工科学生转学理科专业的通知"。

根据通知精神，中国科学院办了一期物理训练班。从他们的毕业文凭中最后一页的"说明"看来，训练班是"根据国家发展尖端科学的需要而成立的"，下分光谱物理、电子物理、高分子物理等若干专业，并把办班任务分配给不同的单位。其中光谱物理训练班由中国科学院吉林应用化学研究所主办的长春化学学院负责。

为了保质保量地培养出国家所需人才，从全国六所工科院校的二年级学生中抽调部分读完大一、大二的学生，让他们由工科转学理科。于是当年这一大批工转理的学生纷纷表决心，坚决服从祖国的需要。

这些属于光谱物理训练班的人，到长春化学学院继续学习近三年（1960年11月—1963年7月）后，将成为综合性大学五年制物理系光谱专业的毕业生。他们不属于长春化学学院学生，但由该院代培和代发

图 7-5　光谱物理班全体学生和老师合影（1962.6.6）（二排左五为黄本立）

文凭。

　　光谱班共分四个专业：原子光谱（主要是原子发射、原子吸收）、分子光谱、波谱（顺磁共振）、X射线光谱（包括X射线荧光、X射线衍射）。学原子光谱的人最多，有40多名，其他专业各只有10多名。而原子光谱专业的教学，主要由该所光谱组负责。

　　这是研究所当时做的一件大事，所以光谱组很是慎重。开办伊始，先由名家唐敖庆先生开讲，然后光谱组组长张定钊先生、副组长吴钦义和其他老师轮流讲。黄本立除了讲一部分课外，还负责指导实验和毕业论文。这时的他，虽然只是个助理研究员，但在原子吸收方面做了不少工作，取得突出成就，特别是研究新型双电弧的成功，早已使他名声在外。

　　这个班因为层次较高，专业方向较多，涉及分析的很多方法，培养了不少人才。学生毕业后，有的留在应化所，有的到北京、哈尔滨或上海等地，但不管到哪里，都成了能独当一面工作的骨干或领导。后来齐齐哈尔钢厂的分析主任、上海市环保所的分析主任等，都是这个班的学生。应该说，吉林应化所的光谱组，在为国家培养光谱人才上确实功不可没。

　　那么，当时的黄本立又是如何开始他的本科生教育的？就承担的任务说，他负责的是指导实验、毕业论文和上一部分课程，还算不上挑大梁，但确已相当充分地显示出了他的为师风格。

我们曾尽可能地寻访他当年的同事和学生，确也听到过"黄本立脾气急，说话直，不太讲究方式方法"之类的话，而说此类话最多的，要数他的夫人张佩环。她说："人家有错，你批评她（他）就是了，干吗要说得人家下不来台？"①但不管是谁，没有不说他是好老师的，都说他尊重学生、关心学生，待人彬彬有礼；说他工作极端负责，不管你是谁，他照样严格要求。

有的人说，学生爱听他的课，与他的课讲得生动风趣有关，更与他的教育思想有关。他上课除了传授专业知识外，特别重视培养学生的独立思考能力和实事求是的精神，要求他们凡事透过现象探求本质，关键的实验结果要反复验证。他的这种要求，于人于己一个样。

他经常以著名光谱学家、他的大学老师高兆兰教授和应化所老所长吴学周的治学精神自勉并教育学生。他经常对学生说："文章千古事，白纸黑字，马虎不得。""一篇简报，吴所长曾要求我修改了6次才定稿，可见其工作作风的严谨、认真。"②学生写的每一篇文章，他都要反复修改。

张展霞到应化所进修时，已是中山大学的教师了。有一次，她在做原子光谱分析时，不知道什么规则没掌握好，出了一点儿差错，他就好一顿"凶"，弄得她委屈至极，"躲在厕所里哭了"。但一下班，他却说："走，和张佩环一块去看电影吧！"好像没事儿似的。她当时想："这个老师也奇怪啊，刚凶了人家一阵又说去看电影……"。她冷静一想，也就明白了：他对人其实很好，只不过在科学实验上容不得半点马虎罢了。从此，她和他一家的关系一直都很好。他再凶，她也不怕他了，反正被他"凶"了一回，倒也真长了记性③。

有意思的是，被他"凶"过的人，不管是张展霞还是后来的林跃河，都津津乐道被他"凶"的经历，感激他的"凶"，因为，他的"凶"让自己终生受益。当然，他们绝不会让他有"凶"自己的第二次机会。

---

① 张佩环口述访谈，2012年7月4日，厦门。资料存于采集工程数据库。
② 黄本立口述访谈，2012年11月29日，厦门。存地同上。
③ 张展霞口述访谈，2012年12月26日，广州。存地同①。

原来，他对学生严格要求既是出自对学生的爱，也是出自一个教师的责任。

自从接受了撰写"黄本立研究报告"的任务后，凡遇到了解他的人，我们都或多或少地问一问，而且总会与被问者达成共识：一个真有学问，又乐于从事教育的人，是特别可贵的。因为，当今社会缺乏的正是这种人。要当好一名教师，职业的神圣感和责任心是缺一不可的，倾其所有地培育学生，更是一种高尚师德的表现。当这两种品质成了一位教师的自觉需要时，那他不管是在课堂内还是课堂外，也不管是在校内还是在校外，都将成为严师与慈父的统一体。

喜 结 良 缘

1960 年 11 月 5 日，黄本立和张佩环喜结良缘。这得感谢光谱学习会，否则，他们一个在应化所，一个在光机所，原本并不认识。因为光谱学习会，他们成为师生，随着接触的增加，张佩环不仅佩服他的学识，还了解了他的家世、经历。当她得知，他自幼父母双亡，靠祖父母养大；抗战期间，他还是一个十来岁的孩子，却不得不为求学四处奔波；受尽苦难而不倒，还练就了独立性，学会怎样应对社会……她情不自禁就拿自己与他相比：自己在他那个年纪的时候，还待在家里，上学都要家人往学校里送，直到中学一年级，她不让送了才停止[①]。越想越觉得自

图 7-6 1960 年黄本立夫妻于长春合影

---

① 张佩环口述访谈，2012 年 12 月 4 日，厦门。资料存于采集工程数据库。

己对他产生了一种很特殊的感情，似是同情，又似是佩服……

黄本立刚到东北时，肺病并未痊愈。他考虑到祖母一个人住在广东乡下，必须有人照顾；又考虑到原在香港鞋厂当工人的三叔黄仕国已于1953年去世，三婶施月婵一个人带着三个孩子，要在那儿待下去并非易事，就写信请三婶回家乡和他祖母住在一起，一边参加一些农业劳动，一边照顾老人，由他从每月五六十元的工资里给家里寄去20元生活费。

得知这一切，张佩环很想多给他一些照顾，但两家研究所相距很远，她也只能时不时在星期六下班后去看看他，顺便给他买点营养品，或买只烧鸡，请他隔壁房间的老大娘帮着热热给他吃。过了一段时间，他身体慢慢好了起来，她打心里高兴。

不知从什么时候起，她突然觉得，找对象不就得找个比较可靠的人吗？他能吃苦、能帮助别人，自己有病，还要去帮助家里，这种人是可靠的。逐渐地，她乐于在星期六到他那里谈一谈，然后或回单位，或住在在应化所工作的中学女同学那里，和他一起过个星期天再回去。

他们谈恋爱的事，大家都知道了，但就是只见他们恋爱，不见他们结婚，一拖就是五六年。中、德科学家互访，她去了德国，一去两年；她回来了，他又下乡，直到他回来了，两人才结婚，那已是1960年底的事了。那时他36岁，她30岁，成了晚婚的典型。婚后，他们只要一个孩子。

光机所激光研究部分要迁到上海时，张佩环调入应化所，夫妻俩在同一个研究室。作为一名科学工作者，她心里有着自己的原则：生活上应该不分你我，互相帮助，但在科研上分不清楚你我是不好的，就是任何一方都不能沾对方的名气。特别是黄本立当了室主任后，她更是坚持自己选课题，而且都选跟他做的光谱分析没有太多联系的。她独立完成了X-射线激发的光学荧光光谱测定高纯稀土痕量分析、激光光源的光谱分析、计算机在分析化学中的应用等课题。就这样，他们夫妻从来没有联名做过同一个科研项目，更没有一篇文章同时署上两个人的名字，但不必太多的言辞，他们总能各尽其能，配合十分默契。

她调入长春应化所后，有一段时间在工厂拜师学艺，车工、钳工、铸造工等她都学过。光学加工和机械加工也都懂一点。至于光机所铸造厂、机械厂里的那些师傅，都跟她很熟，有些人的化学、数学等文化课还是她教的，她请他们帮忙干点事很容易。当她做 X- 射线激发的光学荧光光谱时，要用一台光栅单色仪，黄本立就帮她做总体设计，由应化所机械厂设计组做具体的机械设计，她就自己跑到光机所去磨反射镜等的毛坯。这些配件精密度要求非常高，如果光靠她自己，那是不行的，但如有老师傅在关键时刻帮她磨一下，那就能合格。光机所的工厂都是三班倒的，她知道她熟悉的老师傅上的是第二班（下午六点至下半夜两点），就瞅准了时间过去，在他们帮助下，问题很快就解决了。她还亲自跑到汽车厂铸造车间和工人师傅一起把光栅单色仪的底座铸了出来，并自己动手打光了毛刺。

其实，她这么做是很辛苦的，在当时的环境，有时甚至有危险。有一次，她从傍晚六点钟一直做到下半夜两点，才骑着自行车回家。当时正好碰上两派在武斗，她骑得飞快，突然"砰"地一声，她连人带车掉到一个坑里，好不容易爬上来，又接着骑，她也来不及害怕了。

她知道，黄本立是专门研究光谱分析的，在这方面他很专业，也很相信他，所以，由他负责总体设计；至于联系、加工这些事，她认为自己比他条件好，有优势，由自己去做就成了。

后来，黄本立在调到厦门大学后，得知上述那台自制的光栅单色仪在应化所闲置着，就请应化所将这台仪器赠送给厦门大学；他在厦门大学招收的研究生林跃河、弓振斌、张绍雨等都用它做过实验。

人们常说，一个成功男人的背后一定有一个默默奉献的女人。张佩环对此颇有异议[①]：

怎能说谁为谁奉献？只不过是互相帮助罢了。
我们俩无所谓你为我牺牲，我为你牺牲，就没有这个事。
反正大家各有各的工作，自己干自己该干的事，能做的尽量做，拼死拼活也要把工作做好就是了。

---

① 张佩环口述访谈，2012 年 7 月 4 日、12 月 4 日，厦门。资料存于采集工程数据库。

我干我的，他干他的，我也拼命干，一点也没省我的力气。我付出的努力不比他少，这就行了。我要是干不好的话，那是因为我的能力不够。

不过，有些事情，我会主动跟他商量商量，请他给参谋参谋。比如说我要用英文在国外期刊上发表一篇文章，就要叫他看一看。他的英文比我好，我写出来的东西，他总能挑出点毛病来。让他看一看，有不对的，他会帮着改一改，这样会保险些。我的德语、日语比他好，他有不清楚的，有时候也让我看，特别是德语。我工作上要提一个方案什么的，我也叫他看一看，他比我先工作了几年，经验多一些，这叫互相帮忙。

黄本立除了实验工作以外，还要带学生，要参加国内外一些光谱分析方面的会议，还有学术刊物的一些编审工作。我呢，觉得我不是那个料，我就躲。我也带研究生，但带得少，就手下几个人跟我一起工作，反正我把我这份工作做好就行了。他做那些工作，没影响我，我也不干扰他，还尽量鼓励他去做。

实际上，别看如今的她经常夫唱妇随地跟着他，当年的她可是一位地道的女强人，虽然她从不爱说自己的成就，但做工作从不偷懒，总是尽自己的最大努力去完成。

她刚参加工作就参与了两个国家级大项目，一是光学玻璃，一是激光。在工作上，她是个不做则已，要做必做好的人，但不在乎自己得到什么。她觉得，原来国家没光学玻璃的项目，现在有了，心里就很舒坦，至于项目里有没有她的名字，她根本不在乎。

谈起这对夫妻，长春应化所汪尔康院士说：

从历史的功绩来讲，黄本立对光谱是很有影响的；但他夫人其实是一个很好的人，也是挺厉害的。她虽然退休得早些，没评上什么院士，但她是党员，受过训练，不仅科研出色，在为人处事上，黄本立有时一本正经了一点，灵活性就差些，但张佩环比他灵活。①

这是一对令人十分羡慕的夫妻，他们有一个很温馨的家庭。他们好像没有制定过什么宏伟的奋斗目标，凡事只想尽力而为，不管压力多大，也能够互相体贴，相互帮助，互相携扶，尽力地去化解困难，完成任务，但总是完成得很出色。

谈到家里的事主要由谁管时，他们的独生女黄英肯定地说："爸管不多，主要是妈在管。"有意思的是，张佩环谈起黄本立时，曾不止一次地从旁证实了女儿的话，只不过她丝毫没有抱怨之意，却充满了温情、自豪和些许的得意……

黄本立的助手曾戏称："黄先生的'名言'是：夫人的话总是对的，理解的要执行，暂时不理解的也要执行。"黄本立听了笑笑，不置可否，你也可以理解为他默认了。论"官衔"，张佩环退休前是厦门感光公司的副总工程师、研究所的副所长，可她总爱默默地站在黄本立的身旁，一副夫行妻随的样子；而他呢，虽然不管走到哪里，即使忙着拍照，也总不忘时不时回头关照她，必要时更不忘搀扶她一把。

正当我们苦于无法用语言表述他们之间温馨、和谐、幸福而又令人充满敬意的夫妻关系时，舒婷的《致橡树》突然跃入脑海，其中的两句，真像是为她而写的："我必须是你近旁的一株木棉，作为树的形象和你站在一起。"

---

① 汪尔康口述访谈，2012年8月23日，长春。资料存于采集工程数据库。

第八章
经受炼狱　不忘科研

"文化大革命"是一场浩劫，满怀爱国之情北上革命的黄本立，竟被当作"九国特务"关押审查达九个月之久。他受尽折磨，但绝不以诬陷他人来谋求自身的过关。他不仅顽强地活了下来，还偷偷地为光谱研究做"功课"。

好不容易从牛棚里放出来后，黄本立来不及抚摸伤口，就一门心思要追回被浪费的时间。他不仅在靠边站期间完成了钽舟电热原子吸收光谱仪的研制，还看准了当时在国际上刚刚上市的电感耦合等离子体（ICP）新型光源，密切关注这方面的进展，积极地搜集研究资料，为即将展开的研究打下厚实的基础。

"九国特务"被隔离

自从进了东北科学研究所，他感受到国家确实需要光谱分析的人才，一头扎到光谱分析的研究之中，他铆足劲，盼望着能为国家的建设解决更多的难题。

然而，1966年5月，"文化大革命"的狂风刮进了吉林应化所。11月，"文化大革命"筹备小组成立，造反派随即掀起批判"资产阶级反动路线"的运动。1968年5月22日，该所被军管。6月，清理阶级队伍开始，相继关押许多无辜干部、科技人员甚至工人。

这场所谓的"革命"来势凶猛，史无前例，平时干得好好的人，一夜之间就成了叛徒、特务或走资派。据该所党委1978年9月8日"以揭批'四人帮'为纲 把党的知识分子政策落到实处"和1978年4月3日"关于落实政策及审干复查工作的总结汇报"所写，在"文化大革命"中，当时的负责人"另立一套，私立公堂，严刑逼供，草菅人命"，"从1968年清队开始到1970年'一打三反'，连续制造了几次冤、假、错案（以下简称'三案'），遭受迫害的知识分子和干部有155人……在三案中最大的一个冤案是所谓的'应化所特务集团'案，立了'特务'专案的有132人，有的隔离审查长达一年之久。"那时的"新大楼"内基本上都是实验室，只有五楼是空的，党委书记、所长、教授，统统都被关进里面，让群众专政工作队（简称群专，下同）队员看管着。1300多人的应化所，一下子死了七个人，连地下工作出身的托儿所所长华萼，一下子也成了叛徒，被逼跳楼自杀了。到了晚上，在楼下工作的人，常能听见关在五楼的那些人被用皮鞭打得惨叫，其残忍、恐怖的程度，为人所始料未及，搞得大家精神非常紧张，整个研究所人心惶惶。

在香港出生的黄本立，当时只不过是一个助理研究员，物化室光谱组的副组长，既不算官，也谈不上什么学术权威，但到1967年，针对他的一张"超大"大字报，一夜之间从二楼楼顶一直悬挂到楼下；后来造反派历数他和九个国家有联系，他于是就被怀疑是"九国特务"。

1968年清理阶级队伍一开始，军管会分管专案的人就说，要隔离审查黄本立，连作为革命领导小组成员的宋文仲，都不好多问什么。他曾经是黄本立的学生，也只能无奈地让张佩环给黄本立送皮大衣。心直口快的张佩环听了很奇怪，禁不住问："这个时候穿什么皮大衣？"，他不敢多说，只含含糊糊说一句"打得不疼……"①

---

① 张佩环口述访谈，2012年7月4日，厦门。资料存于采集工程数据库。

不过，日后谈起这顶"九国特务"的帽子，黄本立似乎也能"理解"。他在1975年12月曾写过一份叫"我和外国人的一些联系"的材料，总结了他与外国的多方面联系：（一）1959年与德意志民主共和国和匈牙利驻华大使馆联系，以及由此引起的与这两个国家一些人的近七年的一系列联系；（二）和英国希格尔公司、奥泼犹卡公司、美国联合碳品公司、应用研究实验室公司的瑞士公司、荷兰菲利浦公司、德意志联邦共和国一家电器公司、丹麦一家电子仪器公司及英国一家摄影杂志社的联系；（三）和匈牙利邮电部长、波兰集邮协会、列宁格勒郊区普希金村邮电局的联系；（四）与苏联列宾杰尔院士、苏联科学院光谱委员会研究人员阿伯拉姆逊、光谱分析专家克列斯奇扬尼诺夫、匈牙利物理研究所巴多斯教授、英国希格尔公司技术负责人缅慈斯、集邮爱好者里林·汤玛斯以及美籍古巴芭蕾舞男女演员的联系，等等。

说到与美籍古巴芭蕾舞男女演员联系，其实只不过是一次偶遇。1961年黄本立去北京开会，有一天下午他在一家书画店，碰到一对古巴芭蕾舞男女演员正在店里询价，黄本立看到对方完全不懂中文，而店员又不懂英语，他们来回比划了很久，还是互相不明白对方的意思。黄本立看到他们确实存在沟通的困难，一向乐于助人的他就主动地充当了翻译，很顺利地帮助他们解决了问题。古巴演员为了表示感谢，邀请他一起吃饭，并赠送一张他在北京演出的芭蕾舞入场券，黄本立一一谢绝了，只是出于礼貌给对方留了姓名，然后匆匆告别。黄本立开完会就回长春，他们也再没联系。没想到有关部门的人一直跟踪黄本立到长春工作单位，找到单位的党委了解黄本立的有关情况。幸亏黄本立回单位后就把在北京的行程向党委书记张润苍一一做了汇报，书记为他向有关部门打了包票，才算没事。原来，那个男演员是个美籍古巴人，据说还可能真的是个特务。但那时黄本立对此事一无所知，也不知道有关部门到党委了解他的情况。[①]

黄本立因为兴趣、爱好乃至热情与外国的多方面联系，虽有许多与专业不搭界，但也有不少是与业务密切相关的。他之所以对外国的商业性杂

[①] 曾宪津、潘利华、陈新海口述访谈，2012年8月23日，长春。资料存于采集工程数据库。

志特别感兴趣，因为这些杂志里有各类仪器信息，对他的研究大有帮助。只要某一种仪器引起他的兴趣，他就会写信给该厂家，请人家寄资料或样品，来来往往，联系自然就越来越多了。

但怎么能解释，一个普通人，竟会擅自写信给"匈牙利共青团中央"，让人家"给介绍一位集邮朋友"？苏联虽是"老大哥"，是要学习的，但没说个人可以自己去联系呀？何况，1960年后不已成了"苏修"了？你还联系，这还了得？可当时思想单纯的他只不过就是想收集邮票而已。谁知这一切，在"文化大革命"前都是犯大忌的，极容易被扣上"里通外国"的帽子。所以，他自我调侃说，"我有事没事与外国联系"，"像我这样一个不安分守己，到处惹是生非的人，自然是很容易被人联想到里通外国的。'九国特务'？我算了一下，应该不止九国，有十一国。"[①]

黄本立不明不白地被关了起来，一关就是九个月。那时的军代表是个团长，"牛"得不得了，常说"你们就拉车，不要看路"。意思是，凡事跟他走就行了。尽管黄本立有时是一个很较真的人，但面对这样的人，有什么理可讲？难怪他说在这段时间里，他是"很难过""很痛苦"的。

因为他是被关在单间，家里送来的饭只能先交群专组，由他们转交给他。整整九个月，天天受审，天天只能写"交代"，几乎与外界失去任何联系。过了好久，他才知道所里的领导都关在这里面。他想，哪有整个所的领导都是特务的？不可能，这个做法肯定是错的！但这种状况要到何时才能结束？黄本立左思右想不得要领，他怎能不"非常痛苦"？

实际上，当时所谓的"受审查"，并非每一个人都挺得过去的。一开审就不让睡，24小时连轴转。一关九个月，连有的群专队员都看不过去，吴某就因怕瘦不拉几的黄本立吃不消，曾暗地里安慰他说："不要怕！没事儿。"黄本立回家不说自己挨打，但他不会忘了对家人说："这个小吴，对我真好"[②]。

其实，一个小吴，哪里能真正使他不遭罪？当一个人被逼着日日夜夜交代莫须有的"罪名"而又不愿说假话时，当一个人只有会捏造材料诬陷

[①] 黄本立口述访谈，2012年11月29日，厦门。资料存于采集工程数据库。

[②] 同①。

他人才算有"革命"表现时,那日子真不是人过的。

　　黄本立的痛苦,主要的不是被打得怎么样,而是人的尊严被践踏,是一片丹心被玷污!当时有人说:"香港那么好,那么多美女,黑头发、黄头发都有,你为什么回来?"[①]言下之意,他的回国,他的北上,肯定是别有用心的。那么单纯,那么热诚地北上革命的他,爱国变成有罪了,怎能不让他"听了很伤心"呢?

　　他是一个颇讲义气的人,怎么能为了表现自己的"革命",就胡编乱造他人的"罪行"?不讲就是负隅顽抗,就得整,甚至得挨打……

　　在被审查的九个月里,他想不通这些人为什么要这样,思想上的苦恼有时远比肉体受折磨更难挨,他确实是经历了一场灵魂的考验:是以出卖自己、出卖他人来换取早日走出隔离室?还是坚持实事求是,坚持事实真相?应该说,在这场浩劫里,他经受住了一次人格的大检验——他可以有限度地"认罪",做些自我检讨,但哪怕是在严刑威逼下,他也绝不违心地给自己扣上"特务"的帽子,更不会无中生有地揭发任何一个人。

　　当时,分析研究室"革委会"的头头叫宋文仲。他虽属"造反派",但也是黄本立光谱班的学生,为人正直善良。他见黄本立那么一宿一宿地被审问,遭折磨,却还是那么倔,真是又佩服,又替他捏一把汗。当宋文仲得知还要让黄本立挂牌游街时,也只能说:"黄本立得过肺病,别搞得太过分了"。时至今日,长春应化所的人谈及黄本立的"从不咬人",无不交口称赞的[②]。

生死之间显信念

　　黄本立一被送进隔离室,一个群专队员就问:"你为什么进来?",他刚答"不知道",一鞭子就甩过来,直接把他的眼镜打了下来。打人者自知用力过猛,有点心虚地问:"没坏吧?"眼镜倒是没坏,肩上却已留下了

[①] 黄本立口述访谈,2012年11月29日,厦门。资料存于采集工程数据库。
[②] 宋文仲口述访谈,2012年8月30日,长春。存地同上。

一道血痕。

关进隔离室后不让睡，24小时连轴转，更是让他生不如死，不久后他的整条腿都浮肿起来，竟然轻轻一拨就掉了一层皮下来。有时，被折腾得实在受不了，他也曾闪过"死"的念头——"我就死给你看！"像孩子一般赌气地想，"死了，就一了百了了"。

但他毕竟是个经受过各种磨难的人，这种思想不能在他身上盘桓太久。他再一想，又觉得："我不能死，死了就成了'畏罪自杀'，就真的什么也说不清了。我要活下来，证明我是好人"。于是他设法要来膏药，治好累累伤痕，挨着过日子①。

也不知道是否受了苏轼"古之立大事者，不惟有超世之才，亦必有坚忍不拔之志"的影响，他这时颇能忍，还越想越坚信，共产党是不会冤枉好人的，别看乌云遮红日，红日总有出云时。一旦坚定了信念，他就不觉得那么痛苦了。

从此，每当他遭罪，他都用"相信国家、相信党"来鼓励自己，硬挺了下来。

他可以为值得交往的人两肋插刀，但不愿与小人为伍，更不会出卖他人。于是，他安下心来写"交代"。看过他写的材料的人说，"他交代得很细，很认真，连细节都讲得很清楚，但就是从不咬人。"②当然，这么日复一日、月复一月地交代下去，哪有东西可写？

熬久了，他又觉得苦闷。他很想家人，也为妻子和爱女担心，不知她们能否受得了……但是也只能暗自牵挂，自身难保的他不能为她们做任何事，只能让自己在苦闷的煎熬中升华。他告诫自己："这样混不行，得做点有意思的事。"

正好不久后，允许家属送《毛泽东选集》了。他拿到了一套家里送来的"毛选"，就想："革命志士都在牢房里坚持学习，我何不好好学习毛主席著作？"于是，他天天读"毛选"，直读得"老三篇"都能倒背如流。后来实在无聊，就"研究"起"毛选"中的简体字问题：他发现有的字可简

---

① 黄本立口述访谈，2012年11月29日，厦门。资料存于采集工程数据库。
② 宋文仲口述访谈，2012年8月30日，长春。存地同上。

而未简，还对一些字想出了自己的简化"方案"……被解除审查后，他看到郭沫若发表的文章，见解竟与自己很相近。

"毛选"看多了以后，他就想："毛泽东写的书都是很好的辩证法教材，能启发智慧，但再这么看下去也不是回事，很多都已经会背了，而研究简体字终究不是我的专业，不是我该管的……"于是他"想到自己的业务，想到光栅的公式，想到光电仪器怎么才能把光谱的谱线对准出射狭缝，不会跑偏。"①

光栅是光谱仪器的核心部件，"光栅刻划"集精密机械、光学技术等于一身。20 世纪 50 年代后期，长春光机所就已经在王大珩先生倡导和领导下开始光栅刻划的研究工作，当时中国是世界上少有的能进行光栅刻划研究的几个国家之一。如今的黄本立说到这些，他自豪地说："这是我国光谱技术发展史上具有里程碑纪念意义的技术，是令人兴奋的事。"②

要推导光栅公式，很重要的工具是三角函数表。没有三角函数表，就需要自己用最原始的方法算出一个简单的三角函数表来，那就需要量角器，而在隔离室里什么都没有。不过，这难不倒他。他就想办法自制量角器——他在隔离室的旮旯里找到一片有机玻璃薄片，把它磨成曲线板，再找来一枚大头针，研制出一块带有曲线伴的 0°～90° 的量角器（图 8-1）。他用供写"交代"用的稿纸，对折，再对折，找出不同角度的分度；用稿纸上上下下带有的等距墨点做出量角器的长度分度；用写交代的塑料垫板的直边做直尺，再用大头针来刻画这些线——长度分度等。然后用量角器，按照三角函数的定义来算出一个三角函数表，有效数字达

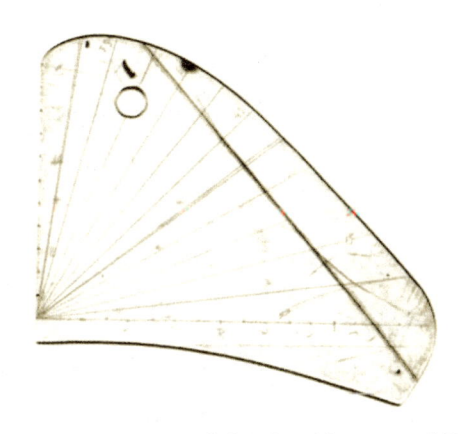

图 8-1　1969 年黄本立在"牛棚"里"研制"出来的曲线板——量角器（载于黄本立《我的后半辈子》，2005 年）

---

①　黄本立口述访谈，2012 年 11 月 17 日，厦门。资料存于采集工程数据库。
②　黄本立口述访谈，2012 年 11 月 29 日，厦门。存地同上。

三位。常规的三角函数表可达 8 位,他不要那么多位就能把所需要的数据都计算出来。"文化大革命"后有人邀他写书,他就把在牛棚里的"科研成果"中的一部分数据,用到《发射光谱分析》一书的编写中。

凡"交代"写不下去了,他就琢磨光谱分析的事,还时不时写写画画。每当"群专"透过门上的小洞往里察看时,看他时而冥思苦想,时而挥笔疾书,还以为他是在老老实实地想问题、写交代呢,事实上他是在琢磨光栅公式,考虑"光量计"用的双金属温度补偿的设计。就这样,一段备受折磨的经历,不仅成了对他的一次磨炼,还对他日后的科研有所帮助。

"文化大革命"无疑是一场浩劫,但也是对当时身临其境的每一个人的一次人格大检验。黄本立以清白之身被诬陷进了牛棚,结果在炼狱中又一次锤炼了自己,经受住了这场大考验。落实政策时,他不仅清清白白地被放了出来,还染上点工人阶级的红色彩。"九国特务",一国也没法落实,倒给他们夫妻弄清楚两个问题:一是他自己的家庭出身从"资本家"变成"工人家属"。因为,土改时他祖母和婶婶的成分都是工人家属。二是他夫人张佩环的家庭出身由"地主兼资本家"变成了"革命干部",她也成了"革干子弟"。原来,她父亲张少铭是民盟成员,新中国成立前就为地下党工作,青岛解放前夕,共产党特地把他叫回来青岛护厂。

这下,觉得一身轻松的夫妻俩,再也没有什么负担了。于是,他们商定,一门心思干工作,过去的事就让它过去吧!他的堂妹黄洁萍,这时却有了点"愤愤不平":他以前总是写信鼓励她相信组织相信党,靠拢团组织,服从国家分配,学好本领回来搞建设,总教育她要艰苦奋斗……她一直以为他是共产党员,现在听说他在"文化大革命"中居然受了那么多的罪,心里就很不痛快。有一次,禁不住就在信里发了点牢骚——原想为哥哥出出气,不料却招来他的一顿批评:"你要理解,是一小撮人挑动群众斗群众,不是共产党要斗我。"这就是黄本立,她还能说什么呢?

英国小说家毛姆说过:"苦难常会使人心胸狭窄,产生复仇的心理"。经历"文化大革命"磨砺的他,每当谈起"文化大革命"整人、打人的事,却显得很豁达:"这些人中有的是因为自己家庭出身不好,为了摆脱自己就想'左'一点,这可以理解;有的人为了保护自己,跟你划清界限,这也可以理解;既然你被说成特务,人家也不知道你是不是特务,跟特务靠得那么近干什么?这也能理解。当时打他的人,有的后来跑来向他道歉了,他说:"没什么,以后一起干吧!"当然,对于有些整人最凶却不道歉的,他并不以为然,他认为你错了就得认错,就得改,但他也并不耿耿于怀,因为他觉得这"只是个别人",无伤大局,算了,反正事情已经过去了。

是的,冬天来了,春天还会远吗?他早已听到春的脚步声,再也无暇把过多的时间用于往后看,他要做的事多着呢!

同舟共济渡难关

谈起"文化大革命",汪尔康院士十分感慨:"中国的知识分子实在是苦,但是也非常可敬可爱。黄本立都被整到那个样子了,最后还是一样地说共产党好,还讲爱国主义。他很有热情,包括他的夫人,都是很有热情的,都有一颗爱国之心。"①

说实话,不管他们多么爱国,对于那场突如其来的"文化大革命",黄本立不知所以,刚在参加"四清"工作队时加入中国共产党的张佩环也不知所以。当然,"文化大革命"既然是党中央发动的,作为一名新党员,她理应积极参加。

令她做梦都没想到的是,形势的发展会让她感到那么不可理喻,那么无法忍受——怎么那么多自己尊敬的人,一夜之间都成了叛徒、走资派?怎么黄本立也成了特务?即便自己对别人可能了解不透,可黄本立呢?自己与他相知、相识,到相互信任、共同生活,一晃十多年过去了,点点滴滴,日积月累,他怎么可能是特务?

张佩环的业务能力与水平都是很不错的,平时对人也总都和和气气

---

① 汪尔康口述访谈,2012年8月23日,长春。资料存于采集工程数据库。

的，在这关键时刻，她表现出非同一般的执着坚强。无论什么时候，她不相信任何有关丈夫的不实之词，不管大字报说他是资产阶级名利思想、"大学霸"，还是里通外国，她一概不理会。

张佩环在"文化大革命"中表现出来的执着坚定与变通能力的完美结合，也不能不令人刮目相看。"破四旧"时，造反派勒令他们说："你有什么毒，你自动消去"。他们都清楚自己无毒可消，但为了不给人提供口实，她也忍痛同意他把文字的东西，一旅行袋一旅行袋地送到锅炉房去烧掉，包括黄本立的笔记本、日记本，还有他以前看的英文版小说、西方翻译小说、苏联翻译小说等等，几乎都烧了。"不管怎么可惜，怎么心痛，也得烧"，因为那是鸡蛋里都能挑出骨头来的年代，如果日记本等被抄去，再给你挑出点啥毛病，那岂不更麻烦、更倒霉？

果不其然，不久就来抄家了。把东西弄得乱七八糟不说，连看到墙上有一条裂缝，也要把墙剖开，把砖头一块块地挖出来，好像是怕你往缝里塞了什么东西。结果呢，他们问的却是："你们家怎么没有钱呢？"真不知道他们想干什么。

那时候，他们的女儿黄英才六岁多。幼儿园的小朋友都知道她家被抄了，叽叽喳喳地议论："哎呀，她家被抄了，她爸是特务，她是特务崽子"。

女儿觉得委屈，回到家里，本想对妈妈倾诉，却见妈妈正难受，也不知该说什么，反倒颇替妈妈感到遗憾，不知怎么就说了一句："您真傻，干什么找对象还找个特务？"

这时，张佩环为难极了，该怎么跟她说呢？……她明白的是，千万不能对孩子说她爸爸不是特务。否则，她出去就会理直气壮地对人说："我爸爸不是特务！"那人家不是又要打她了？为了不让孩子在外面惹事，她只好装傻。

不久后，幼儿园怕不安全，不让全托只能日托。黄英好不容易盼到每天都可以回家。父母打小对她的教育，还有她男孩子似的个性，这时好像都发挥了作用：在外面被骂、家被抄、晚上听到武斗的枪声、被迫搬家、被迫在"红楼"（住家楼）里9平方米的背阳小屋里一住近十年，一直住到她考大学，她好像都不怕，也无怨言。而且，几户邻居对她都很好，她还觉得很难忘的。后来，个别小孩骂她"特务崽子"，她也没有什么自卑感，根本就不在乎。说她"黑五类"，她也觉得没什么。当然，当母女被迫把家里的书、好听的唱片等，都搬去烧时，她就显得很在乎、很可惜了。

事实上，黄英并非什么都不怕的，只能说，只要人多，她就不怕。那时，张佩环每天吃完晚饭就得回到实验室去写材料，到九点钟才回家。她一个人在家，害怕，就躲到写字台下面的那个空间里，背朝墙壁面朝外地蹲着。就这样一直蹲到九点钟，听到大喇叭广播声响，她知道妈妈要回来了，才出来。张佩环问："你为什么要躲在桌子底下？"她说："背后害怕。"一个孩子，不知怎的就觉得，袭击会是来自背后，并认定只要在桌子底下背靠着墙，就等于左、右、后三边都有东西挡着，就安全了，也就不那么害怕了。

坏事有时会变成好事，不幸的童年，艰苦的生活条件，反而能锻炼人，让她从小练就了独立性，她小学二年级就会做葱油饼，会做高粱米饭。学会思考怎么样才能把高粱米饭做得像大米饭一样，白白的或红红的；知道万一把饭做煳了，往上面插根葱或搁碗凉水，就能去煳味。饭做早了，就拿个小被包或报纸包起来，等着爸爸妈妈下班，要不然就拿个塑料袋去食堂买饭……

那时候生活困难，冬天每家都要买几百斤大白菜贮存起来。菜买好了，得先晾一晾，晒一晒，晒蔫一点，然后再放到地窖里，这叫冬储菜。每到这时，许多人忙不过来，黄英就和小伙伴们一起，到处帮人晾白菜。因为父母总教育她"要热心助人，互相帮助，能助人就要以助人为乐"。

黄英说，她当时也没整天去想苦不苦，不知不觉间，日子过了就过了。

"文化大革命"前黄本立一家住一间18平方米的阳面房间，现在既然是"特务"，当然无权住"好房子"，于是被勒令搬到"红楼"一间9平方米的阴面房间。当时黄本立还被关着，车是借不到的，书籍那么多，张佩环体力不行，女儿还小，又不敢叫也在长春的妹妹和妹夫来帮忙，怕连累他们，这家怎么搬呢？实在是令她犯愁。没想到女儿竟说："有办法。"她的办法就是，把桌子倒放，桌面作底，桌底下的空间成了装东西的容器，活像一架雪橇。母女俩一个在前面拖，一个在后面推，一趟又一趟地跑；

第八章 经受炼狱 不忘科研

幸亏是当时地面上有积雪,而且路程不远,总算把家给搬了。

其实,在黄英的心目中,爸爸身上哪有特务的样子?清队完了,事情搞清楚了,她有的不是什么父亲被解放的庆幸,而是一种"本来就是这样"的释然。她一直以自己有这样的一个父亲而骄傲。她爸喜欢照相,她也喜欢照相;他集邮,她也集邮;他们俩,连她的女儿曹菲,也是这个样子,都爱照相。黄英说:"有时候,我觉得如果曹菲不出国,可能会成长得更好。她的开始没有我的开始好,她的父母也没有我的父母那么优秀,是不是?"她由衷地感谢父母曾给予自己的生活环境,包括他们给自己的教育和熏陶,也许还包括自己在那特殊的年代里得到的磨炼?

可以说,黄本立能平安度过了"文化大革命",迎来科学的春天,既有赖于他坚信"乌云焉能终蔽日"的信念、天塌下来当被盖的乐天派性格和善于把苦难当作对自己的磨炼的本领,也有赖于妻子张佩环的理解、信任和同舟共济,把他最为担心的孩子的教育问题都处理得好好的。

靠边站也得干

不管自觉还是不自觉,黄本立都像奥斯特洛夫斯基说的,在人生的任何场合都要站在第一线战士的行列里。"文化大革命"期间,胡说八道,诬陷他人,这不是一个战士所该有的作为,他是坚决不为的,但对光谱分析的研究,是他作为一名科研工作者的不可推卸的责任,是须臾不可抛开的。这大概就是他当时的人生底线吧!

1970年,牛棚是不用蹲了,但知识分子还是臭老九,不是下放农村插队落户,就是去"五·七"干校劳动,即便哪儿也不去,还是被撇在一边。

这时的黄本立已46岁了,他不仅"不惑",而且近乎"知天命"了。他不再迷惑,而且敏锐地意识到,乌云必将散去,自己的"天命"就是璀璨的光谱事业,自己不能坐等别人来"解放"自己,必须早做准备,偷偷地积攒能量,以便阳光一透过云层,就能铆足劲把失去的时光夺回来。就这样，在1966—1972年间，整个"八室就仅做些常规分析及其他工作"①之时，他有如一只先知春江水暖的"鸭"，早在被靠边站的1970—1971年间，就悄悄地为科研做准备。

诚如曾宪津先生在"黄本立先生在长春36个春秋的开拓与奉献"一文所说："黄本立先生在原子光谱分析领域学识之渊博是大家所公认的，无论何时，他对该领域的研究发展动态的了解都要比他人更清楚、更全面。尤其是对国内外各种原子光谱仪器发展历史和现状的了解，恐怕更是无人能与他相比。他在原子发射光谱和原子吸收光谱两个领域都有很深的学术造诣。"②

所以，虽然他当时还无法与外国同行书信联系，但他"还是有信息来源"的。起码，应化所有一个令黄本立十分惬意的图书馆。它不仅有应化所前身伪满大陆科学院的藏书，其中不乏日本出版的书；中国科学院上海物理化学研究所1952年搬过来时，又把原中央研究院上海化学研究所的一批重要化学图书资料带来长春，英国、美国的书籍和杂志都有，连美国的《分析化学》杂志都订得较全，还及时订了新出版的杂志。应化所是东北地区化学书刊藏书最多最全的研究所。它"系统、完整地珍藏着许多重要化学、化工文献，化学领域许多重要刊物均从创刊号开始就有收藏"③。至20世纪七八十年代，馆藏中西文科技图书达8万余册，合订本期刊4万余册，订阅中外文期刊1300余种。

作为一名原子光谱分析研究工作者，他非常清楚，"在原子吸收分析方法中，火焰是最常用的使样品原子化的手段"，"但是火焰也有其缺点，例如样品溶液利用率低，被喷雾的溶液大约只有10%左右能最终进入到火焰；由于一般的原子吸收分光光度计读取读数所需时间较长，而在读数过程中

---

① 《长春应化所志》第二册。中国科学院长春应化所内部资料，1990年，第87页。资料存于中科院长春应化所档案室。

② 曾宪津：黄本立先生在长春36个春秋的开拓与奉献。见：林永生主编，《热烈祝贺我国著名分析化学家黄本立院士八秩华诞暨从事科研教育工作五十五年》。厦门：厦新出（2005）内书第（91）号，内部交流，2005年，第62页。资料存于采集工程数据库。

③ 《长春应化所志》（1948-1986）第三册。中国科学院长春应化所内部资料，1990年印。存地同①。

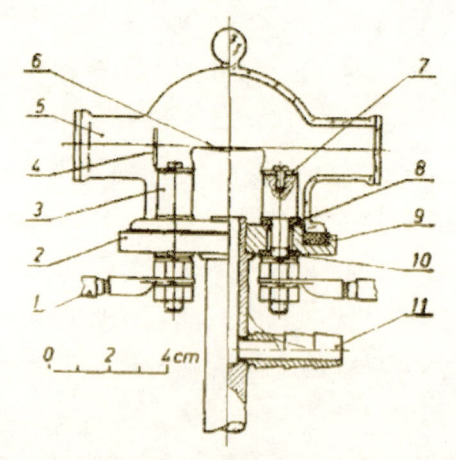

图 8-2 钽舟电热原子化装置示意图（引自《分析化学》第 1 卷第 2 期第 30 页）

"样品溶液须连续喷入火焰，以致每次测定一般需用一毫升左右的溶液，等等。这些缺点限制了灵敏度的进一步提高。"为了克服火焰的上述缺点，他十分倾心于对钽舟电热原子吸收光谱仪的研制，并在靠边站的时间内完成了这一科研项目，把文献中的钽舟装置予以改型。

这种改型后的"原子吸收分析用的钽舟电热原子化装置"，"几十微升的试样，在一窄长的钽片上蒸干后，在氩气气氛中以大电流加热实现原子化"。他和同事们"曾用本装置进行了水溶液中痕量铅的测定，获得的灵敏度为 4×10^{-12} 克；并结合溶剂萃取法对电解液中痕量铅、水溶液中铝及铜等元素进行了初步试验"，"曾用本装置对铝、铜二元素的硝酸盐实验溶液做过一些初步试验，结果表明，在氩气气氛中对铝的灵敏度可达 3×10^{-9} 克，对铜则为 2×10^{-11} 克。由此可见钽舟电热法不但是对一般易于原子化的元素有效，对像铝这样一类容易形成难以原子化的氧化物的元素也是可用的。"[①]

吉林应化所于 1972 年 4 月撤销军事管制，所里开始落实知识分子政策，补发工资。他不仅用国家补发的工资给三婶补寄了生活费，还在夏天，启动了赴东北工作后的首次携妻带女回粤探亲之行。但这时的黄本立，好像是一个被重新批准上战场的战士，颇有一点摩拳擦掌、跃跃欲试的样子。亲情固然使人留恋，但在胸中涌动的科研目标，却在频频催他返回，他哪敢在家乡多停留？所以他只稍事休息，就抖擞精神赶回长春搞研究。正因为这样，他能在"靠边站"还没结束之时，就研制出中国第一台钽舟电热原子吸收光谱仪。有关研制成果的论文"原子吸收分析用的一种

---

① 黄本立等：原子吸收分析用的一种钽舟电热原子化装置。《分析化学》，第 1 卷第 2 期，第 29-34 页。

钽舟电热原子化装置"于 1973 年 1 月 17 日寄至《分析化学》杂志社，2月就被发表在该期刊第 1 卷第 2 期上。

1973—1974 年间，黄本立顾不上自己还被靠边站，就已看准了当时在国际上刚刚上市的电感耦合等离子体（ICP）新型光源，并密切关注这方面的进展，积极地搜集研究资料。所以他能在吉林应化所的科研工作尚未走上正轨的 1974 年，就陆续做了多方研究，为开题做好了充分准备。

如今谈起这些事，黄本立说的不是自己的成果，而是当时想做事而又困难重重的焦急心情。不过，当时既没有召开什么鉴定会，更没有申请专利的概念。到了 20 世纪 80 年代，得知上海某单位举办了一个无焰原子吸收装置的鉴定会。实际上，这也就是钽舟装置，虽说他们的成果在时间上比黄本立的研究迟了十年左右，但他也只能佩服人家的专利意识了。

第九章
时不我待　硕果频出

十一届三中全会的召开，意味着科技春天的来临。黄本立从1981年起承担多项国家"六五"科技攻关项目和中国科学院重点项目。从1984年起，连续三年，几乎成了黄本立的获奖年，他的一系列成果在此期间获奖。

肩上添担子

1973年，邓小平同志复出。

1975年3月5日，邓小平在省、市、自治区党委主管工业的书记会议上强调"全党讲大局，把国民经济搞上去。"[1]。

同年4月7日，吉林应化所党委召开会议"讨论本所1976—1985年科研规划纲要"；10月17日，中国科学院责成该所"对组建稀土化学与物理研究所提出报告"[2]……这一切，有如报时的春雷、催耕的战鼓，使广大

---

[1] 《邓小平文选（1975-1982年）》. 北京：人民出版社，第4页。
[2] 《长春应化所志（1948-1986）》第1册 "大事记"。中国科学院长春应用化学研究所内部资料，1990年8月。资料存于中国科学院档案室。

图 9-1　1975 年吉林应化所第八研究室光谱组成员合影（二排右二为黄本立）

科研人员欢欣鼓舞、跃跃欲试，大有人心沸腾之势，正如当时第七研究室主任季鸣写的诗里所说："科学春天到，大家喜出征，涓流成大海，共勉攀高峰"①。

本该在研究所大显身手的黄本立，却在 1977 年 10 月至 1980 年 5 月期间，被借调到北京科学院富铁矿科研会战办公室（简称富铁办）参与编写"筹建广州地质新技术研究所设计任务书和扩大初步设计书"。1979 年还被"借"到广州去筹建广州地质新技术研究所。借调期间他也兼顾长春所里的部分工作。

就在他被借调的这些日子里，吉林应化所发生了很大的变化：

1978 年 7 月 11 日，处理"文化大革命"期间冤、假、错案，落实政策的工作已结束，知识分子政策开始落到实处。

---

① 《以揭批"四人帮"为纲把党的知识分子政策落到实处》。中国科学院长春应用化学研究所内部资料，1990 年 8 月。资料存于中国科学院档案室。

第九章　时不我待　硕果频出

8月，中国科学院恢复招收研究生制度。应化所录取31名硕士生，黄本立也正式开始了研究生培养工作。

9月8日，已着手"整顿党政和科研各级组织，在建立科研各级指挥系统中，根据科技人员的一贯表现和才干，从所、研究室（处）直到题目组长，都启用了一大批科技人员"①。

职称评定工作也得以恢复，黄本立就在这一年提升为副研究员。

12月14日，吉林应化所正式改称中国科学院长春应用化学研究所，简称长春应化所。

就在这时，广州地质新技术研究所传出风声，想让黄本立当副所长。一心只想从事光谱分析研究工作的他，一听此言心里就发怵："这官不能当，赶快撤！"他找了原吉林应化所书记、时任中科院北京化学所党委书记的张润苍。了解他的张书记说："不想当就回去吧，我看你也不是当官的料……"②

就这样，黄本立回到了长春应化所。自始至终坚信"不是共产党要斗我"的他，一旦回到实验室，回到研究工作中，就如鱼归大海、鸟飞高空，进入了"不用扬鞭自奋蹄"的状态，开始步履匆匆、马不停蹄的征程。

如今谈及这次借调之事，黄本立很为当时无法专心研究光谱分析感到遗憾。值得庆幸的是，早就把光谱分析当作事业和追求的他，即便在这样的情况下，仍然坚持阅读专业文献，坚持写综述性的文章，为日后的研究做一些准备。

1982年7月19日，经中国科学院批准，黄本立晋升为研究员。1984年，经国家学位委员会批准，黄本立成为中国第一位以原子光谱分析为研究方向的博士研究生导师，指导第一位博士生张卓勇做"新型雾化－氢化物发生"的研究。

自邓小平复出后，黄本立不仅科研工作如鱼得水，社会工作也日益繁

---

① 《以揭批"四人帮"为纲把党的知识分子政策落到实处》。中国科学院长春应用化学研究所内部资料，1990年8月。资料存于中国科学院档案室。

② 黄本立口述访谈，2012年11月29日，厦门。资料存于采集工程数据库。

图 9-2　黄本立第一次赴美参加 1982 年冬季等离子光谱会议并做邀请报告

忙。1973 年 2 月他被任命为第八研究室五组组长。1978 年 6 月，应化所重建各室、处机构，安排各室处负责人，建立科研指挥系统，布置所里三年和八年科研规划；黄本立任应化所第八研究室副主任，至 1980 年 5 月；1984 年 2 月任中科院长春应化所第十八研究室主任。1985 年，他还当上中国人民政治协商会议吉林省第五届委员会委员，至 1987 年。

令他感到高兴的是，随着国门的打开，国际学术交流日益频繁，黄本立参与了一系列国际交流活动，获益良多。

1981 年初夏，他邀请国际知名原子光谱专家、美国麻省理工大学化学系的巴恩斯（R. M. Barnes）教授到应化所讲学，之后推荐研究生王小如到 Barnes 教授处攻读博士学位。同年 12 月 30 日，受巴恩斯教授的邀请，他第一次赴美，参加次年 1 月初召开的 1982 年冬季等离子光谱会议，在会上做邀请（Invited）报告，介绍中国等离子光谱研究情况。随后顺访美国能源部阿姆斯（Ames）实验室，即到电感耦合等离子体创始人之一的法赛尔（V. A. Fassel）教授的实验室参观访问，了解他们实验室的研究进展；在阿姆斯实验室他还认识了华裔学者杨士成，后来他们有较多的学术交流。之后，黄本立顺访了美国国家标准局，直至 2 月 12 日才回国。

图 9-3 1985 年参加第二届中日分析化学会议时参观东京大学。左三陈耀祖院士（已故），左六黄本立，左七高小霞院士（已故），左八梁树权院士（已故）

1983 年他参加了在长春召开的第一届中日分析化学研讨会。

1985 年 11 月，第二届中日分析化学研讨会在东京召开，中方组织了分析化学领域一批有名的学者前往日本东京参加，同行的有陈耀祖院士（已故）、高小霞院士（已故）、梁树权院士（已故）等。作为成员之一的黄本立在会上应邀做关于 ICP-AES 方面的大会报告；会议期间还参观访问了东京大学。同年 12 月 31 日，黄本立受邀请赴美国贝尔德公司总部，为该公司培训班讲课，至次年 1 月 22 日。

黄本立觉得这种学术交流很重要，看了人家先进的东西，即便我们受种种条件限制，一时还无法都拿来用，但潜移默化，总能少走一些弯路。世界各国都是在相互学习中共同前进的，而且这种学习可能是传递式的，我们过去都学习苏联，而苏联向德国学习。在学科研究上，不同的国家各有特长，比如说，基础理论是欧洲强，但美国善于搞新技术。所以坊间有一种说法："欧洲人搞基础，美国人拿过来用。""电感耦合等离子体质谱仪"最早出自英国，但美国人做出了仪器。又如，光电倍增管是美国发明的，但日本生产得最多，日本人把美国人的发明学习吸收并改进，还实现了产业化，现在中国用的光电倍增管基本上都是进口日本的。面对面的交流，是及时向人家学习的极好机会，也是向外国宣传我国的大好时机。

透过自己和周围的变化，黄本立越来越感觉到，改革开放后的中国，知识分子更应该发挥作用，搞科学研究的人都应该负起自己该负的责任。

随着国家对科学技术越来越重视，专业书籍和各种学术期刊也越来越多，黄本立的编委工作也越来越多。1975 年，由他参与主要编译的《原子吸收及原子荧光分析译文集》，由吉林人民出版社出版。1978 年他任中国化学会《分析化学》期刊编委，一当就是 10 年（至 1988 年）。到 1980 年，他不仅被聘为《分析化学》常务编委，还被聘为中国机械工程学会《理化检验》常务编委和中国金属学会《原子光谱分析》副主编。1984 年 10 月，被聘为中国有色金属学会《分析试验室》编委。1985 年 5 月，再次被聘为中国机械工程学会《理化检验》编委，至 1988 年 5 月。1986 年被聘为中国光学学会《光谱学与光谱分析》副主编和中国机械工程学会《理化检验》化学分册编委。编辑、改稿、审稿，花费了他不少的时间和精力。

对此，黄本立不认为是浪费时间。在他看来，培养年轻人，提高国家的光谱分析研究水平，本来就是他的职责。所以，它不仅干得很乐，还把他的编委从国内当到国际：1981 年被聘为国际期刊《感耦等离子体快报》（ICP Information Newsletter）国家通讯员至今。1983 年被聘为《加拿大应用光谱学》（Canadian Journal of Applied Spectroscopy）期刊编委，至 1995 年。1985 年被聘为《光谱化学学报 B：原子光谱学》（Spectrochimica Acta Part B：Atomic Spectroscopy）顾问编委，至 1995 年。

自 1980 年 5 月起，他先后被聘为中国科学院长春分院学术委员会委员、中国金属学会理化检验学术委员会光谱分析组成员、中国光谱学会筹委会副主任。1982 年当选中国化学会第 21 届理事会理事。1983 年当选中国化学会分析化学专业委员会副主任委员，至 1991 年。1985 年 3 月，被聘为中国科学院长春应用化学研究所学术委员会委员。1986 年当选中国化学会第 22 届理事会理事，至 1990 年。他还兼任中国光学学会光谱学专业委员会副主任委员。不管任什么职务，他都认为只是在为我国的光谱事业做点工作。

为此，在 1973 — 1986 年调往厦门大学前的这段时间里，他所里所外直至国外，任务很多。既要当研究室主任，要当硕士生、博士生的导师，还要担任顾问、兼职教授，甚至被借调出去工作。更主要的是，在这段时间里，他的科研任务越来越多，承担了多项国家"六五"科技攻关项目和中国科学院重点项目，科研成果也越来越丰硕。

据此，一般人都认为，1973 — 1986 年是黄本立在应化所挑大梁的时期。他本人却斩钉截铁地否定了这种说法："谈不上挑大梁"，还一一分析，

不惜露底：①

> 我这个人，不管到哪里，只要有工作给我做，我就高兴。
>
> "文化大革命"中是工农兵学员当家，但他们中的大多数人毕竟底子较薄，搞行政还不错，但业务上相对较弱。所以一落实知识分子政策，就恢复了我们的工作，让我当组长、主任等等。
>
> 我除了带硕士生、博士生，精力主要放在科研上。其他的事，看起来很多，其实并不都很费事：兼职教授当了不少，吉林大学是真的兼了，上过课，实实在在做了工作。有的学校请你当兼职教授，目的只在显示其阵容，去应几次卯也就算了。有的单位请去当顾问，其实只想"顾"你一下，没想让你真正去"问"的。去一两次，看出是虚的，就作罢，不去"顾"了。

是的，经过"文化大革命"长期折腾的黄本立认定，不管工作如何千头万绪，他下大功夫的永远是科研，自己做，带着学生做。他充分利用参加国际学术会议开展国际交流的机会，学习他人之所长，在科研上如虎添翼。1981年他承担多项国家"六五"科技攻关项目和中国科学院重点项目，从事环境分析方法研究和我国第一批固体环境标准参考物质的感耦等离子体－原子发射光谱（ICP-AES）定值工作，并应用于松花江水系环境背景值和环境保护的研究。这一切，其实都是他进一步开拓研究疆域的体现，跟他眼界的扩大是相辅相成的。

他认为，参加国际学术会议是出国的主要任务，但不是唯一的任务，我们还必须宣传自己的国家，让外国人了解我们。1982年1月，他在美国佛罗里达州奥兰多1982年冬季等离子光谱会议上做邀请报告，介绍中国等离子体光谱研究的情况，被认为是"深度报告"。他把每一次的报告，都看成是外国人了解中国光谱分析成果的一次机会。

---

① 黄本立口述访谈，2013年5月16日，资料存于采集工程数据库。

看准了就盯住不放

在 20 世纪 70 年代,"感耦等离子体(ICP)光源在国外被认为是溶液分析上的一个突破,是最有希望的激发光源之一"。由于"文化大革命"的干扰,我国对 ICP 的研究起步较晚。当世界上"起码有六个国家、十多家厂家在生产 ICP 光源和成套 ICP - 光谱仪装置"时,这项工作在中国仍是"一项新技术",是"比较有前途的"的课题之一[①]。

脑子里始终保有"占领学科前沿"意识的黄本立,在吉林应化所的科研工作尚未回到正轨上的 1974 年,就陆续做了多方面的调研,为开题做好了一切准备。据《中国科学院应用化学研究所科学技术档案》02-77-8 号的记载,该所关于"高频感耦等离子体发射光谱分析的研究","最初是 1975 年开始筹备"的,而这一研究课题是由黄本立事先提出的,他先后完成了"开题、选题、方向指导等和建立装置的工作"。正因为有了他的一系列探究性努力,应化所的这项研究才能很快进入状态。先是吴绍祖、王素文,然后曾宪津、袁甫、闫柏珍、缪秀珍等都先后参加过这一项目的研究。

上海冶金所是国内较早做电感耦合等离子体的单位,也是中科院的所属单位,与长春应化所原本就有业务联系,交流比较方便,所以长春应化所一开始研究 ICP,首先就想到向上海冶金所取经,上冶所也热情介绍了他们的成功经验。

上海冶金所用的是上海纸品二厂用来做塑料本封皮的那种加热装置。这个装置原本是用介质加热的,属于电容耦合,也没有气体放电等。上海冶金所要把它变成电感耦合,而且要产生气体放电,对之有所改造,经过努力,该装置能点着火了。

1975 年,应化所光谱组从上海纸品二厂联系购买了该厂生产并按上海

---

① 黄本立等:发射光谱分析激发光源的一些新发展。《分析化学》,1978 年第六卷第 2 期,第 149-151 页。

冶金所的方法高频加热装置改装的 GP3.5E 型 30 兆赫电感耦合等离子体光源。试验中却"发现在等离子体'点燃'后，发生一种很响的、频率较稳（约为数百赫）的声音，对操作者及在附近房间里的同志都有影响"。学过电子学的黄本立"用示波器发现这时的高频波形是被调制的"，在当时的工作条件下，"调制深度约为50%"。他们觉得"由于该装置的高频振荡管的阳极直流电源用的是可控硅交流侧调压的三相全波整流电路，又没有用波纹滤波器，阳极电压必然会有较大的交流成分"。据此，他们"估计高频放电的声响就是由于高频电流为阳极电压的交流成分所调制，从而使等离子体的温度也跟着被调制所引起的"。于是他们"在整流电路后面接上一个4微法（6千伏）的滤波电容器。接上以后，在工作时放电声响就降到很低了，人们在光源旁边也可以低声谈话，比用一般的交流电弧光源时安静多了"；至于高频泄漏的问题，他们把 ICP 炬管和感应圈一起放到一个屏蔽箱内，并保证在箱外可以调整它们的位置，问题就解决了[①]。

改装后的仪器不仅能输出30兆赫左右的高频电流，还解决了原来存在的缺点，形成了"买主"协助厂家改善产品的新局面。此法介绍给另一单位使用，也收到同样好的效果；并且估计这个方法对其他没有用波纹滤波器的高频发生器也可能有效。这一结果，被黄本立课题组写成"降低高频电感耦合等离子体光源放电声响的简易方法"一文，1977年1月发表于《分析化学》第5卷第1期中。此文看起来只是一篇400字左右的很不起眼的小报道，实则为国内研制ICP装置提供了重要经验，引起同行们的重视。

1978—1982年，课题组就"用这套装置建立了许多种样品的分析方法，如铝合金、碳纤维、稀土合金、酒样、水样等的分析，不仅获得多项科研成果奖，还与吉林医科大学合作做过氮化钛体内埋置实验等，并用该装置完成了硕士研究生王小如的课题研究"。

对光源的研究，主要还在于应用。黄本立课题组"土法上马"，解决了上冶所未能解决的问题后，最大的问题就是如何应用了。他们先试验性

---

① 黄本立等：降低高频电感耦合等离子体光源放电声响的简易方法.《分析化学》，第5卷第1期，第44页。

地做了一些样品分析工作。后来，他们有了进口仪器，那就讲究得多了，先做地质样品，后来就参加科学院环化所牵头的一系列环境标准物质的定量分析。

所谓标准物质，就是成套样品的成分的数据都是经过很多比较权威的分析单位提供的，经过数据处理，舍掉那些误差大的，要是觉得这个单位的数据实在不行的话，干脆就不要。这种工作叫作标准物质的"定值"。和中科院环化所合作时做了好几种样品，都有用黄本立课题组用的ICP参与定值。当然，他们也用传统的化学方法或者其他的方法一起做，但黄本立他们所得的数据，基本都会被接受。所以，当该科研项目获得中国科学院的科研成果二等奖时，虽说主要完成单位是环化所，但也有应化所的份。

黄本立课题组做的工作是得到国际承认的。在1985年东京第二届中日双边分析化学研讨会上，他们的工作报告被选为大会报告之一，而且反应比较好。虽然那时已有了商品仪器，但就全世界范围来说，黄本立课题组的工作算是比较新颖、系统性较强的。

1980年5月，《分析化学》1980年第8卷第5期发表了他们的科研论文"感耦等离子体光源的研究"。此文介绍了他们"在一套已改装过的高频加热装置为电源的ICP光源上进行的关于几个主要参数对光谱性能的影响"。

1981年第11卷第1期的《分析化学》又发表了黄本立指导王小如等完成的论文——"乙醇对感耦等离子体发射光谱分析的影响"。

由于"高频感耦等离子体发射光谱法（ICPAES）具有灵敏度高、测量精度好、线性范围宽等优点，已广泛应用于地质和环境样品分析"，为环境保护做了大量工作。他们还在《分析化学》上发表了"河流沉积物中多元素的高频感耦等离子体发射光谱法同时测定""土壤和沉积物样品ICP-AES多元素同时分析基体元素的干扰及其修正""ICP发射光谱法中粉末悬浮体进样方法的研究Ⅰ进样系统及影响因素""ICP发射光谱法中粉末悬浮体进样方法的研究Ⅱ水系沉积物样品的分析"等多篇论文。直到黄本立已调入厦门大学，他和应化所同行共同的研究成果还在不断发表之中。

在交叉学科中探索

有了解决新型感耦等离子体（ICP）光源后，黄本立对 ICP 的进样方法也做一些研究，使 ICP 分析方法成为一种比较通用的方法，可用于各种各样的样品分析，甚至可以用悬浮体和气体进样。

黄本立课题组在研究原子吸收的时候，已经做了一系列关于有机溶剂对信号影响的研究。因为 ICP 是用溶液喷雾进去的，原子吸收也是用溶液喷雾进去的，两者有相同之处。他们用甲醇、乙醇、异丙醇等不同的醇类做试验时，还发现了一些规律——这种影响是和醇类中碳的数目有关系的。这样，就可以利用这个特点来提高灵敏度。而且，他们还发现，由于 ICP 所用的射频发生器的类型不一样，结果也不一样。

射频发生器一般有两种：一种是所谓自由振荡，就是完全靠振荡槽路里头的 C 和 L，也就是电容和电感的数据来决定的，这叫自激振荡器。另外一种就像无线电广播所用的射频发生器，它的频率一定要稳定，所以是用晶体控制的，这就叫作晶体振荡器。这里的频率，完全是由晶体厚薄来决定的，所以也叫激振荡器。黄本立他们发现，醇类对这两者的影响不一样，乙醇浓度甚至会对自激振荡器的频率产生影响；而这些，过去是还未被人注意。人们似乎觉得，现在好多振荡器都是用他激振荡，研究自激振荡是不是多余了？其实不然，有的商家为了要降低成本，还是会用自激振荡器的，就是不用晶体的那种振荡器。在这方面做些研究，是具有现实意义的。黄本立他们在这方面做了不少工作，也发表了一系列的文章。

黄本立的第一个专利是新型的雾化－氢化物装置。

他在做原子光谱的时候，经常用到氢化物。最早当然是用在原子吸收方面比较多，后来也用在原子荧光方面，但是原子发射光谱照样也可以用，做 ICP 的时候就曾经做过这种氢化物发生装置。

所谓氢化物发生法，就是想办法让样品中可以形成挥发性的氢化物的元素形成氢化物，比方说加硼氢化钠、硼氢化钾或者用电化学的方法，只要把它变成挥发性氢化物就行。这样做的方法，过去一般是分开的，做非氢化物元素和做氢化物元素各有一套装置。

黄本立想，我们一般是用雾化器把样品喷到雾室里头去的，但其中大概只有很细的雾滴（仅占总体积5%左右）能够进入到ICP中被利用，剩下的95%样品（比较粗的雾滴）都成废液流淌掉，浪费了大部分的样品。当然，如果用超声波雾化器，进入率可提高百分之几十，但这需要另外装一套装置。要是照样用氢化物发生的装置，是否能够用那些因进不去而流淌掉的95%的所谓废液来发生氢化物？要是能的话，在测定非氢化物元素的同时，如果也利用那些废液来产生氢化物，不是一举两得了吗？时间省了，样品也省了。

于是黄本立就设计了一个所谓雾化-氢化物发生器，这是一个有双重功能的装置。一试，对非氢化物元素的检出限一点也没有改变，甚至有一些元素的检出限还可以改善一点。为什么？因为它的雾滴比较小。另外，由于氢化物元素用的是氢化物，可以提高几十倍的灵敏度。这样一来，用的样品在容积上就可以和用常规的雾化器一样多，而不必像专门做氢化物元素时那样用上百毫升的溶液去做。做出来后，觉得不错，于是申请了专利。

在这类研究上，不能不说大学里所学的专业，确实给了黄本立很大的帮助。因为光谱分析本身就是用物理的方法来解决化学分析问题的，它与物理有着紧密的联系，所以他学过的物理知识，包括电学知识，都对光谱分析有帮助。

田昭武[①]院士非常强调交叉学科的重要性，还专门设一个奖学金来奖励这种人才，黄本立非常欣赏。因为，不同学科的交叉很重要，要是让一个纯化学家来搞光谱分析，他可能在化学方面想出很多招来，但是在物理方面，比方说在光源的改造等方面，他可能稍微考虑得少一点，甚

[①] 田昭武（1927-　），福建省福州市人。1949年毕业于厦门大学化学系。毕业后留校任教。1980年当选为中国科学院院士。曾任厦门大学校长、第六届全国政协委员和第七、八届全国政协常委。他是我国著名的物理化学家和教育家。参见厦门大学化学化工学院《任重道远继往开来-纪念厦门大学化学学科创建90年暨化工系创办20年》。厦门：厦门大学出版社，2011年。

至不考虑。

黄本立曾做过一项工作，就是光谱自动化，把光谱的测光板和计算机联用起来，这应该说是学科交叉的一个尝试。

他认为，测量光谱底板，是定量分析很重要的一部分，但又是很费劲的工作。要是能够搞出一套装置，只要把照出来的光谱底板放到测微光度计上去，就可以自动找出所需要的线，并自动帮助测量，测量完了后还自动计算含量，这不很好吗？

黄本立一旦想出一个点子，就要尝试一下。他这次的"幻想"涉及的东西太多了，要解决怎么驱动测微光度计，就得解决机械问题，让谱片台走起来；要它自动计算，就得有计算机的配合；还得有自动控制……他得一项一项地解决。

光一个控制测微光度计的谱片台怎么移动的问题，他就想了很多办法，甚至动用了当时最先进的传动装置，即所谓谐波传动。但这种装置专业性太强了，黄本立说，他当时也只能"求助于光机所"——研究这种传动装置时，他就向他们要了一个零件。这种谐波传动的齿轮，跟传统的齿轮很不一样，它是一个外齿轮与一个内齿轮配合着转，而且两个齿轮的齿数不一样，差一个齿数。这样转起来，靠的是里头的那个齿轮，不是沿着圆转，而是沿着一个带点椭圆的东西转。这种装置的材料得有一定的挠性，加工也要非常精确。这些东西，黄本立他们自己做不了，所以要借助光机所。要解决控制和计算问题，都得靠计算机。所以，从事科学研究的人，应该是全才，否则只能以协作的方式来解决。

可惜，这项工作做了一段时间后，他就调到厦门大学了，没能再接下去做。更主要的是，用照相技术来做光谱分析的时代已经差不多到头了，他的思路已转到用光电方法来解决问题上面去了。当然，这里还是一个学科交叉问题。

第十章
南下支援　开创新篇

1980年10月7日，国务院批准厦门设立经济特区，面积仅2.5平方公里；1984年3月，厦门经济特区扩大到全岛（含鼓浪屿），总面积扩至131平方公里，并逐步实行自由港的某些政策。厦门这片传说中凤凰栖息过的热土，更是张开双臂迎世界，甩开膀子朝前走。1985年1月，厦门从日本引进的一万门程控电话系统正式投入使用，成为国内第一个全市纳入数字化程控电话网的城市。从此以后，各项引进项目、中外合资项目纷至沓来，急需相关专家前来支援。黄本立夫人张佩环就是在这一背景下，作为支援特区建设的人才来到了厦门。她被福达感光材料有限公司聘为研究员、研究所副所长和副总工程师。另外，她还被厦门大学聘为兼职教授。

当年宁愿放弃赴美国留学机会而北上革命的黄本立，尽管其时已年过花甲，但他既不想接受外国公司的高薪聘请，也不愿坐等清闲享乐的退休生活，毅然来到当时薪金待遇、光谱分析科研条件都很一般的厦门大学，在十分艰难的条件下，开始了新一轮的创业历程。

面对既无科研设备又缺资金的状况，黄本立以坚忍不拔的创业精神，在两三年的时间里，连续招收了三位从美国回来的博士后。他们同甘共苦，创造条件，开展多个科研项目研究，从而打开了一个新的研究局面，直至建成一个堪称国内一流的原子光谱实验室。

"妇唱夫随"到厦门

厦门与台湾隔海相望，新中国成立后，它一直处于备战状态中，工业基础比较薄弱。原有一家感光化学厂，创建于1956年，虽有两条感光材料涂布生产线和一条钡地纸生产线，但只能生产黑白胶片和相纸，是一个资历较早却不算大的工厂。

1985年，在建设厦门经济特区的过程中，福建省和厦门市的4个单位联合起来，成立了大型内联国有企业，厦门福达感光材料有限公司，计划从美国柯达公司引进年产1100万平方米彩色感光材料生产线的全套设备和工艺，用以生产彩色胶卷和彩色相纸，以满足市场的迫切需求。这是当时福建省最大的引进项目，也是国家重点引进项目之一，总投资五亿多元，因此必须做好充分的准备。省市领导感到该厂技术力量不足，需要引进相应的技术骨干和技术人员来承担消化引进技术的任务，实现新产品的国产化。

当时项南同志主持福建省的工作。他向中国科学院提出请求，希望中科院的有关研究所能够支援厦门市的这个新企业。而当时的中国科学院院长卢嘉锡[①]，不仅出生于厦门，还毕业于厦门大学，对厦门的经济建设十分关心。他得知厦门的需求后，就与中科院所属的长春应用化学研究所领导协商，希望该所能调出适合的技术干部支援厦门经济特区建设。经协商，决定把该所的党委书记王章以及几位在化学方面经验丰富的同志调往厦门，支援厦门福达感光材料有限公司的建设。

[①] 卢嘉锡（1915-2001），福建省厦门市人。1934年毕业于厦门大学化学系。毕业后留校任教。1937年赴英国伦敦大学深造。1939年获博士学位。当年赴美国加州理工学院追随两度获诺贝尔奖的鲍林教授从事结构化学研究。1945年回国后历任厦门大学理学院院长、副教务长和副校长等职。1960年任福州大学副校长和中国科学院福建物质结构研究所所长。1981年任中国科学院院长。1985年当选第三世界科学院院士，1988年当选该院副院长。1988年任全国政协副主席。1993年任全国人大常委会副委员长。他是我国著名的物理化学家和教育家。参见中国老教授协会：《大师风范》。北京：高等教育出版社，2014年。

图 10-1　1985 年张佩环（左三）与卢嘉锡（左二）院士等合影

黄本立的夫人张佩环原来在光机所工作，后来调到长春应用化学研究所搞研究。她曾在光学玻璃和激光器的国产化研究工作中做出过很好的成绩，积累了丰富的经验。长春应用化学研究所领导征求张佩环的意见，问她是否愿意去厦门，她表示如果是组织需要，她个人愿意服从。卢嘉锡院长找她谈话时说："你同意去了，很好；可以到福建省先看看，回来再确定。如果你到那儿干了一阵又不想在那儿了，你就去找张局长（时任科学院的人事局局长），张局长会给你安排"。张佩环回答说："您放心好了，我要去，我就绝对不会说要再回来。"① 就这样，她到了厦门福达感光材料有限公司。

按原先的方案，黄本立也将和她一起调入该公司，公司方面想让他从事国际市场销售工作的。因为他英语好，又喜欢照相，与外国人打交道容易沟通。黄本立自然对特区建设这一新事物很感兴趣，但他并不希望夫妇二人同在一个单位工作，更何况要他干的还不是他的专业工作，他因此而犹豫着……

---

① 张佩环口述访谈，2012 年 7 月 4 日，厦门。资料存于采集工程数据库。

图 10-2　1988 年黄本立伉俪与厦大技术科学学院院长吴存亚教授伉俪合影于胡里山古炮台

　　就在此时，他们在长春时就比较熟悉的、当时已任厦门大学技术科学学院院长的吴存亚①教授得知他的情况后，就竭力向当时的厦门大学校长、中国科学院学部委员田昭武先生推荐黄本立。1982 年 2 月至 1989 年 4 月，田昭武任厦门大学校长。他深知厦大的分析专业很需要光学分析方面的人才，特别是陈国珍先生调到北京，他在厦门大学只能是兼职教授，厦大要想申请分析化学专业博士点，就必须引进一个本专业的博士生导师。田校长认为，黄本立来厦将是一个很好的机会，就非常高兴地接受了吴院长的推荐，想把黄本立调入厦门大学。

　　田昭武只在中国化学会的会议上见过黄本立，二人并不熟识；但他知道，长春应化所是我国建立得很早的一个研究所，比较出名；他也知道应化所有黄本立这么一个人，知道他在该所工作了很长时间，科研工作做得很好，也参加过很多培训班的工作，对全国的分析化学人才的培养起了很

---

　　① 吴存亚（1920- ），福建省莆田市人。1945 年毕业于重庆新闻学院研究生部。1946 年赴英国皇家空军学院学习雷达。回国后曾先后在北京大学、清华大学、哈尔滨工业大学和吉林工业大学任教。1985 年调入厦门大学任技术科学学院院长。参见百度网。

大的作用。既然他现在有了来厦门大学的可能，田校长就很想把他争取过来。这既是厦门大学的需要，也是"应该"的。因为厦门需要他夫人这个人才，已经把她请来厦门工作，他也是快退休的人了，那么大年纪，你还能让他们分居两地或改行？

但是，没想到材料递到人事处后，人事处并不同意——他们说，这个人已经到了退休年龄了，现在把他调过来，他大概只能工作一年就要退休了，我们却要一直付他的退休工资，不合算。

作为一校之长，田昭武不会强行干预人事部门按照规定所做的工作，但他认为黄本立是个不可多得的人才，于是就竭力说服人事处。他说："对人才怎么能这样来衡量呢？要考虑的是，这个人是人才或不是人才，以这点来决定你人事处要不要这个人。这里有个突破年龄限制的问题，年龄太靠近退休了，一般不能要，但太绝对了，可能就会丢掉一个很重要的人才。"[①]

经过一段时间的联络、磋商，黄本立在 1986 年 6 月正式调入厦门大学工作。他的这次调动自然没有当年北上那么顺利，但足以让我们见识了什么叫伯乐式的领导，也见识了什么叫人才。田校长虽然说服了人事处，但这里牵涉到一个突破相关政策的问题，田校长也不好打包票，只能怀着希望关注着结果。

拐个弯回到本专业

时任厦门大学技术科学学院院长的吴存亚教授，力荐黄本立进厦门大学工作，不仅看中黄本立在科研上的能力和成就，还想让他担任技术科学学院副院长兼材料系主任，充实学院的领导力量。黄本立却觉得自己不是当"官"的料，婉言谢绝，表明更愿意只当一名教授，招几名研究生，有

---

① 田昭武口述访谈，2012 年 11 月 30 日，厦门。资料存于采集工程数据库。

条件时做一些科研工作。正如他在 1985 年 12 月 14 日给吴存亚院长的信中所写的：

> 谢谢您在北京两次打电话给我，我从北京回长春后，杂事太多，简历到今天才写好，现寄上，请审阅。佩环告诉我，你想叫我当副院长和材料系主任，承蒙错爱，不胜感激！不过我想要是要我当副院长，在某些工作上当您的助手，还可以对付。至于材料系主任，恐怕我这个"四不像"是当不好的。因此我想我是否只当一名教授，用我的名义招几个研究生，有条件时我也可以做些研究工作。①

中国人爱说天道酬勤，机会确也像特别惠顾在光谱分析领域默默耕耘了三十多年的黄本立似的，再加上田昭武校长的知人善任，黄本立调入厦大技术科学学院不久，自己还没考虑，就有了转入化学系的机会。

其实，厦门大学化学系分析化学专业当时正在筹划建立博士点，学校聘请原任化学系主任、校长助理、后任国家海洋局副局长的陈国珍回校担任兼职博士生导师。学校领导于是将已是博士生导师的黄本立与陈国珍等老师的材料一起向教育部申请组建厦门大学分析化学专业博士点，不久后获得了教育部的批准。

正当校领导考虑如何借助黄本立的能量，把厦门大学的分析学科带起来时，人事部门的工作人员却通知已过了 60 岁的黄本立去参加动员退休的会议。黄本立自觉地去参加会议了——这可是他调入厦门大学后参加学校召开的第一个会议。如今回忆起这段小插曲，黄本立也觉得很有趣。其实，他并没有把人事处请他参加动员退休会议的事放在心上，因为当时的他，满脑子想的是如何做好准备，以便有条件开展科研工作。

1987 年 9 月，黄本立招收了一名分析化学专业的博士生林跃河。这是他到厦门大学后招的第一位博士生。

厦门大学分析化学专业博士点申请通过后，陈国珍可以招收一名分子

---

① 黄本立给吴存亚的去信，1985 年 12 月 14 日，长春。资料存于采集工程数据库。

光谱分析方向的博士生，黄本立可以招收一名原子光谱分析方向的博士生，不久后再建立博士后流动站，这样就使得厦门大学化学系分析化学专业的实力大大增强。

厦门大学化学系分析化学专业组建于 1952 年，由当时的化学系系主任陈国珍教授挑头，成立了分析化学教研室，并确立了仪器分析的专业方向，成为我国高等学校中最早设立的分析化学专业之一。到 20 世纪五六十年代，该专业已发展成为包含分子吸收与发射光谱分析、原子吸收与发射光谱分析、电化学分析和色谱与分离分析等几个实验室，仪器设备和科研成果在国内都有一定影响，逐渐形成仪器分析门类齐全，既能开展理论研究、又能研制分析仪器的有特色的专业基地，成为我国分析化学领域中一支基础好、力量强、成果多的生力军。如今，分析化学专业博士点的建立，更是使这个专业如虎添翼，实力大增。

在这种情况下，学校自然要考虑把黄本立从技术科学学院调入化学系。能够回归专业，黄本立也很高兴，但他是个讲义气的人。他想，如果这样刚来不久就拍拍屁股跑到化学系去，自己自然很遂意，但对吴存亚却不够仗义。所以他就对田校长表示，能不能让自己先在技术科学学院呆一两年，先做做工作，待您慢慢跟吴存亚沟通好了，等他没有意见了自己再到化学系去？黄本立还表示："但是在我来化学系之前，博士生可以算是化学系的。"[1] 田校长说："可以，我跟吴先生谈得来，这个问题会解决好的。"[2]

果然，黄本立在技术科学学院工作了两年之后，吴存亚先生也觉得，他在化学系可能更有利于其科研工作的展开，应该让他回归本专业，就同意他转系。就这样，到 1988 年，黄本立就正式转到化学系工作。

回头想想，如果黄本立按原来的方案到感光公司去，当时的生活待遇肯定要比在厦门大学好，因为那时厦门大学教授的待遇还不如厦门市的高中老师，但对热爱光谱事业的黄本立来说，他将为无法继续他的光谱分析研究工作而留下一个深深的遗憾；对厦门大学来说，也是一个不小

---

[1] 因为当时厦门大学技术科学学院还没有博士点。
[2] 黄本立口述访谈，2012 年 12 月 4 日，厦门。资料存于采集工程数据库。

的损失。

所幸的是，黄本立到厦门大学之后，特别是调入化学系后，按田校长的说法，"实在是不负我的希望"。因为他来的时候，厦门大学还很穷，没有多少钱能够支持他。但搞光学分析是需要仪器的，没钱咋办？黄本立就试着联系一些国外仪器公司。国外仪器公司知道黄本立在国内光学分析方面的地位，而且在长春时早已和他打过很多交道。仪器公司考虑，只要黄本立他们用某个仪器做出成果，那对仪器公司来讲是一个很好的宣传，将很有利于自己打开中国市场，所以他们也很乐意把一些仪器赠送给厦门大学。两利之事，何乐不为？一谈就成。黄本立没有靠学校多少支持，很快就把工作开展起来了。

当然，光有仪器还不行，还需要人。黄本立后来把人也引进来了，很快争取了两个比较得力的干将：一个是王小如，一个是杨芃原。

田昭武院士回忆说：

> 王小如来之前，另外一所学校也想要她，而且给她一个比较高的职位，就是说要给她一个比较高的职称。我们却觉得，应该先看看她实际工作如何才能决定给她什么，就告诉她说："你要来厦门大学，那么你得不到那个职称，比那个要低一级。但是如果你做得好，我们会很快给你提升上去。"王小如考虑到厦门大学的力量，也考虑到黄本立在这里，最后还是宁可就低不就高，来厦门大学了。来了以后，表现的确不错，我们很快就提拔了她。
>
> 一个人才来了，后来再带来了一拨人才，把光谱分析这一摊子带动起来了。当然，我们说的是黄本立这个人才，但也不能够期望我们引进的所有人才都是能够发挥这么大的作用，有的并不这样。①

---

① 田昭武口述访谈，2012 年 11 月 30 日，厦门。资料存于采集工程数据库。

第十一章
追赶前沿　再接再厉

短短几年，黄本立在厦门大学从无到有地建成了一个在仪器设备水平和研究工作水平上都堪称国内一流的原子光谱分析实验室，带着一支颇为壮观的队伍，奋发苦干，战果频传，得到光谱学界的普遍好评。

他把荣誉视为责任，从此与他的博士后"同事"及研究生们一起，齐心协力搞研究，建立了流动注射电化学氢化物发生法，使氢化物发生不必使用硼氢化物，引起同行们的广泛关注。接着他又开展强电流微秒脉冲供电（HCMP）空心阴极灯激发原子和离子荧光分析法的研究，使包括一些稀土元素在内的多种元素的检出限改善了几倍至几十倍。

他不想当官，只想从事科研工作，但自觉为社会分忧。

建设国内一流的光谱实验室

黄本立刚调进厦门大学的时候，无论从哪方面说都是比较艰苦的。

当时，他们一家只能住在感光公司分配给张佩环的一套住房里。房子在莲花，离厦门大学有近十公里，他每天上下班都要挤公共汽车。那时没有莲花到厦门大学的直达车,所以还要在火车站转一次车。在路上得耗费一个多小时不说,在公交车上,他的挎包还曾被小偷割破过7次,换过3个包。直到1997年厦门大学在白城给他分配了一套住房,他们一家才搬到厦门大学本部。

1986—1988年,黄本立在长春应用化学研究所招收的研究生张卓勇、杨金夫、段忆翔、刘健等都尚未毕业,虽然对他们的日常管理工作可以托付给曾宪津去做,一般的指导也可以通过信件来进行,但每年总得往长春跑两三次,给他们的学习、实验和论文写作以具体指导,该所因此聘他为兼职研究员。当时厦门和长春之间还没有直飞的航线,中间要停杭州、合肥,或在上海转机,比较累人。而此时的他,在应化所原来的住房已经退了,所里只能临时分配给他一个一室一厅的小单元,还有一个厨房,让他回长春时有个住所,还可做点爱吃的饭菜。不过,他多半还是在食堂吃,觉得这样比较省时间。直到1988年,他才结束这种两头跑的生活。

尽管如此,黄本立还是想要尽快地投入到在厦大的研究工作。但此时的他,光杆司令一个,两手空空,没人没钱,一点实验基础都没有,怎么开展分析科学的研究?他想来想去,首先得跟一些以前业务上有往来的仪器厂商联系。通过几次联系,他得知一个信息:美国贝尔德公司有一台价值十几万美元的等离子体原子荧光仪,以折扣价卖给上海某单位。因这是一台展览过的展品仪器,上海的这家单位向贝尔德公司提出了更换一台全新仪器的要求。贝尔德公司为了要保持与中国客户良好的关系,便答应换一台全新的仪器给他们。新的仪器运来后,按理说那一台旧的仪器应该退还给贝尔德公司。贝尔德公司经过商量讨论,决定把那台旧仪器赠送给黄本立。贝尔德公司国际部负责人普安地(Andy Priede)于是对黄本立说:"黄教授,你现在如果需要的话,这台旧的仪器就拿去吧!别的仪器现在暂时还腾不出来,这台就送给你了"[①]。黄本立高兴地"笑纳"了。

黄本立按贝尔德公司提供的地址去上海的那家单位,准备去领取那台本该退还给贝尔德公司的仪器。哪想真要去领那台仪器时,却挺费周

---

① 黄本立口述访谈,2012年12月4日。资料存于采集工程数据库。

折——该单位扣住仪器不放。黄本立很诚恳地对该单位管设备的人员说："其实这台仪器现在已经不是你们的了，贝尔德公司将它送给我了，你要是扣住仪器不放就应该跟我们厦门大学打交道，因为我们有接受贝尔德公司捐赠仪器的文件，打起官司来，大家都不好……你们新的仪器已运来了，用新的仪器肯定比较舒服。我们无所谓，参展仪器出了什么毛病，我们想办法再把它修好……"可以说是晓之以理、动之以情，软中有硬，硬而又诚恳，扣仪器者无言以对，连贝尔德公司的一位安装工程师，在旁边听了都很感动，他对黄本立说："教授，你这回真是动感情了"。也许是受到黄本立真情的感动，那个单位设备部门的人员才勉强同意交出这台仪器[①]。

将这台仪器运回厦门大学还算顺利，黄本立视之为宝贝，凡事亲力亲为，找货运卡车师傅，包装运送，每个环节、每个注意事项，他都交代了又交代，唯恐有什么闪失。这台仪器终于安装在厦门大学技术科学学院所在的凌峰楼内，在贝尔德公司派来的装修工程师的协助下，调试工作马上开始，进行得很顺利。看着这台来之不易的仪器，黄本立很是高兴——终于可以在厦大开展一些研究工作了。这时，他在厦大招收的第一个博士生林跃河也报到了，很快就开始在这台等离子体原子荧光仪上做实验。

有了仪器之后，还要配溶液才能做实验。因为自己没有配溶液的条件，当时做实验用的溶液都要到附近的分析测试中心请庄峙厦老师协助配制，还要借用他们的原子吸收光谱仪做原子吸收方面的实验，这样才基本上解决了研究生做实验的问题。

基本仪器有了，第一个博士生到位了，工作也开展起来了，但黄本立还感到不满足——只有一两个人，哪能算是一支队伍？

此时，黄本立在长春应化所时带的硕士研究生王小如已从美国马萨诸塞大学阿默斯特校区（UMass Amherst）获得博士学位，当黄本立知道她正有回国工作的打算时，就动员她到厦门大学来。王小如到厦门大学做了一

[①] 黄本立口述访谈，2012 年 12 月 4 日。资料存于采集工程数据库。

番考察，虽然觉得条件不太好，但她还是决定于 1988 年回国到厦门大学做博士后研究工作，跟随原来的导师干一番事业。

紧接着，在美国马萨诸塞大学获博士学位的杨芃原也来了。杨芃原本科毕业于内蒙古大学化学系，硕士生导师是倪哲明教授，她和黄本立有较多的联系。杨芃原的基础扎实，动手能力强，具有很好的科研能力。

不久后，从厦门大学化学系分析专业本科毕业后到美国爱俄华大学（University of Iowa）获得博士学位的袁东星也加盟进来，她擅长样品的分离技术。

一个新的博士后流动站一下子来了三个洋博士做博士后研究工作，一下子震动了全国。当时的一些媒体都进行了相关报道。

随后又来了一位从上海冶金研究所毕业的朱尔一博士，他是搞化学计量学的。还有一位也是从美国马萨诸塞大学获得博士学位的邓志威也来了。

在短短的两三年之内，有五位博士进站做博士后，队伍显得十分壮大。后来还来了一位在巴基斯坦获得硕士学位的巴基斯坦学生梅安（M. Anwar Memon）也来攻读博士学位，还有每年招的硕士生、博士生，实验室一下子热闹起来。由于梅安当时汉语听力不佳，黄本立还专门为他一个

图 11-1　1990 年黄本立与第一批博士后们合影（左起王小如、袁东星、黄本立、杨芃原）

人用英语开设原子光谱分析课；没想到这门课的旁听生竟达九人。

  人多了，只有一台仪器，肯定不够用。黄本立和几位"洋博士"又想方设法利用他们这个群体的影响力与以前常打交道的一些仪器厂商联系。经过一番努力，陆陆续续得到了国内外几家仪器厂商的赞助。他们有的是送仪器，有的是借仪器。名义上是借，但借期没有规定，而且有些仪器使用一段时间后还可以运回去再换一台新的。还有的是和仪器公司建立联合实验室，开展一些科研合作。通过与仪器公司建立双赢互利的模式，这样就解决了仪器不足的问题。

  据统计，这段时间内获赠的大大小小仪器差不多价值五六十万美元，其中除了贝尔德公司的那一台等离子体原子荧光仪外，还有一台也是贝尔德公司的等离子体发射光谱仪、一台瓦利安公司的原子吸收分光光度计、一台流动注射分析仪和一台高效液相色谱仪等。

  至此，有了一支不小的队伍，又有了一定规模的仪器设备，局面打开了，可以干一番大事业了，用黄本立的话说，"算是初具规模，可以搞点研究工作了！"他感到无比欣慰。

推陈出新见成果

  在原子吸收光谱、原子发射光谱和原子荧光光谱等分析方法中，为了分析测定某些能够产生挥发性的氢化物的元素，人们常将这些元素还原成为氢化物，使它们与基体分离，从而起到分离和富集的作用。一般是采用硼氢化物，如硼氢化钠或硼氢化钾做还原剂，但因为中国的硼氢化钠比硼氢化钾贵，所以我国多用硼氢化钾做还原剂。在系统中加入硼氢化钾和酸，就能生成氢化物，达到分离和富集的目的。

  早在20世纪80年代，黄本立就与他在长春应用化学研究所的同事曾宪津及博士生张卓勇等，在这方面开展过许多研究工作，发表过多篇论文，如《分析化学》1987年第9期发表的"砷、锑、铋的非水介质氢化

物发生 – 高频感耦等离子体原子发射光谱分析的研究",《分析化学》1989年第10期发表的"萃取 – 非水介质氢化物发生 –ICP–AES 中的干扰及 Ni–Fe 基合金的分析",《光谱学与光谱分析》1989年第4期发表的"氢化物发生 – 高频感耦等离子体原子发射光谱分析中干扰的研究",《光谱学与光谱分析》1990年第4期发表的"啤酒和岩石样品的氢化物发生 – 高频感耦等离子体原子发射光谱分析"和《光谱学与光谱分析》1991年第2期发表的"氢化物发生技术中化学干扰的研究进展"等。

要产生氢化物还可以用另一种方法来实现,那就是用电化学方法中的电解法。电解产生的新生氢与这些能够产生氢化物元素的原子结合也能获得氢化物。这种方法最早是在20世纪70年代由一位苏联化学家提出的,他把样品放到电解池里通电流,从而产生新生氢。但他用的这种方法在使用上很不方便,因为更换样品的时候要把电解池拆开来清洗干净,然后再把第二个样品放进去。如果要更换另外一个电极,那就得把电解池拆开,更换电极,更加不方便。如果要测定的是大批量的样品,工作量之大可想而知。

黄本立来厦门大学后招收的第一个博士生林跃河,从北京大学本科毕业后,来厦门大学攻读硕士学位,导师是化学系从事电化学分析研究的张

图 11–2　1991年黄本立在德国 Überingen 与 Alan Walsh 伉俪、Walter Slavin、倪哲明等共进晚餐

荣坤教授。他的硕士论文，做的就是有关电分析方面的题目。黄本立觉得他在电化学分析方面有一定的基础，就让他做氢化物电解法方面的工作。那时研究组已经有了一套外国仪器公司赠送的流动注射的装置，王小如博士觉得氢化物电解法可以与流动注射技术结合起来，用流动注射的方式来进行电化学的氢化物发生。经过一段时间的努力，林跃河试制成功一个非常巧妙的流动池，在流动池中间加了一层离子交换膜，上面再压上一层电极板，这样气体能通过而液体过不去。这种流动池可以实现连续进样和连续换样。更换电极也比较容易，阳极可以取出更换。利用这个自主设计的流动池，林跃河还做了很多元素测定的实验，对方法的各种条件做了较深入的研究。

他根据这一系列工作写成的研究论文1991年6月在挪威第27届国际光谱会议上做了口头报告，1992年3月在英国皇家化学会旗下的 *Journal Analytical Atomic Spectrometry* 上正式刊发，论文的题目是 *Electrochemical Hydride Generation Technique for Atomic Absorption Spectrometry*[1]。文章发表

图 11-3 1991 年参加第 27 届国际光谱会议（左起黄本立、张展霞）

---

① *Journal Analytical Atomic Spectrometry*. March 1992，Vol.7，287-291。

后反响很好，在很短的时间内国际上就有几十个同行引用。另外还有几个研究小组按这篇论文的思路继续做了一些工作。

黄本立还有一位1998年招收的博士后叫郭旭明，对氢化物发生法也很熟悉。他接着在把电解法用于其他氢化物发生的方法方面，进一步深入地做了很多工作，还在《光谱学与光谱分析》杂志上发表了一篇题为"氢化物的气相富集及其在超痕量分析中的应用"的论文[①]。

应该说，第一个提出用电化学法来产生氢化物的是苏联人，但是我们中国人却是第一个用流动注射技术来实现产生氢化物的，而这正是黄本立领导下的科研团队。"电解法氢化物发生"这项工作，得到了国际同行的肯定，在国际上产生了一定的影响。无论在欧洲、美洲或者国内，都有一些研究小组在这方面接着做出一些成绩，这就说明这项工作为后人的研究打下了基础。这一方法不仅使用方便，而且使用的试剂量少，只要不到一个毫升的样品就可以进行测定。只可惜当时厦门大学没有更完善的机械加工的能力，未能根据这一原理制作成一台像模像样的仪器装置。

微秒级强电流脉冲（HCMP）供电辉光放电是林跃河的博士论文的另一部分。空心阴极放电是一种特殊的辉光放电，作为原子吸收或原子荧光光源的封闭式空心阴极灯，多半都是用脉冲电流供电，也有少数的厂家用的是直流电供电。在原子吸收光谱仪中使用的空心阴极灯一定要经过调制。调制有两种方法，一种是用机械的方法，采用斩光器（chopper），即用旋转档板令光线一闪一闪地过去，而不是让恒定的光束一直通过去。但是更多的是用脉冲供电的方式，它的脉冲宽度一般为毫秒级，即千分之几秒。

用贝尔德公司的那台等离子体（ICP）原子荧光仪来做能产生不容易解离的氧化物或氢氧化物的元素（即所谓"耐热元素"，refractory elements）测定时，灵敏度显得比较差。因为它用的原子化器是温度比化学火焰高的感耦等离子体ICP，以致进入其中的样品有相当一部分被电离而使处于基态的自由原子相对减少，从而降低了原子荧光的灵敏度。为了降低它变成难以解离的化合物的程度，厂家建议在适当降低ICP功率的同

---

① 综述文章。《光谱学与光谱分析》，2000年第20卷第4期，第533–536页。

时，可以加入一些还原性气体，如丙烷或酒精，但效果仍然不是很好。

黄本立早在长春工作的时候就思考过，能否在这类仪器上干脆不测原子荧光，而测离子荧光。1986年他在夏威夷开会期间，把这一想法告诉杨芃原，对他说："你能不能考虑一下做这个离子荧光"。杨芃原后来用普通的空心阴极灯试做过一两个元素，证明黄本立的想法是可行的。经分析，这个想法是有道理的，因为等离子体的温度比一氧化二氮或乙炔那样高温的火焰还要高，完全可以测出离子荧光。

一般市售原子吸收光谱用的空心阴极灯，总得尽量设法把它的原子谱线强度搞到最大。空心阴极灯阴极腔的直径和它内部惰性气体的压强，都会影响其原子谱线和离子谱线的强度分布。但在做原子吸收光谱分析时，一般都希望它尽量没有离子谱线。这就不太方便用来做离子荧光。黄本立想到，要是加大电流密度，那它就有可能使离子谱线增强。而加大电流密度后空心阴极灯能否承受得住？黄本立陷入深深的思考之中。

他想到，唯一的办法就是把脉冲的峰搞得窄窄的、高高的，即把原来用的毫秒级的脉冲再搞窄。强将手下无弱兵。杨芃原和杭纬理解了他的意图，动手做出了一个能够产生微秒级脉冲的可调式电源，并让林跃河去做实验，结果做出了非常满意的结果。黄本立的想法又一次得到了证实。该项成果写成题为"空心阴极灯在强短脉冲供电时元素离子线的时间分辨光谱"一文1991年发表在《分析化学》第19卷第3期上。

采用这个方法，可以获得平时用毫秒级的脉冲激发得不到的离子谱线，而且可将原来很弱的离子谱线增强很多。在离子谱线增强的同时，原子谱线也得以增强，特别是那些激发电位比较高的原子谱线增强得更多。做氢化物发生的那些元素，多半是一些类金属，这些类金属的谱线多半都是激发电位比较高的。

稀土元素对中国来说是产量较大的元素，对国家具有特殊的战略意义。小平同志说过："中东有石油，咱们有稀土。"因此稀土元素分析显得特别重要，也引起黄本立的浓厚兴趣。日本人向我国大量购买氧化钇，其目的之一是要从中提取共生的铕（Eu）。氧化钇中铕含量的多寡直接决定了氧化钇的价格，铕含量越高，它就越贵。因此首先要抓住这个铕。通过采用上述方法，黄本立研究组发现可以把铕的感耦等离子体离子荧光检出限改善很多。另一方面，他们也发现使用 HCMP 供电的空心阴极灯可以使氢化物元素的原子荧光检出限得到明显改善。

水到渠成当选院士

鉴于黄本立在光谱分析学科方面的重大成绩和贡献，1991 年就有人推荐他参加中国科学院院士的遴选了。田昭武院士也觉得他在光分析方面的研究成果突出，非常赞成推荐他，就对他说："你准备一下材料，我们准备推荐你当学部委员。"当时还叫学部委员，后来才改称院士。黄本立感到很吃惊，因为在他看来，学部委员是高不可攀的，他来厦门大学工作没几年，也只是想安安静静做点科研工作，从来就没想过这件事。但是既然田院士这样说了，他也就认真准备了上报的材料，把它交了上去。交了也就完事了，他也没再去想此事，好像跟他无关似的，该干啥干啥。

黄本立按原计划出差去了，当他从外地出差回来后，夫人张佩环告诉他："田校长从北京打来电话，问你'是不是外国仪器公司的代理人？'"田昭武当时已不当校长了，但张佩环习惯这样称呼他。原来，在选举学部委员的时候，前两轮黄本立都顺利通过了，到了第三轮，有人提出"黄本立是外国仪器公司的代理人"。田昭武本想先问清楚，再做些说明。没想到他本人出差去了，他夫人张佩环虽然心里清楚他不是，但因为自己拿不出有力证据证明他不是外商代理人，所以就很负责任地回答说："我不知道他是外商的代理人"。她既不说他"是外商的代理人"，也不能说他"不是外商的代理人"。这样一来，由于得不到黄本立本人的有力的证明，那一年黄本立就没被选上中国科学院学部委员了。

黄本立想：我是跟外国仪器公司有很多联系，要不然我拿不到那么多仪器。但是说我是代理人，我怎么代理？代理是要给我钱的。可是我一个钱都没收，出国的时候帮他们做事，甚至有时候还要自己贴钱。不过没关系，他本来就没想着要评院士，没评上自然也不觉得失去什么。

其实，评委们是抱着一种想法：宁可少选一位院士，也不能误选。但是黄本立呈现在评委面前的丰硕的科研成果，早已让大家记住了这位不仅有长春36年的丰厚积淀，又能在花甲之年再攀高峰的科研工作者。

到了1993年，黄本立再次得到推荐。于是田昭武院士又对黄本立说："你再准备，补充一下，这两年你有什么新的东西补充进去。"黄本立原封不动地找出原来的那份材料，再加上一份"补充材料"，将它们一并提交。材料报上去后，选举讨论的过程是保密的，他自然什么也不知道。后来，他得知自己选上了中国科学院学部委员。

田昭武院士在接受采访，谈起此事时却说：

> 黄先生评选院士的时候，我当然是很支持他的，但当时推荐他的人倒不是我。当然，我在会上做了一些补充，把他来厦门大学后怎样自力更生，把厦门大学这个分析化学摊子开展起来等这些事都说了。大家听了都觉得，我这个补充是可信的，也加深了大家对黄先生的认识，所以后来他就得以全票通过了，整个过程还算比较顺利。①

事实确实如此。黄本立1991年没评上，不是因为成果不够，而是由于误会。而这误会，恰恰体现了当时的评选过程的严肃与公正。到了1993年，误会消除，再加上田昭武院士的据理力争——他的"力争"，一靠提供更多的科研成果，二靠进一步阐明黄本立的研究在中国分析化学专业的地位，特别是他为我国光分析方面的发展做出了开创性的工作。为此，他向参加投票的院士们说明：我国当时分析化学专业的学部委员差不多全部是电化学分析方向的，而光化学分析方向的一位都没有，这不能够代表我们中国整个分析化学专业的实际情况，应该使光分析化学方面有一位学部委员。他分析得有理有据，评委们纷纷表示赞同，最终黄本立以高票获得通过，水到渠成地成为我国第一位以原子光谱分析为研究方向的中国科学院院士。

---

① 田昭武口述访谈，2012年12月。资料存于采集工程数据库。

马不停蹄　扩大成果

黄本立知道，院士称号是一种学术荣誉，更是一种责任。他很想在原有的基础上继续努力，马不停蹄地扩大过去的战果，更快地做好自己想要做的事。不过自从进了"古稀"行列后，黄本立越来越觉得，要做的事太多，力不从心将成必然。自己应该从研究工作的一线逐步退居二线，以便给中青年后辈留出更大的科研空间，让他们在独当一面的研究中，更快地成长为学术带头人。

有了这一"想法"后，在此后一个较长时间段内，他的主要工作多半是围绕着以下两个方面来进行：一是在以往从事氢化物电解法发生工作的基础上继续深入探讨，取得更多更好的成果；二是在过去工作的基础上从事强短脉冲供电的空心阴极灯激发的离子或原子荧光光谱研究，并扩大范围应用到质谱分析中。除这两方面之外，他还带领学生们在色谱分离分析和联用技术等方面开展了卓有成效的工作与探索。

而且，不管从事的是哪一项研究，他的工作方法都有所变化：在科研组里，他会就提出的课题发表自己的看法，也常就科研中出现的问题与他人交换意见，但决不将自己的意见强加于人，即使他觉得按某种的意见去做可能行不通，甚至真的行不通了，他也从不完全否定或一味责备。因为他觉得，年轻的科研工作者通过探索与实践所总结出来的经验教训，将是他们迅速成长的最好养料。

对于前一项工作，原来林跃河的博士论文涉及两个方面的内容，一个是电解式的氢化物发生，另一个是强短脉冲电源做离子荧光。论文完成后林跃河于1991年毕业了。黄本立的另一位博士后叫郭旭明，原来是郭小伟的硕士生，对氢化物发生法也很熟悉。黄本立指导他接着在林跃河工作的基础上把电解法和其他氢化物发生的方法方面，进一步深入地做了很多工作。郭旭明先在2000年第4期《光谱学与光谱分析》杂志上发表了题为"氢化物的气相富集及其在超痕量分析中的应用"的论文。接着郭旭明和研究生李淑萍一起对林跃河设计的电解池进行了改进，加长了流路的管长，有效地提高了电解池的效率，并应用于原子荧光光谱分析中。这项工作写成题为 Design and Performance of a Novel Electrolytic Cell with Microchannel Electrodes for Electrochemical Hydride Generation Atomic Fluorescence Spectrometry —— Preliminary Report 的论文，发表在 2004 年第 49 卷第 6 期的 Canadian Journal of Analytical Sciences and Spectroscopy 期刊上。

郭旭明进一步将氢化物电化学发生法扩大到非氢化物元素的测定，如在室温和水溶液中无需使用一氧化碳即可测定镍。此项工作写成题为 Nickel Vapor Generation without Using Carbon Monoxide 的论文，以墙报的形式在 1999 年 9 月于土耳其安卡拉举行的第 31 届 CSI 上张贴，引起与会专家的广泛重视，后于 2000 年正式发表在 Spectrochim. Acta 的 55B 卷的 943 页上。

第二项工作强短脉冲供电的空心阴极灯激发的离子荧光光谱研究也是林跃河的博士论文的另一个方面的内容。林跃河毕业后，就由黄本立后来的几位博士生如弓振斌、张绍雨以及博士后谢永臻等人将这方面的工作继续往下做，得到的结果都很好。像氢化物发生的那些元素，他们做了五六个，灵敏度都有不同程度的提高，最高的可达七八倍。他们前后发表的论文有：1994 年 11 月《云南大学学报（自然科学版）》第 16 卷增刊（2）的"强短脉冲供电的空心阴极灯激发离子/原子荧光光谱研究"、1995 年 7 月《高等学校化学学报》第 16 卷第 7 期的"强短脉冲供电时空心阴极灯的放电特性研究"、1997 年 6 月《光谱学与光谱分析》第 17 卷的"强短脉冲供电辉光放电发射光谱法测定铜基合金组分的研究"、1997 年 10 月《光谱学与光谱分析》第 17 卷的"强流微秒脉冲供电 Yb，Eu，Y，Sm 空心阴极灯的增强发射光谱"、2001 年 10 月《光谱学与光谱分析》第 21 卷的"加长炬管中 Ca，Sr，Ba，Eu，Yb 的强短脉冲供电空心阴极灯激发电感耦合等离子体离子/原子荧光光谱"、2006 年 2 月《光谱学与光谱分析》第 26 卷的"碱土金属的强短脉冲供电空心阴极灯激发常规炬管电感耦合等离子体离子荧光光谱初步研究"等。

不仅如此，为了扩大成果，黄本立和杨芃原、杭纬等还将强短脉冲辉光放电的成果扩展到质谱分析上去，因为质谱分析也要有一个离子源。采用辉光放电做质谱分析的一大好处是可以做镀层的逐层分析，可以了解镀层有多深，镀层与基体的元素是如何互相渗透的，一层一层的含量是如何变化的等等，都能很清晰地呈现出来。在一些材料的表面上镀上具有某种特性的金属，会使这种材料具有一些特别的性能，例如会极大地增强它的硬度、耐高温或耐低温性、耐腐蚀性、耐酸碱性等。镀上后就需要了解这些金属在材料表面上的分布情况，而辉光放电就可以解决这个问题。他们在这方面开展了卓有成效的研究工作。这一课题的总题目是"辉光放电作为离子源的质谱分析"，做的是无机质谱，即元素质谱分析。工作开展得很顺利，杭纬等将第一个关于脉冲的辉光放电的"飞行时间质谱"实验一做完，就写出题为 Microsecond Pulsed Glow Discharge Time-of-flight Mass Spectrometer 的论文向欧洲《质谱快报》(Rapid Communication in Mass Spectrometry) 投稿。稿件寄出仅两三天，该刊物的编辑一审完稿，立即用传真通知这篇论文已被接受，修改后请尽快用传真传回去发表。来信中说这篇论文 very innovative（很有新意），即采用辉光放电产生离子流的方法很有创新性，可见该刊物十分重视，认为这是一篇好论文，应该尽快与读者见面。论文发表于该刊 1994 年第 8 卷上后，引起国际质谱界的广泛关注。

此后，黄本立课题组在这方面继续开展工作，先后于 1997 年在 Spectrochimica ACTA Part B 第 52 卷上发表 Study of a pulsed glow discharge ion source for time-of-flight mass spectrometry、又于同年在 Spectrochimica ACTA Part B 第 53 卷上发表 Feasibility of applying microsecond-pulse glow discharge time of flight mass spectrometry in surface depth analysis、于 2009 年在 Journal of Analytical Atomic Spectrometry 第 24 卷上发表 Semi-quantitative analysis of geological samples using laser plasma time-of-flight mass spectrometry 等一系列论文。

脉冲空心阴极灯和脉冲辉光放电都获得福建省科技进步一等奖。"强短脉冲供电空心阴极灯电源"还申请专利成功，中国专利号为 2258685。

一项好的技术，总要不断地延伸下去，才能不断发展、不断创新。后来黄本立又让另一位博士生苏永选观察空心阴极灯里电压和电流的关系，即"伏安曲线"。早在20世纪90年代，黄本立就在思考这个问题。有一次他到美国佛罗里达大学，正好那时杭纬在那个大学做博士后。黄本立就特地让他利用手头上比较先进的仪器来证实自己的想法。杭纬实验的结果基本上符合黄本立的想法，可以肯定，空心阴极灯里电压和电流的关系与直流电的伏安曲线完全不一样，它完全可以承受比较大的电流，就是短脉冲。脉冲缩短了以后，很多情况都会有变化，这样就更进一步提高了对空心阴极灯理论上的认识，加深了基础研究的深度。

集思广益，群策群力，持续深入的研究，成为黄本立不断出新的经验。有人说，在厦大，黄本立的科研团队意识是越来越强了。看来此言非虚。

图 11-4　1997年3月黄本立参加美国匹兹堡会议后顺访佛罗里达大学，并挤出时间与正在该校做博士后的学生杭纬一起做国内没有条件进行的实验

不当官　但不能不为社会尽力

黄本立是一位专注的科学家，又是一位热爱中国共产党、十分关注社会主义建设事业的人，也曾积极要求参加中国共产党。但他为什么会在进入花甲之年后的1988年3月，在厦门大学参加中国民主同盟？我们直言不

讳地提出这个问题，他直截了当地回答："在我看来，民盟是真正与中国共产党一起流过血的、真正为中国解放做出贡献的党派，闻一多、李公朴都死在国民党枪下。"他还告诉我们："我的同学刘耀荃就是受这些事影响而开始同情共产党的""我岳父在新中国成立前就把自家的整层楼都给民盟总部办公，我受他影响。""在长春时，民盟的人就找过我，希望我加入。连王章都对我说：'你可以考虑加入，不影响你以后加入中国共产党。'我当时说：'我就当党外布尔什维克吧！'"我们紧追不放："那为什么到厦门大学后入？"他说："因为民盟的周丽芳同志是东北人，很热情。我到技术科学学院后，她一直动员我，动员了好久，盛情难却。"①

就黄本立的主观想法说，他是只想搞点科研，不想当官，但他总得为社会尽点力呀，所以当他时不时被推举为政协委员时，他并不拒绝。比如，他在长春曾被推选为第五届吉林省政协委员，到了厦门又成了第六、七届福建省政协常委。他认为，政协委员不是官，人家推荐他，也许就因为他是一个"管不住自己的嘴"的人。这类事不少，比如，在猛刮"全民皆商"之风时，他大唱反调："全民皆商了，谁来生产？你不生产，哪来产品？没有产品，怎么有商品？"一位政协委员说，这经商是圣经都提倡的，没承想这话撞到黄本立的枪口上了：他说："这是旧约里说的，新约说的是：'你不能侍奉主，又侍奉马门'。"听说泉州要把全市工厂卖给港商，为期100年，他生气了："当年租借香港给英国也只是99年，100年就是割让。你们是不是也要来个割让？"他也不管人家是爱听还是不爱听②。

实事求是地说，人家对他的举荐，倒也从来不是官僚主义的"乔太守乱点鸳鸯谱"，恰恰是因为看中了他的敢想敢说，而且站得高，看得远，言之有据。所以，他的意见是常被看重的。

黄本立还被聘当了不少顾问，如 2000 年 11 月，被聘为厦门市科学技术协会顾问至今；2003 年 11 月，被聘为江门市人民政府科技顾问至今；2004 年 4 月又被聘为福建省人民政府顾问至今。我们奇怪他怎么忙得过来，他坦承告之其中的"秘密"："你别以为整天忙得不得了。其中有的是'顾

---

① 黄本立口述访谈，2012 年 12 月 4 日，厦门。资料存于采集工程数据库。
② 同①。

而不问'，只要你挂个名就算了，有的是真的想'顾'你和'问'你的。"

对于这类却之不恭的"聘请"，他的态度是：一是，视之为"为地方公共事业的发展献计献策，添砖加瓦"的机会；二是，有问就答，不问也无妨；当然，有话想说时，不管你问不问，他都得说。如，他发现厦门海湾公园内有一块镶嵌在石头上的联合国教科文组织颁发的匾牌，匾的内容是说厦门市入选宜居城市，石头上匾牌下方还刻着相关的中文翻译文字。他发现这中译文字有较严重错误，就正儿八经地给市里写了书面报告。上面虽未给予书面答复，但很快就把写在石头上的中译文字凿去了。以行动作答，他也乐。又如，漳州市通过学校找上门来请他当科技顾问，参加有关会议；会后有人向他介绍有名的片仔癀。他说，人家云南白药和牙膏结合起来效果不错，治牙周炎挺管用；你们也可以考虑把片仔癀和牙膏结合起来。可能是人家真的接受了他的意见，后来他看到了片仔癀牙膏，他更乐。

谈到黄本立的参政能力，有一件事虽没引起多少人关注，但恐怕值得提一提。时任厦门市老教授协会会长的厦大周济教授主编《三色蓝图的构思——福建省科研开发新体系的战略研究》一书时，曾请黄本立写一篇"序"。黄本立写的序很短，全文不足四百字，共分四小段，主要内容是："古云'凡事预则立，不预则废'。党和政府要谋全局，把方向，抓大事，就要谋划长远发展和大的生产力布局，就要制定全面的发展战略。我省正施行科教兴闽战略，就要全面规划科研开发的蓝图。创新是一个民族的灵魂。要创新，科研开发就要有个新体系。《福建省科研开发新体系的战略研究》就是该课题组对这些问题进行广泛深入调查研究的成果。""窃以为，这一新体系战略研究，不但可供省领导决策时思考，还将是广大科技工作者和管理人员的很有价值的参考资料。"[①]虽然他自谦地说"我只懂得我的专业范围内的一点点'硬'东西，对于'战略'、'策略'之类的'软科学'，我真是知之甚少，班门弄斧，谬误在所难免，还望不吝赐教"，但一看便知，倘若是一个对治国思想缺乏学习，对国事要务缺乏观察、思考的人，那是无法说得如此言简意赅、一语中的。

---

① 周济：《三色蓝图的构思——福建省科研开发新体系的战略研究》。厦门：厦门大学出版社，2003年。

读了黄本立收藏的资料后，我们才明白，他考虑这些问题时的高度，与他的"学习"特点是分不开的。他是一位自然科学家，好像也没有任何材料能证明谁曾规定他必须学习什么，但他坚持认为，科学工作者必须把自己的知识基础积累得宽厚些，哪怕好像与科学没什么关系的社会科学、文学艺术，都必须学。

基于这么一个认识，他对自己认为正确的思想理论的学习一直十分自觉，其认真劲头，更是现在的年轻人所难以想象的。主张"有用的重要资料手上都要留一份"的他，有着几本同样规格的笔记本，全都记着他认为有参考价值的资料。其中多本都剪贴着"毛主席语录"，有贴一段的、两段的，也有三段的，甚至还有手抄的。他所选的语录，至今还是有现实意义的。他专注于自己从事的科学领域，但考虑的却是全社会的繁荣和发展。因此，尽管他肩负着繁重的教学科研任务，主要精力都放在这里，但他总是积极参加各类社会活动，热心社会公益事业。

他始终牢记十年树木、百年树人的道理，坚持认为，要培养出有利于社会的人才，必须从促进青少年成长做起，必须全社会共同参与，为青少年的成长提供一片净土。因此，他关心的学生，也不仅仅是自己名下的学生，无论他多忙，他都会挤出时间参加有助于青少年成长的活动，对学术界出现的腐败现象更是深恶痛绝，多次应邀做有关科学道德及素质教育的报告，从各个角度详尽阐述恪守法纪和科学道德准则的重要性，同时鼓励年轻人要提高自身素质，努力学习文化知识，勇于挑战权威，勇于追求真理。他把这个工作当作是自己必须履行的社会责任。

第十二章
自搭仪器　呼吁国产

黄本立十分重视研究人员的动手能力。他不仅自己以动手能力强著称，还十分重视指导学生动手"搭仪器"。他让学生在搭建仪器的过程中掌握方法的原理，并且自己动手加以实现，到实践中去锻炼，积累经验。经过长期的实践和锻炼，他的许多学生都掌握了"搭仪器"的本领，做出创新性的成就，而且还受益终身。

他常常呼吁要重视仪器研制，还经常呼吁有关部门要重视我国仪器产业的发展，以减少进口仪器的外汇支出。

视设计搭建仪器装置为己任

分析离不开仪器，这是所有搞分析的人的共识，黄本立更是视之为光谱分析研究的重要组成部分。国内还没出售的仪器，他想方设法寻找代用品，自行设计搭建，再苦再累，从不放弃。市场上有仪器可买但缺经费时，他会千方百计廉价买入，甚至与仪器公司谈判借用。即使曾被人误认为是外国仪器商的"代理人"，他也从不后悔。哪怕使用的是进口先进仪器，只要满足不了自己科研工作的需要，他就予以改进。他认为：最先进的仪器永远是在实验室研制出来的。要想做出开创性的工作，就必须先从仪器动手。"工欲善其事，必先利其器。""人唯求旧，器唯求新。"

黄本立大学本科学的是物理学，电子学和光学的基础打得较牢。他到长春工作后，用从废物堆里找到的破旧仪器改装成可用的发射光谱装置，这是他"搭仪器"的开始，并用它来完成工业生产单位提出的分析测定任务，此后他的许多项具有创新性的科研进展，几乎都与"搭仪器"有密切的关系，光谱仪器好像成了他生命中不可或缺的东西。在光谱领域的研究过程中，不能不说各类仪器，在他好动脑、勤动手，利用所有可能的条件建立和改造下，发挥了极大的作用，帮助他完成各项科研任务。

20世纪50年代末，由于发射光谱分析比一般化学分析快得多，已成了炉前分析和大数量试样分析的一个好工具，我国大多数的大、中型厂矿企业都已采用。但东北不少厂矿还都只是用摄谱法（用照相方法测量谱线强度）来进行光谱定量分析。在许多场合下，它的速度还不够快，准确度还不够高。在经济快速发展的推动下，许多工厂都很自然地提出了用光电法代替摄谱法来进行光谱定量分析的合理要求[①]。

1958年下半年，在苏联光谱分析专家 А. Г. 克列斯基扬诺夫和中国科学院自动化研究所学部委员（院士）杨嘉墀先生的指导下，黄本立和光学精密机械仪器研究所等单位的陈愈炽、畅快、常增实、李文冲等同志协作，用 ИСП－51 型三个玻璃棱镜的摄谱仪改装出一套光电装置。整套装置由光谱仪、出射狭缝及光电接收器的光学－机械附件（简称光机附件）和自动程序控制及测量用的电子学部件三个主要单元组成。黄本立测定了这套装置的仪器误差，并用它测定黄铜中的 Zn/Cu 比值，以验证其工作曲线的线性，然后执笔写出工作报告，并于11月在北京举行的第一届全国光谱会议全体大会上宣读，受到好评。次年6月于《物理学报》发表了以"用 ИСП－51 型摄谱仪改装一套光谱分析光电装置的试制"为题的论文。这是国内最早发表的光电直读分析报告之一，曾被用于黄铜及钢铁等

---

① 《物理学报》，1956年第15卷第6期，第297-304页。

的分析。

黄本立在仪器的改装上也下了不少功夫。

在20世纪60年代，国内用的主要是摄谱法。定量分析一般要通过测量感光板记录下来的光谱中的分析元素和内标元素的谱线的"黑度"，利用感光板的乳剂特性曲线找到相应的分析谱线对内标谱线的强度比，再通过工作曲线来求得分析元素的含量。之所以要用内标，是为了消除光源不稳定的影响，提高分析的准确度。内标元素的含量必须是固定的或是相对固定的，一般块状样品如钢铁、合金、纯金属等可用基体元素，液态或粉末样品也可以加一个样品中原先没有的元素进去。如果块状样品中没有一个含量相对固定的元素可做内标，那就难以使用内标法了。

国外曾有人在使用光电光谱仪时，使用激发光源发出的未经分光的"白光"做内标。1963年，黄本立他们考虑在用摄谱法进行光谱分析时，能否也用"白光"做内标。

要解决这一问题，"就必须考虑进入摄谱仪内的积分光强，而不是仅仅考虑曝光时间。在这方面前人提出过一些办法，这些办法基本上都是将光源发出的光的一小部分投射到一个光电管中去，当光电流对时间的积分达到某一定值时，就由某种电子电路将光源灭掉"。由此设计出的系统，"优点是整个系统都是外加的，不必改动摄谱仪；缺点是进入光电管的辐射不能准确地代表落到感光板上的辐射"。这样，光源晃动引起的谱线强度变化的影响还是不能解决。另外，如何将这些办法用到摄谱仪上来也是个问题。"在光电光谱仪中，也有些是利用一小部分未经分光的复合光积分光强控制曝光量的。"

黄本立他们权衡各种方法的优缺点，"觉得对于在国内用得较广的中型石英摄谱仪来说，利用色散棱镜的第一表面反射过来的复合光来控制曝光量是较合理的，因为这样得到的控制光束能比较准确地代表落在感光板上的光，而所需的附加装置也不太复杂。"[①]

于是，他就与中科院长春光机所陈愈炽先生合作，在 ИСП-22 型摄谱

---

① 黄本立等：一种以复合光积分光强控制摄谱曝光量的装置。《中国科学院应用化学研究所集刊》，第11集，第108-109页。资料存于中科院长春应化所图书馆。

仪外壳适当的位置开一个洞，将经过狭缝进入摄谱仪后被棱镜表面反射过来的小部分复合光引到一个光电管中作为内标；利用内标"通道"的积分电容上的电压来控制摄谱的曝光时间。这样只要测量分析线，就可进行定量分析。这样一来，分析的速度提高了，重复性也较好。

他们就这样"在一台国产中型摄谱仪上装了一个这样的附加装置，配上比较简单的电子线路，并以镍钢为对象进行了初步试验。结果表明，在用这套装置控制曝光量时，分析结果的再现性比通常控制曝光时间的摄谱法的好，并且在根据谱线的绝对黑度进行定量分析时，所得的再现性也能令人满意。"[①]

图 12-1 就是他们当年在国内首创的一种以复合光积分光强控制摄谱曝光量的装置。这台装置简要地说，就是以分析样品在光源中发出的未经分光的复合光源为内标，用光电倍增管测量其光强，在其积分光强达到一定值时即自动停止曝光。所摄得的谱片可以只用分析线的黑度做工作曲线，而所得精度与采用内标谱线时一样好。

"一种以复合光积分光强控制摄谱曝光量的装置"一文于 1963 年 11 月曾在洛阳河南省光谱分析会议上报告过。1964 年 7 月被收入《中国科学院

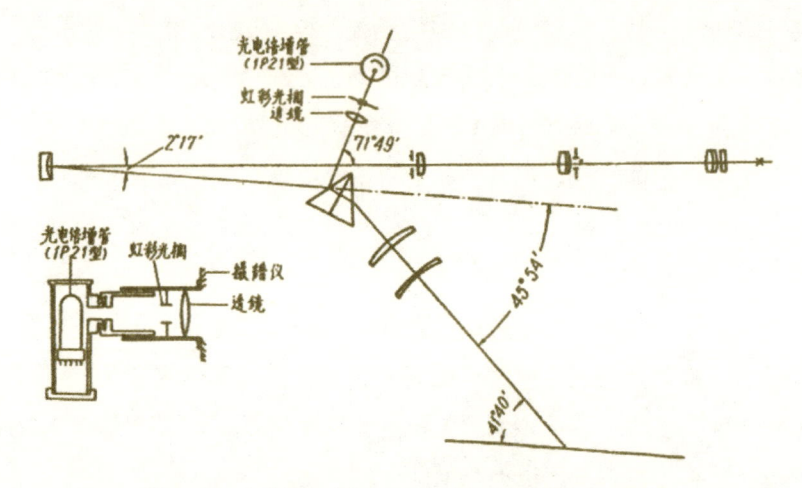

图 12-1　一种以复合光积分光强控制摄谱曝光量的装置

[①] 黄本立等：一种以复合光积分光强控制摄谱曝光量的装置.《中国科学院应用化学研究所集刊》，第 11 集，第 108-109 页。资料存于中科院长春应化所图书馆。

应用化学研究所集刊》第 11 集。十多年后，还有人采用类似的装置进行撒样法矿样分析。

当然，在黄本立看来，这项工作只能算是一个小的改进，并不是什么了不起的事。

1971 年，他的夫人张佩环开始从事 X- 射线激发的光学荧光光谱仪的设计工作，他全力配合她的工作。张佩环提出思路后，黄本立利用自己擅长研制仪器装置的优势，帮助张佩环一起完成了整套实验装置的总体设计方案及光栅单色仪光学布局和参数以及部分部件的设计，根据这个设计，张佩环亲自动手与一些搞铸造的老师傅一起打磨光栅毛坯等零部件以及着手进行单色仪底盘和一些部件的铸造，达到预先设计的目标。这套装置当时为国内首创，还获得中国科学院的奖项。

20 世纪 90 年代研究的"微秒级短脉冲辉光放电"项目获得突破性进展，并获福建科技项目一等奖，也是基于对仪器的部分结构进行改造。

不管是黄本立的同事还是学生，对他在科学仪器上表现出来的敏感性、超前性和全面性都是极为佩服的。四川大学分析测试中心主任、从美国回来的侯贤灯教授，本科和硕士的毕业论文都与原子光谱有关，所读的文献相当多都是黄本立写的。他在接受我们访谈时说：

> 在我们国家原子光谱发展过程中，黄先生不仅仅是我们中国原子光谱的"鼻祖"，任何一个在我们国家先出现的原子光谱技术，大部分都是他先提倡、先做的；而且在我的印象里面，他所做的工作涉及不仅仅是早期的发射光谱，从电弧到后来的 ICP 发射光谱，再到后来的原子荧光，再后面的 ICP 质谱。基本上能够想到的原子光谱的任何方法、仪器装置、仪器部件和整个原子吸收的仪器等，都涉及仪器的组装，什么东西他都做过，我们都觉得很神奇，任何一个地方他都涉及，我们在后来可能很难找到一个人，能够做得那么全面的，对原子光谱的整个领域贡献那么大的，我觉得这是非常大的贡献。①

---

① 侯贤灯口述访谈，2012 年 8 月 19 日，沈阳。资料存于采集工程数据库。

在黄本立看来：科技发展不断提出新的分析任务，要求不断研发新的分析仪器，所以他对研制仪器的重视，并非只作为条件困难情况下的一种权宜之计，而是被当作完整系统的光谱事业的一个有机组成部分来看的。

教会学生动手搭建仪器装置

黄本立的科研之路是在"动手"中走过来的，所以他带学生有个突出特点便是带着学生动手"搭仪器"。他在培养学生的过程中，非常注重对学生动手能力的培养。在他看来，动手能力强否，事关学生研究能力是否系统全面，故而是不可疏忽的。

他让学生在搭建仪器的过程中掌握方法的原理，并且自己动手加以实现。黄本立认为，做研究工作，如果你只想得到数据，不想发展方法，那你只要买一台现成的仪器，找一个分析工就可以解决了，完全没有必要让研究生或者教授去测数据。假如你想发展方法，深入开展研究工作，你势必会遇到现成的仪器不能解决的一些问题。所以他觉得买到手的仪器永远都是"旧"的仪器，最新的仪器一定需要自己搭出来。

黄本立常常提到历史上捷克斯洛伐克人海洛夫斯基就是因为研制出电化学分析极谱仪而获得诺贝尔奖。用现成的仪器来做实验，最多只能在方法和样品处理方面转圈子，学生得不到足够的训练。他历来主张应该根据自己科学研究的需要来调整研究所用的手段，决定应该用怎样的仪器来实现自己研究的目的。

他常常手把手地教学生搭建组装仪器装置。

如教学生怎么样调整光谱仪。在厦门大学的时候，有一次因为工作需要使用一台单色仪，他向分子光谱组黄贤智老师借来了一台旧的单色仪。他就教学生如何调整整机、如何调节焦距，让他们自己动手做，学生就掌握了这方面的具体技术。

又如教学生怎么样安装光栅，应该怎么安装才正确是一个关键问题，因为定向光栅（闪耀光栅）的锯齿形刻槽有两个面，两个面出来的光的强度分布是完全不一样的，如果装倒了，光栅的衍射光强度分布就完全不一样。黄本立有一位博士后后来到美国一家仪器公司做技术顾问，刚好遇到这么一个安装光栅的问题不能解决，他想起黄本立在厦门讲过的，建议该公司把光栅倒过来安装试试看，结果倒过来之后真的就解决了问题。

　　再如要求学生用现成的仪器组装搭建起来做实验。例如，实验室原有一台ICP原子荧光仪一套的现成装置，但用的是滤光片，黄本立想用一个比较大的单色仪，就向长春应用化学研究所要来了一台。仪器到了，黄本立让学生把它装到现成的那套装置上面，然后调整光路和狭缝，进行波长校正。林跃河、弓振斌、张绍雨等学生们做过一遍一辈子都忘不了，甚至毕业以后还一辈子受用。

　　在黄本立的影响下，他的许多学生都掌握了这一套本领，如杨芃原、林跃河、杭纬等，个个都有很强的"搭仪器"的动手能力，都做出过很有影响的业绩。

　　黄本立到厦门大学工作以后，计算机的应用开始普及，他看准计算机的应用可以极大地提高分析工作的性能和效率，提高分析检测的速度；分析仪器搭上计算机，成为分析工作发展的一个方向。黄本立瞄准这个方向，有些工作就要求学生自己编写程序，用计算机在线联用，来解决一些分析信号采集和数据处理的问题。例如，研究生颜晓梅等人将电感耦合等离子体原子发射光谱分析与瞬时进样的在线联用利用计算机处理，就是通过自己编写计算机程序，并写成论文"多道ICP-AES与瞬时进样技术在线联用的信号采集和处理"，于1993年在《高等学校化学学报》第11期上发表。后来另一位研究生应海的研究工作更是以编写程序为主，也曾于1996年在《光谱学与光谱分析》第1期上发表题为"ICP-AES初级专家系统中的谱线模拟"的论文。研究生洪煜琛的工作也包含有原子荧光光谱迅变信号的采集和处理，结果发表于2003年《光谱学与光谱分析》的第2期上。这些工作训练对于提高学生解决实际问题的能力帮助很大。

　　说起"搭仪器"，在国外比较容易，因为可以买到很多部件或者小仪器，动动手就可以凑成一个大的装置。在国内就不那么方便了，因为有时你有钱都买不到合适的部件或者小仪器，那就得自己动手做。而这动手做的过程，实际上对学生就是一个很好的训练。所以不管黄本立原来在长春应用化学研究所还是后来到厦门大学工作，他都要求学生自己动手装仪器，哪怕是在现成的仪器上头再加上一些自己设计、用以实现自己科研目的的小装置。

在黄本立60多年的科研生涯中，"搭仪器"是他一项很鲜明的特色，在同行特别是中青年科技工作者中享有盛名。国外的一些同行到他的实验室参观，最感兴趣的常常就是他们团队自己搭出来的这些装置，而且提出一些很细节的问题。这说明国外同行对他的团队研究的内容很关注，而且十分熟悉。他们知道，虽然这些装置有的还不很成熟，甚至还有些粗糙，但它的构想（"idea"）却是非常有价值的。也正因为这个原因，他们对能够提出和实现这些"ideas"的人才非常感兴趣。如：美国一位搞辉光放电搞得很有名的佛罗里达大学教授哈里逊（W. W. Harrison）来实验室参观后就把黄本立的博士杭纬接纳为博士后了。然后杭纬被美国洛斯阿拉莫斯国家实验室（Los Alamos National Laboratory，LANL）聘为永久研究员，最后响应黄本立的号召于2005年回国回到厦门大学。德国的一位教授参观后也把尚未毕业的周振要去"联合培养"了。紧接着杨成龙也被Harrison教授所接受。由此可见，掌握好"搭仪器"的本领是多么的重要。黄本立指出，杨芃原在这方面起了很重要的作用。

黄本立不仅教自己的硕士生、博士生和博士后装仪器，还积极鼓励并热情地帮助外单位的青年教师做仪器。例如，四川大学的侯贤灯教授也是从事原子光谱研究，热衷于自己搭仪器，黄本立很支持他，将自己找到的一些零配件，像光源和小型复制光栅之类的光学或电学部件寄给他，以便他在组装光谱仪时可能用到。侯贤灯至今还记得此事，牢记这位老科学家对自己的热心帮助。

黄本立培养学生的另一个途径，是让他们到实践中去锻炼，积累经验。例如，他带领三位博士后与中国广东进出口商品检验局（简称广东商检局）合作，开展对出口混合稀土样品中15种稀土元素的分析，取得了很好的效果，学生们也得到实践的锻炼。

当时，我国从广州出口稀土的数量很大，品种又多，像氧化钇，有纯的，也有混合的，价格却非常低，像卖白菜似地卖给外国。20世纪90年代初，广东商检局接受了一个任务：分析进出口货物的样品中15种稀土元素的基本情况。该局当时有一台顺序式的等离子体光电光谱仪，但它只能一个元素、一个元素地进行测定，速度极慢。他们想用这台仪器做混合稀土分析，以便弄清稀土中含有哪些值钱的元素，给出口的稀土定一个合理价格，使自己在与外商进行价格谈判中处于有利地位。要完成这一任务，关键在于测定不同元素的时候，如何使光谱仪快速而准确地调整到该元素的谱线上去。这就是广东商检局要求协助解决的主要难题。

黄本立是广东人，又与中山大学的张展霞教授以及中国广州分析测试研究所的何华焜研究员关系比较密切。张展霞曾于20世纪50年代以年轻教师的身份到当时的吉林应用化学研究所光谱组进修，何华焜则同是高兆兰教授的弟子，算是黄本立的师弟。

黄本立得知广东商检局的要求后，先去做了一番考察，再做了必要性和可行性研究，最后才决定带几位博士后去广东商检局帮助他们解决这个实际难题，也让博士后们在分析实践中研究分析科学。

黄本立把方方面面联系妥当，和博士后们确定了具体的工作方案：先用高效液相色谱仪将试样溶液进行分离，分离后的试液从色谱柱出来之后，直接送进电感耦合等离子体光谱仪中进行测定。至于具体工作，主要由他当时的博士后杨芃原和袁东星去摸索和完成。他俩分工明确，配合默契，袁东星负责做分离，将样品中的15种稀土元素分离开来；杨芃原负责做编程和测试，让光谱仪跟着色谱仪走，出来什么元素就测什么元素，测得快速而又准确。

经过三个月的努力，他们就出色地完成了这项任

图12-2 1992年黄本立在广东省商品检验局实验室

务。项目鉴定的时候，黄本立的恩师高兆兰教授也应邀而来，她非常高兴地和弟子们拍了一张四代同堂的照片，大家都很高兴。

这个项目不仅为广东商检局解决了进出口货物样品中的稀土元素分析的实际问题，直接帮助我国的进出口事业，同时也让博士后们有深入实践的机会，提高了解决实际问题的本领。此项工作写成"高效液相色谱－感耦等离子体发射光谱联用技术分析稀土氧化物的研究"一文发表于1993年第3期《分析试验室》杂志上。

1994年1月，该项目"稀土混合物的HPLC分离及ICP-AES在线检测"获得广东进出口商品检验局1993年度科技进步一等奖，和黄本立一起获奖的还有李劲枝、杨芃原、贺柏龄、袁东星、潘建敏、王小如、程英群、何平。

呼吁重视仪器产业

黄本立对搭建仪器的重视，既是从学科发展的需要出发，也是从整个国家的利益出发的。他认为，我国每年用于从国外进口各种仪器仪表得花费好几十个亿美元的外汇，如何重视和发展我国的仪器产业，是一个十分迫切的问题。

在我国，重视仪器产业发展的人不在少数，我国一些很有名望的老科学家，像王大珩先生、杨嘉墀先生等都看到这个问题，曾经多次直接向小平同志上书，希望国家重视我国仪器产业的发展。如今，仪器产业的发展已经列入国家发展的重要战略方针，投入的经费更多了。国家科学基金委员会已经设置了仪器研制方面的专项基金，大大调动了我国科技工作者推动和促进仪器产业发展的积极性。中国科学院化学部常委方肇伦[①]在王大

---

① 方肇伦（1934-2007），天津市人。1957年毕业于北京大学化学系。毕业后到中国科学院林业土壤研究所任研究人员。1986年后任中国科学院应用生态研究所研究员。1995年后任东北大学理学院教授。1997年当选为中国科学院院士。他是我国著名分析化学家，在流动注射分析研究方面成果显著。参见中国科学报，2007年11月27日。

珩、杨嘉墀先生呼吁之后，向化学部提出一个振兴国产仪器产业的"张衡工程"。方肇伦此前曾经常与黄本立探讨过这个问题，黄本立也非常赞成方肇伦的倡议。

近二十年来，黄本立在很多场合——讲座、报告、发言等，只要一有合适机会，他就呼吁各界要重视仪器，不仅呼吁科研工作者要重视实验装置的研制，而且呼吁政府部门要重视仪器产业的培育孵化。

到厦门后，黄本立曾经向厦门市领导呼吁和建议，对仪器产业加以扶持。当时主管厦门市科学技术工业的徐模副市长同意黄本立的意见，提出考虑把仪器产业作为厦门市的新兴产业之一。但有些领导认为，厦门市的仪器产业基础太薄弱，不宜作为新兴产业加以大力发展。徐模副市长说："没关系，新兴产业，就是星星之火可以燎原；并不是作为支柱产业，支柱产业那是一定要有实力才能支撑得起的"。此前，厦门市已经确定了光电子、生物制药、软件这三个产业为重点发展的新兴产业。后来根据黄本立的建议，厦门市确实给了仪器产业一定的支持，将科学仪器产业列入新兴产业群体，列入厦门市新兴产业"第二梯队"，安排专项资金进行科学仪器产业规划，加以扶持。但要搞好这个产业，还得有元器件和精密加工等各行业的配套发展，要真正让厦门仪器产业发展起来，还有一段较长的路要走。

黄本立不仅是呼吁者，更属于先行者。

他对国内一些仪器生产厂家的发展十分关心，并一直给他们以力所能及的指导和帮助，向厂家介绍国际上的仪器新动态和新技术，参加一些自主开发的仪器产品鉴定会等，为促进我国仪器产业的发展做了一些实实在在的工作。他曾经是北京瑞利分析仪器有限公司（原北京第二光学仪器厂）、北京海光仪器公司和后来的北京吉天仪器有限公司等厂家的顾问。

黄本立从很早就开始与一些仪器厂家进行合作，在高校、研究所与企业共赢的基础上，探索"产学研"模式，促进科研工作开展和技术创新。

例如，北京吉天仪器有限公司董事长刘明钟，原先在地质矿产部下属的北京海光仪器公司工作，很早就认识了黄本立。他告诉我们说，黄本立在90年代初参观北京海光仪器公司时得知他们想研制具有自主知识产权

图 12-3 黄本立与王大珩院士（右二）、朱良漪先生（右一）等参加北京瑞利分析仪器公司光谱仪器鉴定会

的分析仪器时，非常高兴地对他说："我快 70 岁了，二三十年前我就希望看到中国的仪器能搞上去，但没有搞出太大的特色。看到你们厂虽然不大，可是挺有活力，让我从你这里看到一点希望。你要努力，不仅在中国推广自己的仪器，还要推到国外去，为中国人争口气。"刘总说："黄先生的这几句话影响我几十年，确确实实影响几十年，对我鼓舞相当大。"①

1995 年 5 月，黄本立从北京海光仪器公司免费争取到一台 AFS220 型原子荧光光度计至厦门大学，1998 年 9 月又争取了一台 AFS2201 型原子荧光光度计，合作开发"原子荧光相关新技术"，促进"产学研"的协同创新。

后来，刘明钟离开北京海光仪器公司，另组北京吉天仪器有限公司（简称吉天公司），与黄本立研究小组的联系合作还是持续不断。吉天公司与他的几位学生，现在都已是厦门大学教授的弓振斌、王秋泉、杭纬等，陆续开展着一些项目合作。如：2002 年，该公司技术骨干与北京大学、厦门大学合作，成功申请了一项科技部的攻关项目，题目是"光纤传导 CCD

---

① 刘明钟口述访谈，2012 年 8 月 19 日，沈阳。资料存于采集工程数据库。

检测小型多功能光谱仪研制"。虽然后来由于种种原因，北大和厦大负责的传感器做得不太成熟，但是吉天公司研制的仪器主机部分被采用到别的仪器产品上，组成一个新的产品，现在是吉天公司一个很好的产品。该公司看中黄本立研究小组研制成功的强短脉冲供电空心阴极灯，将强短脉冲供电空心阴极灯技术引进，用在他们生产的原子荧光形态分析仪上。这个技术移植虽有些困难，但已有进展，若技术一旦获得突破，将很大地提高检测的灵敏度，可以和国外的色质联用形态分析仪相媲美。该公司与王秋泉教授课题组合作开展紫外光催化化学蒸气发生进样技术方面的研究，厂家提供装置，课题组做出很好的实验结果，相辅相成、相互促进。杭纬教授课题组开展的激光烧蚀离子化源和辉光放电离子化源的研究也引起了该公司的极大兴趣。这种仪器可用于绿色能源太阳能材料多晶硅和单晶硅中的杂质硼的检测。国外采用辉光放电质谱仪进行检测，每台仪器需要七八百万元人民币，而该公司生产这种仪器估计原材料成本也就几十万元，因此极具竞争力[①]。

　　类似这样与仪器生产厂家的合作，对于黄本立来说，也许并不在意企业是否获得经济效益，而更在乎我国是否获得相关的自主知识产权、更在乎仪器产品的国产化。

　　黄本立带领着学生们在仪器产业的发展方向上或具体的业务问题上给厂方以具体的指导，厂方也乐于将新出产的仪器放到厦门大学免费让学生使用，使用中遇到问题可及时向厂方反馈，便于厂家进一步改进提高。这样的合作对厂校双方都有利，真正做到相互促进，合作共赢。

　　如本章第一节开头所言，"分析离不开仪器，这是所有搞分析的人的共识"，黄本立能在仪器的设计搭建上在同行，甚至引起国外同行的青睐，应该说他对仪器的重视不仅仅得益于古代中国"工欲善其事必先利其器"的传统思想，具备了作为一个现代分析科学家的系统理念；而且得益于他物理出身，具备了扎实的基础和在交叉学科中探索的基本素质。他千方百计做仪器，绝不仅仅为了自己某一研究的成功，而是立足于整个国家民族的利益，有时他还会为厂家着想，帮他们解决一些他们解决不了的科学难题。

---

① 刘明钟口述访谈，2012 年 8 月 19 日，沈阳。资料存于采集工程数据库。

第十三章
锲而不舍　促进交流

在科学现代化的今天，世界级的学术交流早已不是什么稀罕事。但有责任感的科学家，都以能继续为这种促进学术繁荣、推动科技创新的交流做出贡献为己任。

国际光谱会议（Colloquium Spectroscopicum Internationale）是世界光谱分析方面的顶级峰会，简称CSI。它是第二次世界大战后欧洲重建时期由一些欧洲的光谱分析家组织起来的，1949年在法国举行了首届会议，从第14届CSI（1967）至今，每两年召开一次，全世界的光谱学家都以能在CSI上发表自己的研究成果为荣。

从1956年起，我国已有人参加CSI，在头34届CSI中，只有8次在欧洲以外的国家召开，亚洲地区也只有日本和土耳其主办过，所以中国要获得举办权，也绝不是轻而易举的事，特别是在20世纪八九十年代。黄本立自从1987年参加CSI会议后，就慢慢地下决心要为中国获得这个会议的举办权，为光谱事业的发展再搭一座沟通的桥梁，再建一个交流的平台。他不畏艰辛，坚持不懈，终于在2007年9月在厦门市成功地举办了第35届国际光谱会议。

"我们是一个团队"

1987年6月20日，62岁的黄本立参加了在加拿大多伦多举行的第25届国际光谱会议（CSI）。这是他第一次出席CSI，并受邀在会上做关于感耦等离子体光源（ICP）研究的邀请报告。作

图13-1　1987年黄本立在多伦多参加第25届国际光谱会议时与华裔科学家合影

为光谱分析领域的一线科研工作者，他从此多次参加CSI系列的会议。当他不远万里去赴会时，心里总是禁不住产生一个梦想，要是能把这种顶级峰会搬到中国来开就好了——这样，中国就将有更多的学者，不出国门就可以参加高规格的国际光谱会议，更及时地听到世界各地光谱领域的最新研究报告。届时，亚洲，特别是东南亚的学者，都能就近与我们一起分享这一便利……而我们中国，也能更及时地对外展示我们的科研成果，让更多的外国学者了解中国，提升我国在光谱领域的国际地位……这一梦想，在各项科研经费颇为紧张、国际交流还不那么多的当时，显得不那么容易。黄本立回国后向中国化学会汇报了自己的想法，得到了支持。

1995年，第29届CSI在德国莱比锡召开。他因故不能与会，但在这次会议召开前夕给CSI组委会写了一封信，表达了心愿，希望中国能有主办CSI的机会。

1997年，在澳大利亚墨尔本召开的第30届CSI上，他代表中国化学会，正式提出了中国主办CSI的申请。但由于经验和经费都缺乏，没什么宣传资料，连宣传海报都是靠他自己用挂历上的图片精心剪贴而成。而另

一个申办国家南非，却是有备而来，广泛散发精美的纪念品和宣传资料，做申办陈述时还播放了南非风光的视频。两者几无可比性，中国的落选自是"顺理成章"的了。

申办未获成功，但他坚信失败是成功之母，只要坚持，认真准备，没有办不到的事。

1999年的第31届CSI在土耳其召开。然而会议召开前夕，土耳其在8月17日和11月12日，分别发生了里氏7.4级和7.2级大地震，很多人都劝他别去参加了，但他还是坚持只身前往。他要看看这次是否能找到申办的机会。进了会场，他看到申办第33届CSI的西班牙，不仅租了一个会议展台，还请了专门组织会议的机构人员帮助宣传，那架势是势在必得。相比之下，自己的宣传资料仍然显得寒酸。他想，倘若连续两次申办失败，可能会给后面的申办带来更大的麻烦。于是，他当机立断，毅然决定暂缓申请，等时机成熟再说。

2001年的第32届国际光谱会议在南非召开，组委会要求每个国家的会议代表带一面国旗来布置会场。黄本立也应组委会的要求，准备了一面五星红旗，提早寄给该届国际光谱会议组委会。但他没有想到，由于国内某个环节的延误，在收到签证的那天，会议早已开了一天，即便赶赴会场，也赶不上参加国家代表会议，没有太大意义了，所以他没有出席在南非召开的这届会议。

时间进入2003年，黄本立有了紧迫感：随着自己年龄的增大，要申办四年后举办的会议，时间真有点迫在眉睫了。然而，随着2001年7月中国申办奥运、2002年12月上海申办世博会相继成功，申办CSI的时机已越来越成熟了，到了"该下手时就下手"的时候了。他再次向有关部门提出了想申办国际光谱会议的想法，得到了中国化学会、中国物理学会、中国光谱学会的支持，再次授权给黄本立，请他代表三个学会提出申办。

要办好这么一件事，光有学会的支持不够，单靠个人的力量太薄弱了，必须有更多的人一起来做，还必须有经费的支持。

2003年3月，他迈开了着手申办CSI的第一步——向厦门市政府呈送了关于申办第35届国际光谱会议的报告，得到了厦门市政府的积极响应，市政府特批厦门市旅游局和厦门市科技局负责支持申办工作。

申办筹备组随即建立，主要成员有厦门大学黄本立院士、王秋泉博士，厦门市旅游局林世超副局长和厦门市科技局的曾尔曼博士。在黄本立的主持下，他们一起策划制作了专门的宣传小册子，里面有当时的厦门市市长张昌平及厦门大学校长朱崇实教授的亲笔信，而黄本立不惜花费时间亲自充当"亲笔信"的拟稿者。考虑到外国学者对厦门可能不如对北京、上海那么熟悉，厦门市旅游局特别准备了100多本精美的宣传册，以便在会场内发送，更好地宣传美丽的鹭岛。

9月初，各项准备工作基本到位。面对这次申办的强大竞争对手——匈牙利的布达佩斯，志在必得却没有必胜把握的黄本立，总也不忘自己在前次申办时的"寒酸"样，他不想落下任何一件必带的宣传材料。然而，面对着好不容易备齐的那么多宣传材料，他真的有点犯难：即便他和他的博士后王秋泉把自己的行李都最小化，腾出行李箱的更多空间来分摊那些沉甸甸的宣传资料，恐怕还是解决不了问题。正当他们一筹莫展时，听说厦门大学环科中心的张勇教授也将参加这次会议，黄本立高兴得立即联系他，请他一起帮忙，张勇教授爽快答应，这才得以尽可能地多带上一些宣传资料。

17年的CSI梦，六年的厉兵秣马，黄本立胸怀一份责任，一份信念，

图13-2　2003年黄本立与同事在西班牙第35届国际光谱会议申办展台前合影

还有几分自信，踏上了"决胜的战场"。尽管他年近80岁，又拖着沉重的行李箱，却健步如飞。同行的王秋泉教授事后回忆说："黄先生在国际机场的通道上拖着行李箱，走得比我们年轻人都快，我们都快赶不上他了。"他们顺利地到达了会场。

2003年9月7日，第33届CSI在西班牙的格拉纳达（Granada）如期召开。在9月9日晚的国家代表会议上，黄本立代表中国化学会、中国物理学会和中国光谱学会提出2007年在厦门举办第35届CSI的申请，并做了简短的陈述与PPT展示，播放了精心制作的视频，展示了中国、展示了厦门市、展示了厦门大学……

会上讨论激烈，提出各种问题，黄本立都一一作答。最后，国家代表会议以无记名投票的方式一决胜负，投票国共有29个，中国厦门以18比11胜出匈牙利的布达佩斯，成功赢得了第35届国际光谱会议在中国厦门的举办权。

在会后的一次宴会上，有人问："黄教授，您现在多大了？2007年开会的时候您是否还在工作？有人帮您忙吗？"

黄本立面带笑容，很自信地回答说："我们是一个团队，我相信我们一定能把这个会议办好——假如不是最好，也将会是最好的之一。"话语不多，却字字千钧，铿锵有力，令许多人为之折服。

四年磨一剑

承诺就是责任。第35届国际光谱会议申办成功了，黄本立感受到的似乎不是成功的喜悦和轻松，而是双肩压上了沉甸甸的担子。在此后长达四年的时间里，他无时不记着自己在西班牙格拉纳达的承诺：要把会议办成"one of the best, if not the best"，要在中国办一次最成功的国际光谱会议，为国争光。

会议的筹备工作千头万绪，黄本立首先想到的还是人，他得先把团队组建起来，有了团队，各种工作才好展开。就像当年他刚从中国科学院长春应用化学研究所调来厦门大学时一样，他一开始就从抓"人"入手，决心尽快把会议地方组织委员会组建起来。

除了厦门大学分析学科的团队之外，黄本立首先想到的是时任厦门大学固体表面物理化学国家重点实验室（简称"国重"）主任田中群教授。他从事拉曼光谱分析研究工作，研究方向正好也在国际光谱会议的范畴内。要是有了他的支持，就等于有了"国重"的支持，人力将得到大大的充实。两人一谈，田教授说，他在1995年厦门大学承办国际电化学会议时做了很多具体的会务工作，切身体会到承办大型国际会议的艰辛。会务刚结束时，就想以后不要再承办这么大型的国际会议；但时间久了，又会心里痒痒的，又有了办会的冲动。他说，他对国际会议是"又爱又恨"，但非常愿意和黄教授一起筹办这届CSI，同意担任本届会议的地方组织委员会主席，共同把这个会议办好，协助黄先生实现他久久的夙愿。

他们商量，应该请时任厦门大学副校长的孙世刚教授也出任这次会议的地方组织委员会主席。田中群教授和孙世刚教授分别又推荐了组里年轻能干的任斌教授和姜艳霞教授参与会务的具体工作。

这样，有了这些强兵悍将，加上分析学科的江云宝、王秋泉、赵一兵、杭纬等教授，再加上厦门大学校办和厦门大学化学化工学院院办的支持，实力雄厚的第35届CSI组委会团队基本组建起来了。

不过，黄本立还想到一位很重要的人，那就是和他一起参加过这一系列会议、和他有过很好合作、在精神上给讨他很大鼓励和支持的浙江大学方肇伦院士。他邀请方院士和他一起担任第35届CSI的共同主席，得到应允。

为了使本届CSI更吸引外国学者，黄本立建议安排在上海召开会前会和在北京召开会后会，得到了大家的认同。他亲自联系了他过去的博士后、后为复旦大学教授的杨芃原和国家地质测试中心的研究员罗立强，请他们分别组织上海的会前会和北京的会后会，得到了他们的支持。

在落实人员的同时，他请工作人员着手办理承办大型国际会议的相关手续，比如向中国科协报备并获得批准等。

各项工作分工有序开展着，但是黄本立心里始终还有一块无法放下的石头，那就是要落实经费——要是没有"钱"，想要办好这么大型的国际会议，而且是最好的一次国际光谱会议，那是很困难的。他一定要兑现自己的承诺，不得不一直在心里盘算着，如何利用各种时机，想办法合理筹钱。

除了申请国家基金委的国际合作交流项目，他亲自向厦门大学和厦门市政府递了经费申请报告，准备有说服力的幻灯片向各位领导汇报筹备工作情况。在汇报会上，他讲述了分析化学对促进科学技术发展的重要意义，讲述了本届会议的办会方针——"国际接轨，突出中国，突出厦门，办好第一次在我国举办的 CSI"。他还提出了制订低于最近两届 CSI 的收费标准，采取"内外有别"的注册费标准，以较优惠的条件邀请顶级和著名人士与会做报告，以提高大会的吸引力，也为引进人才搭桥；适当给参加会议的青年光谱工作者（尤其第三世界）部分赞助等一系列想法，请求厦门市和厦门大学给予经费上的支持。他还利用参加学术会议的机会，与一些仪器厂商的"头儿"见面，商谈赞助及仪器展览等事宜。

就这样，因为黄本立的多方努力，也因为 CSI 本身的威望，这次会议得到各方的大力支持，经费逐渐得到落实，解决了后顾之忧，使在厦门举办一次高规格的国际会议成为可能。

2005 年 8 月，第 35 届 CSI 的通告（The CSI XXXV Announcement）完成。9 月，黄本立率领王秋泉及任斌，带着沉甸甸的会议通告及其他宣传资料，一起参加了在比利时召开的第 34 届 CSI。

会议期间，第 34 届 CSI 组委会免费为下一届会议主办方提供了宣传展台。黄本立他们在参加学术报告交流之余，不仅为中国、厦门做了积极宣传，还办了一个小型招待会，邀请了与会代表中的二三十位国际光谱学界的知名学者专家，请他们支持第 35 届 CSI。与会者纷纷表示，如无特殊情况一定会到厦门参会。在闭幕会上，黄本立作为第 35 届 CSI 主席，代表下一届 CSI 组委会，热情邀请该届与会代表能在 2007 年光临中国厦门。

2006 年 1 月 11 日，综合考虑厦门市气象台历年气候的统计情况及世界各地相关会议的会期安排，决定第 35 届 CSI 将在 2007 年 9 月 23—27 日举行，会址初定厦门大学，但另有备选会址。

为了保证筹备工作的高效有序，筹备小组进一步明确了分工：大会主席在宏观把握工作进程的基础上，重点抓大会报告人选、CSI 奖人选等工作；地方组织委员会主席负责总的会务安排，督促各项工作顺利开展；程序委员会负责研讨会的安排、会议摘要的结集，论文的发表，大会日程表的制作等；秘书处负责建立大会网页、数据库建设、参会者往来信件（E-mail）处理、投稿、注册、三轮通知的撰写和发放，与支持单位（会前会、会后会）的联系，及时为相关人员提供信息等；总务处负责与厦门市协调处理会场安排、文艺演出、餐饮等相关工作。

4 月 27 日，筹备会确定了第 35 届 CSI 国际顾问委员会名单，会议讨论以分会（Sessions）为面，以研讨会（Symposium）为点，点面结合，组织好该会议；讨论并确定了本届 CSI 7 个分会和 6 个研讨会的组织人和相关联系人。6 月，第 35 届 CSI 的第一轮通知（The CSI XXXV First Circular）发出。

作为大会主席的黄本立一心扑在会议筹备工作中，在把握会议大方向的同时积极主动地做了很多具体琐碎的会务工作。他不仅参加每一次筹备会，为筹备工作出谋划策；不仅要反复考虑国际顾问委员会成员和大会报告的人选，把握各分会和研讨会的平衡，甚至亲自撰写会议邀请函，向国际顾问委员会征求 CSI 奖推荐人选。会务工作是繁琐的，但他总是满腔热情，乐此不疲，以致秘书处常在深夜收到他发出的邮件。

如果说黄本立的忘我工作精神令大家感动不已，那他在工作中表现出来的文化底蕴，就更让人折服。当筹备会讨论如何设计一个能突出中国文化元素的会标时，他说，汉字是最能体现中国文化的元素之一，能否考虑以篆刻汉字的形式来设计会标？他的建议得到筹备小组的一致认可。

会后，他亲自联系昔日好友、厦门著名书法家林懋义，请他帮忙推荐适当人选。林懋义请年轻新秀叶林心篆刻了"国际谱会"的印章。黄本立拿到印章后很满意，迫不及待地"摆弄"起来。他在电脑上设计了好几个样式，把印章作为会标的主体，以"赤橙黄绿青蓝紫"渐变光谱的方块做成一个错开的小背景，在这个小方块上写上两行小的英文字，分别是"CSI XXXV"和"Xiamen，China"。这样，会标就包含了中国元素、光

图 13-3　2007 年制作的第 35 届国际光谱会议纪念邮票

谱、中国厦门、第 35 届国际光谱会议等众多信息。会务组成员既赞赏黄本立的灵感和美感，也十分佩服他运用电脑的能力，很快就在他准备的几套方案中确定了第 35 届国际光谱会议的会标。在这个基础上，他又运用会标亲自设计了第 35 届 CSI 的专用信纸、信封，并参与了邮票纪念品的设计等。

然而，正当各项筹备工作都在如火如荼地进行时，一件严重的意外事故发生了：2006 年 9 月 11 日晚，载着黄本立、张乾二、林鹏等三位院士的小轿车发生了惨重的车祸。

林院士因颈椎神经断裂、全身高位截瘫，以致后来不幸去世；张院士前后肋骨多处撞断，胸腔多处出血，昏迷数次，最后顽强地战胜了死神，渐渐康复。

三人中年纪最大的是黄本立。出车祸前他喝了一点酒，加上前一天刚出差回来，人很累，坐上车就打盹了。他醒来时，满身血淋淋的，眼镜也不知掉哪儿去了。据说，他的伤是 3 人中最轻的，但也被撞得脑震荡、急性闭合性颅脑损伤、双肺挫伤、胸腔积液，几次昏迷……至于关节伤痛、皮肤挫裂、肿胀等更不待说，只好住进重症监护室。

这时的黄本立想的、担心的不是自己的伤势，而是 CSI 的筹备工作。当田中群等去医院探望他时，黄本立再三拜托他们，抓紧督促各项会务工作的进展。他说："国际光谱会议的筹备工作要继续进行，不要因为我而受影响，筹备工作就拜托你们多费心；对外先封锁消息，先不告诉应邀代表，等过一段时间看看身体恢复情况……"

图 13-4　2006 年黄本立发生车祸后在重症监护室过 81 岁生日

在重症监护室度过 81 岁生日后，整整在重症监护室待了十天的他被允许转入普通病房。医生说，"黄院士的生理年龄至少比他实际年龄小十岁，恢复得很好，也很快。"

为了让自己尽快恢复，他开始了循序渐进的锻炼：先下床走一小段路，后来走长一点，更长一点，再后来就试着上下楼梯了。他总觉得康复的速度太慢，实在按捺不住，就请求医生允许他把电脑带到病房，在身体条件许可的情况下查收邮件，回复一些与 CSI 有关的重要邮件。

10 月 17 日，在医院里住了 36 天的黄本立，终于可以出院了。医生交待说，目前状况只是表明他可以不住院，但身体的恢复还需要疗养一段时

第十三章　锲而不舍　促进交流

间。学校接受医生的意见，安排他去武警疗养院疗养3周，还派了保健医生，负责督促他，以免他工作超时。黄本立很无奈，多亏他身体很争气，恢复状况令人欣慰。

正如他在第34届CSI上说的，他背后是一个团队。所以，在他住院疗养这段时间里，各项筹备工作在田中群、王秋泉等人的主持下顺利地开展着。当他12月回到工作岗位后，不必为一般的筹备工作发愁，可以集中精力解决一些重要事务了。特别是2007年1月，得知原定的CSI XXXV的会址——厦门大学科学艺术中心可能要延期竣工，而厦门市国际会展中心在CSI会议期间已被预定时，黄本立很是焦急。要有一个能容纳六七百人的大会场，还同时在周边要有七八个能容纳百人的分会场、一个大的仪器展厅和墙报展厅，在地理位置、周边酒店等各方面条件都不错的地方也并不那么容易找，厦门人民会堂是个不错的选择，周边环境不错、酒店也多。黄本立不敢怠慢，立即通过厦门大学校办给厦门市政府提出借用人民会堂的报告。经过多方努力和协调，终于确定第35届CSI将在厦门人民会堂召开。

2007年3月底，第35届CSI的第二轮通知（The CSI XXXV Second Circular）发出，会议确定6位大会报告人选和92位各分会及研讨会的邀请报告人选，还确定了9月20-21日在上海举办关于"蛋白组学新技术"的会前会，和9月28日在北京举办"X射线光谱"的会后会。

至此，整个会议的轮廓已基本清晰了，但筹备会议反而变得密集而紧张，基本上是一周一例会，将会议代表的网上注册、提交论文摘要、仪器厂商展览会、报展、酒店、餐

图13-5 2007年9月黄本立作为大会主席在厦门市人民会堂第35届国际光谱会议开幕式上致辞

饮、交通、纪念品、文艺演出节目、陪同人员、会后观光旅游、编排摘要集、会议日程表等一一予以落实。

直至 9 月 5 日，发出了会议的第三轮通知，9 月 17 日，又发出了会议的日程表，黄本立这时候才有"万事俱备，只欠东风"的感觉。

余音缭绕的盛会

2007 年 9 月 24 日上午，厦门人民会堂的大礼堂里聚集了来自五大洲约 700 名光谱学者专家，第 35 届国际光谱会议在秘书长王秋泉主持下隆重开幕。厦门市市长刘赐贵、厦门大学校长朱崇实教授、国家自然科学基金委化学部副主任陈拥军教授和本届会议主席、中国科学院院士黄本立分别做了简短的致辞。他们都对远道而来的各位嘉宾和代表表示了最热烈的欢迎，希望所有的与会代表们，都能充分享受这次学术盛典，相互间有更多的交流、合作和收获，并在厦门度过一段愉快、难忘的时光。随后，黄本立代表会议组委会正式宣布，由国家自然科学基金委、中国化学学会、中国物理学会、中国光谱学会以及厦门市政府联合主办，由厦门大学承办的第 35 届国际光谱会议正式开幕！不到一个小时的开幕式，显得格外简短、紧凑，却又不失庄严隆重。

紧接着，第 35 届国际光谱会议举行了颁奖典礼，美国印第安纳大学（Indiana University）的 Gary M. Hieftje 教授荣幸地获得本届 CSI 奖（CSI XXXV Award）。他是一位在原子发射吸收光谱和荧光光谱的理

图 13-6 2007 年 9 月 24 日黄本立作为大会主席在第 35 届国际光谱会议颁奖典礼上为 Gary M. Hieftje 教授（中）颁发本届 CSI 奖

论机制研究上都做出突出贡献的著名教授，为业界所一致认同。他注重于原子光谱及质谱等分析方法的研究，对化学仪器及实验的在线计算控制、具有时间分辨的发光过程的使用、将信息理论引入分析化学、近红外反射分析以及将随机过程用于基本动力学化学信息方面，都做了深入的研究，指导了二百多名学生，包括部分博士后以及世界各地的访问学者，发表了五百多篇高质量的文章。他获此殊荣，可谓众望所归，也显示了本届会议主办者对评奖的严肃认真及评选水平。

授奖典礼后，Gary M. Hieftje 教授为与会代表做了第一个大会报告——"New Tools for Environmental, Metallomic, and Mass-Spectrometric Analysis"；中国科学院高能物理研究所的冼鼎昌院士和美国 Northwestern 大学的 R. P. Van Duyne 教授，分别做了题为"Application of Synchrotron Radiation in Spectral Analysis in China"和"Surface Enhanced Raman Spectroscopy: New Insights From Coupled Molecular and Plasmon Resonances"的大会报告。三篇报告精彩纷呈，为各个分会场的报告带了好头。

9月24日下午至27日上午，整整三天，与会代表被安排在原子光谱（Atomic Spectrometry）、分子光谱（Molecular Spectrometry）、质谱（Mass Spectrometry）、激光光谱（Laser Spectrometry）、联用技术（Hyphenated Techniques）、X射线和同步辐射（X-Ray and Synchrotron Spectroscopy）、化学计量学（Chemometrics）等七个分会，分别在厦门人民会堂的七个小会场展开活动，深入细致地进行交流探讨。他们还就形态分析（Elemental Speciation）、环境分析（Environmental Analysis）、元素质谱前沿（Frontier of Elemental Mass Spectrometry）、生物光谱传感技术（Spectroscopic Sensing of Bio-related Species）、光谱在纳米材料的应用（Spectroscopy for Nanomaterials）和表面增强光谱（Surface-enhanced Spectroscopy）等六个相关热点问题，同时进行了六场专题研讨。

就这样，三天共有282场报告，126位世界知名科学家受邀做了邀请报告，加上众多的口头报告，真可谓各显神通，精彩纷呈。与会代表们尽可以根据自己所在的科研领域和兴趣选择聆听，不仅近距离一睹大师的风采，眼界大开、耳福大饱；而且还可以和大师对话，参与欲被大大激发起来，在每场报告后预留的提问讨论时间内，常因报告的精彩，不断引起现场热烈的讨论。

会议期间，还有657幅Poster参展，显示了各领域最新的科研成果，为没有机会做口头报告的与会代表提供了一个很好的展示、交流平台。大会特地为之设立了"优秀Poster奖"15名，主要用于表彰那些研究水平高、能突出展示研究内容要点、版面编排好的Poster。

组委会还精心组织了一个小型仪器展，不仅来自世界各地的20余家公司在展会上各显其能，在大会主席黄本立和时任厦门市副市长徐模的建议下，厦门市科技局也不失时机地利用天时地利，布置了一个由17家厦门市仪器厂家参展的厦门展区。厦门企业有120多人参展，他们希望以本届国际光谱会议的召开为契机，促进"产学研"结合，相互交流经验、启发借鉴、建立更多的合作关系，加快厦门市科学仪器产业化的步伐。

组委会办的"招待会"、"文艺晚会"、"晚宴"、"厦门半日游"等活动，更是令人目不暇接。与会代表不仅在紧张的脑力劳动之余，享受了一场场美的盛宴，得到很好的精神调节，而且也从心里感受到了东道主良好的组织和安排能力，禁不住由衷地发出感谢和赞誉之声。

图13-7 2007年9月25日在第35届国际光谱会议晚宴会上黄本立为北京吉天仪器有限公司董事长刘明钟颁发优秀Poster奖

9月27日下午，第35届CSI接近尾声，美国Iowa州立大学的E. S. Yeung教授关于"Capillary Electrophoretic Assay of Single Crystals of an Enzyme"、德国ISAS分析科学研究所的A. Manz教授关于"Microfluidics for Chemistry and Systems Biology"、美国Georgia理工学院的M. A. El-Sayed教授关于"Metallic Gold is More Precious on the Nanometer Size Scale; Some properties & Applications of Gold Nanoparticles of Different Shapes in Nanophotonics, Nanomotors,

第十三章 锲而不舍 促进交流

Nanomedicine and Nanobiology"的大会报告，再次把这次学术盛会推向高潮，极大地吸引着与会的世界各国的科技工作者。

在如雷般的掌声中，第 35 届国际光谱会议落下了帷幕。透过掌声，黄本立感受到了大会成功的喜悦。在随后举行的闭幕式上，这位为本届大会操劳了几年的院士，面对着来自世界 38 个国家和地区的约 700 名光谱学家，他说出了作为大会主席最想说的话："感谢来自各方面的帮助和支持，感谢与会者的热情投入！是你们的努力使大会取得成功。"

送走了世界各地的朋友们，黄本立的电子邮箱却似乎更热闹了，相关的电子邮件频频送达，感谢的话语还不绝于耳："CSI XXXV 无论是从学术上，还是在活动安排上，都非常成功，出乎我们想象的成功"；"以后在厦门召开的会议，都别忘了通知我"；"你们将给下一届举办方（匈牙利）带来很大的压力，匈牙利代表团要开始担心了"……一位俄罗斯教授还记得黄本立先生在申办时的诺言"To make this CSI one of the best, if not the best"，不止一次地对黄本立说："You made it, it's the best!"……一位国内学者专门寄来了感谢信说："这次非常荣幸地来到美丽的海上花园城市厦门，参加第 35 届国际光谱会议，收获颇大，受益匪浅，也认识了不少以前在《光谱学与光谱分析》和《光谱化学学报》的文献上看到的著名学者。非常感谢您为我们提供了这么好的一次机会，不出国门就能参加这样高规格的国际会议"。

谈到第 35 届 CSI 的成功，黄本立自己总是说："我们之所以能成功举办这次大会，主要是因为近年来中国国家的综合实力提高了，是因为近年来中国在光谱分析领域取得了一定的成绩，也因为有了各级领导和各位同仁的支持……"

但他的共事者都知道，这十多年的坚持与努力，不是一般人能够做到的，支撑着他的那份雄心壮志和历史使命感的，更不是在一个到了耄耋之年的老人身上所常见的。全国的光谱学界同仁忘不了他不畏艰辛、坚定执着地为大家创造参与世界顶级峰会的努力。在厦门大学同仁的眼里，无论是那位拖着塞满了宣传材料的行李箱、健步走向国际航班的老教授，还是那位躺在重症监护室里频频拜托同行抓紧会议筹备工作的重伤员，都是那么令人可尊可敬。

第十四章
严师播爱　桃李芬芳

作为一位教育工作者，黄本立的教学实践始于学生时代，经历十分丰富。20世纪40年代，他自己还是个大学生，就已给小学生上绘画课了；50年代，他参与光谱学习会的教学；60年代初，他成为本科生的老师，参与了中国科学院交办的物理光谱班的教学、实验指导及指导毕业论文的工作；70年代末，他开始培养研究生，他的硕士生既有他自己招的，也有与人合招的，既有中国的，也有外国的；80年代中，他被批准成为博士生导师，在带博士生的同时，曾为国内外十多个原子光谱培训班讲课，其中在香港和国外举办的占多数；从80年代末起，他开始带被他称为同事的博士后，同时还给分析化学的硕士、博士们上必修课"原子光谱"，甚至在"今日化学"课程中为本科生讲授分析化学的进展和科学道德等专题。而且，从1981年起，他时不时被请到国外去讲课。当他成了资深院士后，还不顾自己年事已高，仍然坚持亲自为研究生上课。人云孔夫子弟子三千，我们曾想统计一下，黄本立到底有多少学生，尽管计算机如此发达，我们还是无能为力。

如果说他为小学生上美术课，算是大学时代的一次教学实习，那么他在光谱学习会的教学，就意味着正式走进了高等教育行列。在这里，他的教学任务并不繁重，却已初步形成了他的教学风格。他调进厦门大学后的教学效果和成就,更是成为他的弟子们心中的标杆,也将永远是他们说不完的话题。1998年,教育部授予他"全国优秀教师"的光荣称号,那是他六十年如一日,在殚心竭虑从事科研工作的同时,为多层次的人才培养呕心沥血,做出巨大贡献的必然结果,而他在其中显示出来的为师之道,却是他对自己恩师的师德师风的传承。

传道授业解惑

谈起对教师职业的看法,黄本立说,当教师的不能误人子弟。话语低调,但说出了他心目中当教师的底线。古人云:"经师易求,人师难得"(《北周书·卢诞传》),黄本立早已从自己的成长历程中感受到"老师"的可敬。到了厦门大学后,他干脆在自己办公桌的正对面的书柜玻璃门上,贴了好些"名言警句",有中文的,也有英文的。这些"警句"的内容显然是他极为赞赏的,有的已成了他的座右铭,起码是他认为足以起警示作用的。其中右上方贴着他自己打印出来的东晋葛洪的《抱朴子·祛惑》:

> 探求明珠,不于合浦之渊,不得骊龙之夜光也。
> 采美玉,不于荆山之岫,不得连城之尺璧也。
> 承师问道,不得其人,
> 委去则迟迟冀于有获,
> 守之则终已竟无所成。
> 虚费事妨功,后虽痛悔,亦不及已。

葛洪说的是求师之道,意在说明,弟子若不向高明的老师学习,深入探求,就将费事妨功,后悔莫及。黄本立却同时从为师之道去理解它,以警示自己:作为老师,不能误人子弟。所以,与其说这是他对学生的希望,不如说是他对自己的严格要求,可见其律己之严。

当老师的不能误人子弟，作为一名老师，他一生牢记韩愈《师说》里的话："师者，所以传道授业解惑也。"为了不负此任，他教学不忘教会学生如何做人，做一个大写的人，不忘启发他们的心智，让他们去闯一条符合自己的科研之路，但他又认为，这一切都得脚踏实地、从基础做起。

为此，他极其严肃地对待上课，即便被评为全国优秀教师之后，他还是精心地准备着每一堂课。听过黄本立讲课的人都说，他讲课的水平确实很高——他总是讲得那么实在，那么轻松自如而又生动风趣，所以他的课总是很受欢迎。但未必每个人都知道，他视课堂为神圣，每一堂课都精心准备，为了备好一堂课，他有时得耗费一个星期、一个月甚至几个月的时间。查文献，记笔记，复制图表，设计投影的内容，并仔细修饰每一张幻灯片。熟悉他教学情况的人说，他对课件的制作要求很高：内容要简洁，尽量配有图表，避免繁冗枯燥；要精细美观，吸引学生的注意力，减少他们的听课疲劳；同时引用材料要有出处，尊重知识产权。当时并没有先进的制作软件，所有的课件都由他自己手工制作，学生想帮忙都帮不上，因为总达不到他的要求。

如今，上课用课件的老师不在少数，但有些老师的课件，常常是由在这方面有特长的学生代劳的，黄本立却坚持自己做。杨芃原说：

> 我们最多给他提供一些素材，譬如他说我要这张光谱图，你给我，其他的事，他都自己做。他有自己的一套理念和想法，我们有时候做出来老赶不上他的要求，所以他喜欢自己做。另外，我觉得黄先生他enjoy，他喜欢自己做，那是因为他是把它当作一件件艺术品，所以每一件都要精心制作。[1]

为了让学生把学问做扎实，他会不辞辛劳地修改学生的毕业论文。在这点上，学生梁敬有深切的体会，他说：

---

[1] 杨芃原口述访谈，2012年8月20日，沈阳。资料存于采集工程数据库。

读研三年，黄先生对我的成长有很大的帮助。他治学之严谨，改我的毕业论文就是一例。他对我论文中的每一句话，每一张图纸，都会反复推敲，这点给我印象特深，对我的影响很大。我的论文，文字不知改了多少遍，每一句话、每一个措辞，他都改得非常细致，文章后来发表在JASS上。还有就是图纸，CAD的一个二维图，黄先生觉得不规范，就让我不停地改，反反复复地改，改了好几遍，他说不行就是不能通过。他指点我这个地方应该这么画，那个地方应该那么画……说实话，我是学理科出身的，确实没学过二维图，根本就没概念，觉得特费劲，他就一一教我画，我现在自己也能画一点，这是他当时要求特别严的结果。而且，他对每一个学生都是这样的，对李淑萍他们也是这样，不知道改了多少遍。他当时都快80岁了，那么大年龄的人，要那么一字一句地改，很不容易，让我受益匪浅。①

说实话，这种严谨并非一开始就能为每个学生所理解，但当他们参加工作后，特别是当他们也成了一个团队的带头人之后，就诚如梁敬所说的，"责任感使我变得无法允许团队里有人以一种凑合的态度去工作，这时就更能理解当时黄先生是什么心情了，也更感到严谨是值得所有的人去尊重的。"②

严 爱 相 济

严，因为爱；爱，意味着责任，就必须严。黄本立以对学生好而出名，有时也以让学生"害怕"而出名。平时他完全没有导师的架子，向人们介绍他的博士后研究人员时，爱说"这是我的同事。"他爱和他们一同庆生，过年的时候还常常先给他们送上自制的贺卡。

据袁东星回忆，20世纪90年代初，他送给三个博士后的一张贺年卡，

---

① 梁敬口述访谈，2012年8月20日，沈阳。资料存于采集工程数据库。
② 同①。

更是令见者无法忘怀：那是一张自制的贺卡，用绿褐色卡纸打印。图案很别致，画的是一条绳子上的四个小人儿，一个接一个的，在悬崖边努力攀爬。黄本立对她说，这一条绳子把我们四个人，一个导师和三个博士后串在一起了；是成是败，关键就在这一条绳子，绳子一断，牵涉全军。还有一次他送给杨芃原的一张自制贺年卡：是用黄色的卡纸打印，上面画着一个牛仔拿着两把手枪，象征是一个解决问题（排除故障）的高手（trouble shooter），既肯定他过去的成绩，又鼓励他继续努力。

他每次外出开会，都把会上分发的小礼物带回来存着，待节假日来临时，一件一件写上序号，让学生每人抽一个号，抽到什么就给什么，公平而有趣。

有一次，他得知长春应化所将设一个科技奖，马上给曾宪津写信，请他打听评奖条件。因为，他一直惦记着一件事：王小如回国后贡献很大，却还没得过一个大奖。

得知王秋泉夫妻要同时出差，孩子没人管，他只说八个字："赶快把孩子送过来。"

黄本立对每个学生都好像是自己的孩子一样，谁添了后代，他就把孩子的照片贴出来给大家看，说我们这个实验室如何如何人丁兴旺。颜晓梅在毕业论文的开头写道："能够被黄先生收为弟子，非常的光荣"，因为从他身上可以学到很多东西[①]。

然而，令人念念不忘的，是他那经过学生口口相传，变得有点令人害怕的严格。王小如1978年就成了长春应化所的硕士研究生，一年后，导师董万堂患眼疾，建议她转至黄本立门下，她是既高兴，又"十分紧张"，因

图 14-1　1980 年黄本立在中科院长春应化所实验室指导学生（左二黄本立，左三王小如）

---

① 颜晓梅口述访谈，2012 年 12 月 5 日，厦大。资料存于采集工程数据库。

第十四章　严师播爱　桃李芬芳

为在应化所学习的一年中，她"听说了很多有关黄先生严格要求手下的故事，而且听说黄先生批评人非常厉害，所以心里很紧张，总怕做不好挨批。"为此，董万堂还做她的思想工作说："黄先生虽然对学生要求很严格，脾气也倔强，但为人直爽"，"在黄先生的指导下，你一定能顺利完成硕士研究生论文"。果然，在此后的日子里，虽然"挨批也是常有的事"，但"的确获益匪浅"①。

黄本立不仅严格要求自己的学生，即便是从兄弟院校来的进修教师，也不例外，本书第七章第二节提及的张展霞挨批便是一例。不过，既然自己也是老师，她很快就明白了，黄本立"严"的后面，其实是对学生深深的爱。他爱你，所以他严格要求你。后来，她和黄本立夫妇成了很好的朋友。厦门大学分析化学研究所所长王秋泉也曾做过黄本立的博士后，他说："开始我们在他面前都是战战兢兢，比较害怕的。后来才明白，这其实只不过是我们自己的想象。实际上，他是非常平易近人的。"②

与先生接触多了，黄本立的学生都学会了分析老师，认定他并非永远一副面孔，即便不说他在实验室内外判若两人，起码是"内外有别"：他一进实验室，一谈起科学问题，一做起研究来，就表现出一个科学家对科研的敬畏，就显得很严肃，变得非常讲究科学精神，十分强调实事求是，一丝不苟。他经常说的一句话是："事实就是事实，永远是对的。（Fact is fact, always true.）在研究工作上，自己做了多少就只能说多少，用了别人的研究成果必须有说明。"

有一次，他发现学生的文章用了文献资料，却没写明出处，他先问："为什么？"当他听学生回答"我没看过这篇文献"时，他火了："没看过？你什么时候借，什么时候还的，我都知道……"因为他刚查过该篇文献，借阅卡记下了一切。学生因怕挨批而说谎，得到的只能是导师更严肃的批评。这位学生牢记教训，从此扎扎实实做学问，但到了评职称时，他还是有点忐

---

① 王小如：与黄本立先生在一起工作的日子。见：林永生主编，《热烈祝贺我国著名分析化学家黄本立院士八秩华诞暨从事科研教育工作五十五年》。厦门：厦新出（2005）内书第（91）号，内部交流，2005年，第63-64页。资料存于采集工程数据库。

② 王秋泉口述访谈，2012年7月9日，厦门。存地同上。

忐不安:"导师这关恐怕是通不过"。令他没想到的是,鼎力支持他的恰恰是黄本立。这实际上又给他上了一堂特别深刻的课。事后,知情者问黄本立为什么支持说过谎的人?他答:"错了该教育,他改了,该支持还得支持。"

他也并非见学生错了就发火。有一次,他发现某博士生的实验数据是拼凑而成的,就把他叫来,倒也不说什么,只是指着那些数据,一一问道:"这个是不是出自……这个是不是来自……那个来自哪里?"说得该博士生羞愧难当,悔不当初,诚恳检讨,终生引以为戒[①]。

黄本立尤其重视实验现象和实验结果。对待实验数据,他重视得有点较真,哪怕你是他平日很看重的学生,一旦发现实验记录做得不认真,他就会发火。黄本立对实验记录的重视,林跃河是在挨了一次训后才认识到的。"第一次向先生汇报工作

图 14-2　20 世纪 90 年代黄本立和博士后杨芃原在厦门大学讨论实验

后,先生要检查我的实验记录本。没想到他一看到我的实验记录就非常不满意,很生气地说:'这算什么实验记录!',把记录本给我扔过来了,让我重做。"[②] 原来他要求的实验记录,是必须让后来的学生看后就能够重复做实验的。要能够重复,就必须把条件如何、电流多少、电压多少都记清楚,让人知道你这个实验步骤是怎么做的,数据是怎么来的。而他当初的记录呢,实验日期、具体做法都没写,只记下几个主要数据。这样的数据,只要过了一年半载,恐怕就连自己都不知道是怎么回事,数据是怎么来的了。

黄本立自己也说:"我对学生确实是比较严的。"在他看来,教师自然要爱自己的学生,但爱不应是溺爱。爱意味着责任,严格要求才是真爱。因为他和他的学生都是做"科研工作"的,自然"就要按照科学规律做

[①] 张佩环访问口述访谈,2012 年 7 月 4 日,厦门。资料存于采集工程数据库。
[②] 林跃河口述访谈,2012 年 6 月 11 日,厦门。存地同上。

图 14-3 1999 年黄本立在厦门大学指导学生做实验

事",不严格要求怎么能出成果?在科学实验中,如实地记录观察到的实验现象和实验数据,对科研工作者来说是一个原则问题,也是起码的要求。因为数据是反映实验情况的,科研上的任何一个结论,都得在实验数据的基础上,经过计算、分析、推理,最后得出结论。要是数据本身是不可靠的,那就很难得到可靠的结论。"尽量减少数据上的误差"也是一种责任。当然,谁也不敢保证能够完全避免差错,因为误差可能有两个来源,一个是实验不准确,一个是人为的,甚至是造假。后者肯定要消灭,但如果是因为实验条件不好,做出来的数据不准确,那当然是没有办法避免的,但发现了以后要通过重新设计实验,重新做实验来解决问题。为了证实自己的想法,无中生有地搞出一套东西来,那不行。哪怕是一条曲线,随便画也不行[1]。

然而,黄本立虽然很严,却绝不唯自己意见是尊。按杨芃原的说法[2],即便是进了实验室,他好像也有一点"美国作风"——他不会天天来管你,让你今天做什么,明天做什么;他会启发你一个新的研究方向,但是他不会告诉你应该怎么做,他宁愿让学生自己去东看看西摸摸……这样,学生在他的指导下,冷不丁就会看出点什么名堂,搞出一点什么花样来,甚至会有一点创新的东西。像林跃河做电化学法氢化物发生,表面看只不过在里面加了一层膜,再压上一层板,让气体可以过去,液体却过不去,实际上很巧妙。

一旦走出实验室,他无论是和学生一起吃饭、一起休闲,还是一起外出开会,都好像成了另外一个人,不仅话题很多,很平易近人,爱讲风趣、幽默的故事,会讲笑话,而且比较能够平衡工作、学习跟生活。他读过不少跟业务无关的文史方面的书。实际上,黄本立对学生真是如子如

---

[1] 黄本立口述访谈,2012 年 12 月 4 日,厦门。资料存于采集工程数据库。
[2] 杨芃原口述访谈,2012 年 8 月 20 日,沈阳。存地同上。

友，关怀备至。杨芃原一直忘不了黄本立请大家吃广东皮蛋瘦肉粥的事。第一次吃这东西时，不太习惯，但黄本立说："这个东西好料，是广东最好吃的。我是精心做的，肯定好吃"，大有"强行推销"的架势。"后来吃惯了，确实好吃"，思念良久①。

图 14-4 2005 年 9 月黄本立与他的学生们在 80 周岁庆典上合影

实际上，一个严格要求别人的人，他自己的付出会更大，但黄本立好像完全不顾及这一点，始终坚持他的严。他主张论文是要写的，但写论文一定要以实验结果为基础，扎扎实实做好实验是根本，实验做好了，数据自然会出来。做学问一定要实事求是，有一说一，切忌自我吹嘘、夸大其词。为此，在基本上靠手抄的无电脑时代，写毕业论文对师生都是一种够呛的事：学生写一遍，他改一遍；学生重新抄一遍，他再改一遍，再重抄一遍……抄抄改改，总共得折腾好几遍。学生累，导师同样累，但他宁愿自己陪着你累，也不会让你轻松地过关。只要文章中还有浮夸的词汇，他会毫不客气地统统删掉。这种做法，开始确实令人觉得不习惯，经过一段时间的磨砺，也就习惯成自然了。

他之所以这样做，源于他有一个根深蒂固的观念：如果学术风气不好，会毁掉年轻人。他爱自己的学生，所以他对学风一向要求极严。因为，他要他们做一个扎扎实实的研究者，一个老老实实、堂堂正正的大写的人。他认为，学生各有各的想法，你无法要求所有的学生想的都跟你一样，但老师必须经常教育他们不要浮躁，不要只想怎么搞出一个好的数据，写出一篇像样的论文来。他经常教导学生，千万不能刚出了一些成绩便自吹自擂，一定要实事求是，不可以有一说二。无论是在给学生上课还

---

① 杨芃原口述访谈，2012 年 8 月 20 日，沈阳。资料存于采集工程数据库。

是在平常的相处中，他都爱用实例说明树立正确道德观念的重要性，教导他们要做学问必须先学会做人的道理。

俗话说"严师出高徒"，难怪他的学生一毕业，用人单位都抢着要，从他门下出去的硕士、博士、博士后，不少人如今已成为教学、科研的骨干和学术带头人，有的成了知名博导。令他感到欣慰的，不仅是他的弟子们做出什么成就，还在于他们最终都能理解他的严。他们认为，黄本立的严谨实际上是一种大环境的要求，也是科学大环境的产物，又回过头来变成一种习惯，一种熏陶学生的大环境，会影响着一代又一代的人。前面的人都庆幸自己有这样的导师，后面的人又奔着他的严而来……这样，他的严，俨然就成了一种学术风气的净化剂，成了对学生的最深的爱。

以身作则　言传身教

郑玄在注释《周礼·地官·司徒序》中的"师"字时说："师，教人以道之称也。"黄本立对"师"字的理解，似乎与此一致，却有他自己的内涵。在他看来，自己培养的学生首先是社会的一分子，所以先要做一个在社会上堂堂正正的人。古人早已言明"欲修其身者，先正其心"（《大学》）的道理，教师要授业，要传授做学问的方法，但先要传道，即要先正其心。

基于这一认识，当他看到近年来在各种媒体报道的一些关于科技界抄袭、弄虚作假、歪曲或隐瞒事实，违背学术道德的学术不端事件，他感到愤怒、心痛。当他知道甚至有人竟然猖狂地买来国外的芯片，雇一些民工把原来的商标蹭掉，再印上自己的LOGO（标志），当作自己的研究成果时，他实在感到极为痛心。他认为，这些人不仅骗了国家上亿的钱，而且骗了很多"评审委员"，让很多教授，甚至院士都为他们背黑锅，因为是这些评委评审他们通过的。黄本立对"汉芯"造假提出三问，一是鉴定问题，二是团队问题，三是监管问题。他认为要发展科学事业，决不能容忍这种现象的存在。为此，他在第十二届中国科协年会科学道德建设论坛上做了"建立科学道德规范　推动科技立法"的相关报告。他提出，对学术鉴定是否也应该来个问责制？他强调科技要立法，德治与法治并重，整治"学术生态"。他在很多次报告中都提到："要做一个科学家，首先要做一个堂堂正正的人，要做一个'大写'的人"。据他自己说，这个"大写的人"，是借用了马雅科夫斯基的话。

黄本立认为要培养这样的人并非易事，宣传、教育、为他们树立榜样，都是不可缺少的。虽然实验是科研的基础，但他在极为强调扎扎实实做实验的同时，坚决反对只顾埋头搞实验的做法，而是非常重视对学生的宣传教育。特别是当社会上频频出现一些有违科学道德的事情时，每一件都像是对他敲起的警钟，他为此不惜费时费力，常常应邀给学生做报告，讲怎样老老实实地以科学的态度对待科学，不要弄虚作假。他的宣传对象很广泛——大学生、中学生甚至小学生，他都乐于与他们"谈心"。因为他觉得，教育必须从小开始抓起，给孩子们打预防针绝对是必须的，强调教育要重视道德教育，重视素质教育。

他不仅对学生讲，还在高层次的学术大会上讲，甚至在国际讲坛上讲。2000年，他在重庆召开的一次分析化学年会上，列出十诫，如图14-5，指出不能作恶、剽窃、造假、隐瞒自己的缺点和别人的贡献、浮夸、杜撰、学术行贿或受贿等。大家都知道，基督教的圣经里头有"十诫"，诸如不可杀人、不可什么什么的，他说的跟圣经里的"十诫"很像，被听者称为科学上的"十诫"。他认为这是大家应共同遵守的规则。第二年，在日本召开的一个国际分析科学大会（International Congress on Analytical Science）上他应

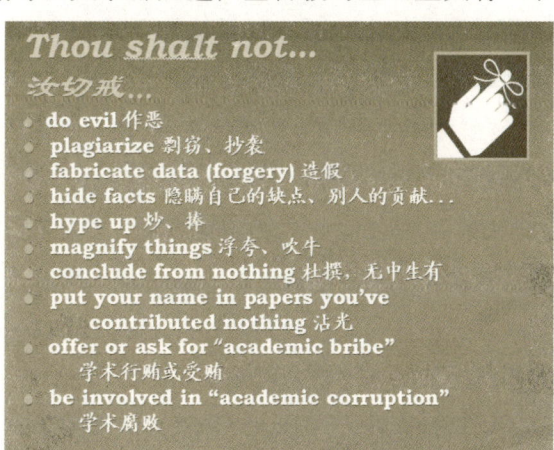

图 14-5　黄本立"十诫"幻灯片

邀做了一个关于化学教育方面的报告，在报告中又提到这"十诫"，后来他在国内的会议上和各种讲座中还多次强调这"十诫"。他希望所有的科学工作者都能恪守科学诚信，提高自身素质，切忌歪门邪道。

他的有关科学道德方面的报告，很得科学界领导及同仁的赞赏。有一回，他去北京参加一个机械工程学会的会议，路甬祥、宋健都去了。会议请他做一个报告，他讲的也是这方面的问题。做完报告，反响强烈，很多人来向他索要报告用的幻灯片。后来当他去参加中国科学院的一个会议时，当时的中科院领导胡启恒对他说："你那个报告我看过，很好"。原来是她的先生拿回去给她看的。2002年12月，中国科学院在孙中山的故乡广东中山市召开"弘扬科学精神，加强科学道德建设"研讨会，胡启恒就邀请黄本立作为"科学与中国"——院士专家巡讲团的成员参加。研讨会围绕科学伦理与道德建设进行探讨，黄本立也于16日下午做"科学精神与科学道德"的专题报告，他深入浅出列举了很多实例，一个多小时的报告，会场好几百人都听得津津有味。他的这场报告受到了很多好评，后来他报告的内容被写成"科学

图14-6 2008年黄本立在北京大学做讲座

精神和科学道德"选进2005年出版的、白春礼主编的《科学与中国——院士专家巡讲团报告集（第一辑）》和2012年出版的、路甬祥主编的《科学与中国——院士专家巡讲团报告集（第二辑）》这两套书中。这场报告之后有很多的高校都纷纷请黄本立给学生做有关科学道德方面的讲座，黄本立也乐此不疲，在他看来这是他上年纪后最能够为社会做的一件事情。所以他每次都精心准备幻灯片，不仅是根据不同的对象修改幻灯片，还常常是查阅大量资料，把最热门的话题、最新的内容加进去，和同学们一起探讨，因此每次报告都深受欢迎。

对于自己的弟子，他的教育层次自然还要高些。在他看来，科学家永远属于自己的祖国，但科学是没有国界的，所以他希望自己的学生都能在凡事先为国家需要着想的前提下，开阔眼界，遇事能站得高些，看得远些。这些，都是他的学生对他的理解和认识，也是他具有磁铁般的吸引力的真正原因。也就是说，他的潜移默化影响了学生。他的人格魅力不仅仅来自他渊博的学识，他的个人成就与威望，更来自于他身上有着一种超乎个人、超乎狭小单位的事业心。他关心的是整个的光谱事业，不管是他的博士生还是被他称为"同事"的博士后，都会觉得他看问题"总是站得比较高一点，从整个国家的角度看问题，希望整个光谱事业能够强一点"，所以他没有门第观念，他关心的不只是局限在自己所在的学校、自己工作的单位、自己的直系弟子，只要他认定一个人在发展光谱事业上有潜力，他就会注视你、关心你、尽力帮助你。

他能有这种胸怀，跟他的成长环境密切相关，广东的客家人原本就是从中原南迁而来的，后又有着许许多多到海外谋生的经历，对外来事物的接受比较快，何况他从小就受西方文化的熏陶，思想比较开放。厦门大学分析研究所所长王秋泉说：

> 他考虑问题时站得很高，考虑得比较多、很全面。他强调研究的不该是那种表面的东西，而是那种深层次的、科学的东西。他很关注这个问题，强调我们首先要知道我们的研究要达到一个什么样的目的，要解决一个什么样的科学问题，这是比较深层次的。我们毕竟是高校，不是一个什么检测中心。在这方面，他给了我很大的帮助，确实是对我产生了很大的影响。[①]

黄本立坚信，为师者言传身教，以身作则，是最直观、最具说服力的育人方式。现在学术腐败有个两方面：一方面是造假、剽窃等；另外一方面是搞圈子，我的人你照顾，你的人我照顾。黄本立总要求自己的学生

[①] 王秋泉口述访谈，2012年7月9日。资料存于采集工程数据库。

图14-7 2009年黄本立到厦门大学漳州校区做讲座后为学生题词

"凭本事自己去做"。不论是做研究还是做人,他对学生的要求都很严格,总是提醒他们"不但要把自己的事情做好,还要关心周围的人,要帮助周围的人,不要给周围的人添麻烦",同时他也会给学生很多的鼓励,不断激励他们去探索新的领域,令他们受益匪浅。

遇事他爱先讲明道理,但他更注意自律,无形中给他们做出好榜样。他有"吾日三省吾身"的习惯,文章发表之后,他还会想着它。不为欣赏,而为发现问题。一旦发现数据不对,或者计算方面有问题,虽然文章早已经发表了,他也会要求更正。有一篇文章,他在发表五年之后,才发现其中一个表里的数据弄错了。虽然那不是一个很重要、很严重的错误,也不是有意的,完全是数理统计的技巧问题造成的,但他还是给编辑部写信,指出问题,要求更正,说明清楚。那个主编对他的做法十分欣赏,说:"好,我马上给你登"。他在这方面的思想行为,对学生的影响不是一时一事的,而是影响到他们的整个研究生涯。

如今已成为北京瑞利分析仪器开发公司研发部副部长的梁敬说,2004年6月30日,在他毕业后即将启程赴深圳工作之际,黄本立参加他们的毕业聚餐,为他送行,还送给他一个钱包,对他说:"我希望你拿着这个钱包,在把钱装满的同时能给咱们国家的分析仪器,尤其是原子光谱仪器,做点贡献。"[①] 一句并不深奥的话,却给梁敬留下特别深刻的印象,令他总觉得自己还没有完成老师布置的作业似的,直到2012年8月他还在使用这个钱包。他说大家都劝他该换一个钱包了,当然也不是没钱买,但他总

---

① 梁敬口述访谈,2012年8月20日。资料存于采集工程数据库。

说,能用就先用着吧,因为这是黄先生给的,它总在提醒着自己要为民族仪器事业做一点贡献。

黄本立对学生的爱,不仅仅是出自教师的职责,而总是为国家着想。四川大学分析测试中心主任侯贤灯教授并非黄本立自己的学生,自他从美国学成归来后,他们通过学术交往相识。黄本立感受到他的潜力,就关注着他的研究进展,给他予鼓励和支持。当侯贤灯在泰国参加第一届亚洲太平洋地区等离子光谱会议时,有意想去申办这个会议,但又觉得自己分量不够,黄本立得知后就热情地鼓励他。侯贤灯表示"我可以去申请在中国开这个会,但到时你要做主持。"黄本立说"我可以站在你后面,给你鼓鼓劲儿,最终还得你来弄,我在后面帮助你们。"[1]在黄本立的推动和支持下,2010年的第四届亚洲太平洋地区等离子会议果然得以在成都顺利召开,侯贤灯任会议主席。

图14-8 2008年黄本立参加厦门青少年科技创新竞赛活动

黄本立是大学教授,却十分关心青少年的成长,近两年来他每年在暑假期间,不顾酷暑的炎热,给全国青少年高校科学营的老师同学们做关于科学道德与素质教育方面的报告。他还多次参与厦门市"大手拉小手"、青少年科技竞赛等活动,与福州、厦门的中小学生谈心,鼓励他们努力学习文化知识、探索科学真理,踏踏实实做人,认认真真做事,勇于挑战权威,勇于追求真理,解放思想,实事求是。

---

[1] 侯贤灯口述访谈,2012年8月19日,沈阳。资料存于采集工程数据库。

第十五章
相濡以沫　同绘彩霞

到了 1988 年，黄本立的和谐之家，又因外孙女曹菲的出生而增加了许多欢乐。

2000 年，张佩环脱离了她所从事的科研领域，像所有厦门企业职工一样，退休回社区，做个普通市民。但这时的黄本立，虽然已经 76 岁，却如日中天，干得正欢。从来不愿落在其后的张佩环，不用谁任命，就主动当起了家里的后勤部长。2005 年后，黄本立也退居二线，不再牵头申请科研项目和招收研究生了，但他照样每天到办公室上班，照样忙个不停，照样经常出差，张佩环也跟着他连轴转。中国人习惯于把退休老人喻为夕阳，面对他们却禁不住就产生一个疑问：这老俩口像是"近黄昏"的夕阳吗？

黄本立似乎从不考虑如何回答这个问题，他想的只是如何尽其所能地为光谱分析事业的现在和将来多做点事，张佩环也竭尽所能地为他提供后勤保障，两人各司其职，形成了一种很默契、很自然的分工。可以毫不夸张地说，如果他真的领了什么"军功章"，那这里头一定有她的一半——没有她，他能当几天家庭的甩手掌柜？

有人说他们生活得很浪漫，这也不是什么"传说"。他们确实是浪漫的，他们会手牵手漫步在校园里。他会忙里偷闲，摆弄一下他的照相机，续一下他那"少年的梦"，她也从中滋生欢乐。在家里，不管是谁的生日，都将是全家人创造温馨、和谐、幸福氛围的好机会。到了晚年，只要条件允许，他们常常是出双入对，形影不离。其实，这也正是他们深得现实主义之精髓之处——他们深知岁月不饶人的道理，精力所限，完全不服老不行，但他们又总想再为社会做点事，怎么办？也许，密切配合，奏奏家庭交响乐或夕阳交响乐是最明智的了。

亲情满满三代人

黄英说，在她父母那儿，她跟她女儿曹菲的"待遇"很不同。她是1961年11月10日出生的，为了事业，她父母决心只要一个孩子。这在当时，极为少见，但他们不吭不响地就这么做了。她半岁就被送到幼儿园全托，五岁半才回家读书。她记得，她常站在幼儿园里

图15-1　1988年黄本立当上姥爷

往外看，希望见到父母来接自己，但只有在星期六才能如愿。她的女儿曹菲是1988年出生的，她的出生却成了家里的头等大事。黄本立夫妻俩好像是为了弥补当年对女儿的"尽力"不够似的，对这个小生命疼爱有加，孩子才出生五天，他们就急着把她接回家。哪怕他当时又招博士生了，正忙得不得了，也从不忽略这个小宝贝。

在黄英的印象里，她小时候，基本上是你想要什么，父母偏不给什么。你要吃面条，妈妈给你做好米饭，你就不能改，说是"不能娇惯孩子"。见人家小孩都有那种胶皮的小雨靴穿，她也非常想要，但爸妈就是不给买，说是"不能搞特殊化"，她只能穿妈妈的37号大雨靴，"咣当咣

当"蹚着水乱跑。曹菲才刚学会走路,那双粉红色的小雨靴已经摆在那儿了。黄英一直很想骑那种两轮的小自行车,但是父母没有给买,她就只能用人家的大自行车学骑,小学二年级就会骑26吋自行车了;而曹菲才一岁多一点,脚还够不到小自行车踏板的时候,外公外婆就早已经给买好了。总之,她爸妈对曹菲的用心,似乎比对她的多得多。

对于这些"不平等",黄英好像特别能理解。她分析说,自己小的时候条件不好,生活艰苦,后来又碰上"文化大革命",父亲哪能有时间管她?但父母特别注意从小培养她的独立性,这其实是最深挚的爱,使她受益无穷。在母亲的调教下,她特别懂事,小小年纪就能独立处理一些家务了。读小学二年级时就能独自做葱油饼、做高粱米饭,知道怎么样把高粱米饭做得白白的,像大米饭一样;知道万一把饭做煳了该怎么处理——只要在饭里插根葱或搁碗凉水就能去煳味。那时候没有电饭煲,她也知道只要用报纸或小被子把饭锅包起来,爸爸妈妈下班了还能吃上热饭。若来不及煮饭,她就拿个塑料袋去食堂买饭。这些锻炼,为她以后的独立生活打下了很好的基础,她为此而非常感激父母。

在黄英的印象中,父亲脾气好,一般不太管她,她自认有点马大哈(粗心),他也不给她讲什么大道理,只说"细心些"。她小时候贪玩,爱玩扑克。黄本立一般不管,但有一次实在玩过头了,他才真的生气了,骂倒是没有,但把扑克牌撕了。她自知理亏,从此老实多了。有一回,她刚读完小学二年级,说要去找姥姥,家里就给她买一张从长春到沈阳的火车票,让她自己去。后来小小年纪的她自己又去了姥姥家几回,每次家里人就把她托付给列车员或列车上的解放军,到了目的地,由姥姥家里人来接她。这让她觉得自己行,挺自豪的,感觉特别好。

她的学业,主要靠母亲关照,父亲基本上不管,即便在录取率只有4%的1979年,她要参加高考了,父亲却被借调去广州筹建地质新技术研究所,照样无法管。妈妈为了给她解压就说:"没关系,只要你能自食其力,扫大街或做什么,我们都没关系。"结果她很争气,考上吉林工业大学,住校,只有周末才回家改善改善生活。

对于儿孙做什么工作,黄本立也一向不在意。1983年黄英大学毕业,在长春工作，做仪器维修。父母搞应用，她做维修，他们还是说"没关系"。在国外，她学英文、开车、打工，不管什么，爸妈都说"没关系"。曹菲在多伦多大学主修文学，大学本科要毕业时，却因想当小学老师，又选修了心理学课程，外公仍然说："你爱做什么就做什么"。

他们从不要求她长大后成什么"家"，但总是教育她，一定要做个正直、独立的人，做一个对社会有用的人，能与大家互相帮助。他的话总是："你们能助人为乐就多助人为乐。"

不知为什么，尽管在黄英人生历程的几件大事情上，不管是念书、考大学还是结婚，黄本立都不在家，但她总能感受到父爱的厚重。父亲抚养祖母和三婶，甚至在三婶去世后，还寄钱帮她的三个孩子，让他们顺利完成学业，这事不仅让黄英很感动，还影响着曹菲；父亲亲手做的一张张贺卡，不管是给自己的，给母亲的，亦或是给别人的，都能让她体味到那深深的爱；哪怕是有一次把儿时的她抱到桌子上，帮她编小辫子，也能给她留下特别好的感觉，让她深深地记住，越品味越甘甜，越幸福……拿她的话说，那种感觉太好了。出国后，她常给父亲发电子邮件，有时写些东西，也会发给他看看。他见拼写不对、标点符号不对，都会改了发还给她，每一回都像是一次爱的洗礼①。

黄本立对外孙女的用心，按黄英的说法，更是比对她的多得多。这说法，黄本立笑笑默认了。实际上，他是一个爱在总结、回顾中寻找更好做法的人。他早已意识到，孩子是应该在快乐中成长的，而黄英小时候，由于自己受那个时代大环境的影响，对女儿要求太严了，有点内疚。所以，当女婿曹进辉 1994 年到英国进修，半年后女儿黄英去英国陪读，但曹菲只能暂时留下来跟外公外婆生活在一起时，黄本立老两口有一种祖孙三人相依为命的感觉。小家伙也特别乖巧，五六岁还要外公背她，却又说："你累了，告诉我，我下来；你不累了，我再上去。"外公有理由拒绝吗？她很调皮，爱乱跑，外公把她抓住，说："你现在还不能这么跑，长大了才行"。她就表示盼望自己"快快长大"。外公爱看《忍者神龟》和《米老鼠和唐

---

① 黄英口述访谈，2012 年 5 月 25 日，厦门。资料存于采集工程数据库。

图15-2 2000年黄本立于多伦多参加外孙女小学毕业典礼后拍的全家福

老鸭》,他自己看得哈哈大笑,曹菲也爱看,但外公说"不行,要先做作业"。她就老老实实做作业①。黄本立夫妇虽然忙碌,倒也祖孙三人,其乐融融,倍感温馨甜蜜。

爷孙感情很深,他和夫人都非常爱曹菲。但他们认为,应该支持和鼓励孩子们去创造属于自己的生活,孙辈的童年应该生活在父母营造的氛围中,所以不管他们多么舍不得让外孙女走,也知道一旦女儿一家都不在身边,他们将会少很多天伦之乐,但还是在曹菲刚过五岁半就要求女儿尽量把孩子带在身边。理由是:孩子在成长阶段,应该跟父母待在一起。于是曹菲在1995年2月就由母亲带到了英国,一年后全家移民至加拿大②。

这个当时才六岁多一点的小家伙,知道自己即将离开外公外婆了,于是在1995年11月14日,偷偷地给外公外婆各写了一封"信",并悄悄地藏在家里抽屉的最底层,对谁都不提及。大约几个月后,黄本立在整理东西时,才发现了这写在同一张纸上的两封"信"——一张纸被折成对开两

---

① 张佩环口述访谈,2012年7月4日,厦门。资料存于采集工程数据库。
② 黄英口述访谈,2012年5月25日,厦门。存地同上。

页,一页上写着"亲爱的黄本立祖父,我知道你很喜欢我,可是我不能报答你,因为我还小,谢谢你,亲爱的祖父";另一页写着"亲爱的外婆,妈妈不在的时候,你像妈妈,还有爸爸不在的时候,你像爸爸,谢谢你外婆"①。信中拼音、汉字夹杂在一起,有的字还部首在上一行,另一半在下一行,稚嫩的字迹,却洋溢着一个天真孩童浓浓的真挚情感。黄本立夫妇看着孩子写的信,心里真有一种说不出的滋味,又觉得甜蜜无比。

按照眼下流行的说法,黄本立现在的家庭属于空巢家庭,但他们一点都不觉得孤单。生活中,常听一些老教授"诉苦":在孙儿孙女看来,祖父奶奶只懂得他们自己的那么一点东西,别的什么都不懂。黄本立不仅没有这种苦恼,还是儿孙崇拜的对象。二老互相体贴,互相帮助,化解困难,给儿孙的不仅是潜移默化的榜样作用,还有创造的灵感。

曹菲说,她本来想读艺术,因为小时爱做手工。外公虽是科学家,但兴趣广泛,爱做小东西发给大家,创造力强,她佩服极了,也爱画画。爷孙俩很谈得来,外国画家谁谁谁,别人不懂,外公也懂。她画的像谁的谁的,他都懂,说得头头是道。她爱与他用外文

图 15-3 亲情(2005年外孙女曹菲制作的橡皮泥塑像,黄本立摄)

聊天,她觉得他聊得特溜。她14岁回国时,外公给她介绍中国古典文学,她这才发现他懂得那么多。说着说着,他还能从书柜里拿出书来证明自己的说法,令她很是震惊。外公出差还带外国小说看,鼓励她坚持不断学习新的东西,保持求知欲望,求新②。

如今,祖孙三代虽然不能天天在一起,但他们彼此爱着,欣赏着,思念着,只要一有空就进行跨洋交谈,仍然其爱深深,其乐融融。

---

① 曹菲给外公外婆的信,1995年11月14日,厦门。资料存于采集工程数据库。
② 黄英口述访谈,2012年5月25日,厦门。存地同上。

有了这样的另一半　幸福暖人心

2000 年，张佩环不到公司上班了，家就成了她的"办公"地点和"老年大学"。她包揽了家里所有的家务，在家悉心照顾黄本立；同时学游泳、学唱歌、学按摩，充实自己的生活并锻炼自己的身体，过得有滋有味，不亦乐乎。

因为孩子远在国外，两个 80 多岁的老人的生活全靠自己料理，虽然很多人劝他们请一个保姆，可是张佩环总开玩笑说："请了保姆，那我做什么，我不就下岗了吗？"只要能勉强应付，她就坚持不请保姆，买菜做饭全靠她一个人，还从来不让黄本立去厨房帮忙。黄本立至今仍然坚持每天上班，在家也就只负责打理打理种在阳台上的花草，扫扫地。

黄本立 80 岁生日时，有人问他，"您的身体这么好，是怎么保养的"，黄本立说："那是我妻子饲养得好"。他故意用了"饲养"这个词，足见其幽默风趣，也饱含着他对妻子的"臣服"之心。在家里，他一般都自觉地接受妻子的领导与管理，妻子做什么他就吃什么，从不挑剔。当然张佩环也总是尽可能去做黄本立喜欢的食物，在生活上无微不至地照顾着他。本来，她是北方人，喜欢吃面食，就因为黄本立是南方人，喜欢吃米饭，掌勺的她从不"以权谋私"，总是做他爱吃的米饭，家里一年到头，三餐基本上都以米饭为主食。她很爱吃虾，但后来黄本立体检查出尿酸偏高，医生劝告他海鲜和菌类要少吃，她就再也没在家煮过虾，只是偶尔去饭店的时候才吃上一些。她是很有"荤素搭配，蔬菜为主"观念的，有意思的是，有一次她炒了茄子、黄瓜等菜后就叫"开

图 15-4　2001 年黄本立夫妇摄于鼓浪屿

饭"，不料黄本立看了一眼，随口就说："怎么今天没有青菜？"她开始不明白他为什么说没有青菜，心里有些不高兴，说："茄子、黄瓜不是蔬菜吗？"话刚出口，她突然明白了，他说的青菜是绿色叶子菜，瓜类不算。这下她那急性子暴露无遗，立马二话不说拿上买菜的包就下楼，她要补做青菜。当时住的是没电梯的四楼，走到一楼还剩几个台阶时，可能是着急踩空了，不知怎的就滚下去了，幸好无大碍。倔强的她，自己爬起来，继续前行，硬是把青菜给买了回来。到家后才发现，头顶上起了个包。黄本立知道后，吓得不轻，很是后怕，也后悔自己说了那样一句话，没把瓜茄当青菜。但从此以后，家里的每顿饭，有一道菜是绝对不会少的，那就是青菜——绿色叶子的蔬菜；另外，每天还给他特制两杯鲜榨果汁，一杯也少不了。

而黄本立在家呢，也不是一般地、而是绝对地"服从领导"。如果去外面吃饭，去哪里吃、吃什么，黄本立总是顺着张佩环的意，点她爱吃的菜。幸福的张佩环有时也会冲着他耍赖皮地说，"我就是喜欢吃'垃圾'食品。"黄本立虽然有时候也会说一句"还是要注意饮食"，但是从来不拒绝陪着心爱的老婆大人一起去吃必胜客、肯德基、麦当劳、牛排……因为他还有一句足以安慰自己的名言："偶尔吃一点没什么关系"。对于他来说，吃什么并不重要，重要的是老伴吃得开心。

有人曾请教他们，"幸福家庭婚姻生活的秘诀是什么？"黄本立笑笑说："婚姻的艺术在于妥协。"凡家里的事情，黄本立总是最大限度地听从夫人的决定，由她做主。他们之间，就像张佩环说的，"我们俩这辈子很大的吵架是没有的，就连小吵架我现在都想不起来了，没有什么好吵的，也没时间吵。吵架总是要有矛盾，而我们真的没什么矛盾。"[1]其实，被赋予"做主"权的张佩环很尊重黄本立，很愿意听他的意见，常常是夫唱妇随。一个是懂得谦让的人，一个是明白事理的人，他们的婚姻生活能不和谐美满？

如果说有差异就意味着有矛盾，那这种矛盾倒也成了无伤大雅的生活

---

[1] 张佩环口述访谈，2012年7月4日，厦门。资料存于采集工程数据库。

小插曲。也许在大多数的家庭里，由于女同志爱打扮自己，往往老半天出不了门；但在黄本立家，情况好像相反：张佩环做起事来动作很快，又特别不愿"拖后腿"，所以她总是早早就拿好随身物品，穿着完毕，拿好钥匙在门口等着锁门上路；性子较慢又考虑周全的黄本立，总是一会儿想起落下什么东西，一会儿又想起另一件什么东西必须带，常常出个门总要来回跑上好几趟。张佩环总在等他，等久了就要催，一遍、两遍……有时忍不住就急了，一急就生气地发牢骚："每次出门我都要等你十分钟，你算算我一年要等你多少分钟，一辈子又要等你多少分钟？"黄本立一般都是只笑不语，也不生气。有时候被催急了也会"顶"上一句："一辈子都在催，还没催够？年纪大了，慢一点，别着急……"张佩环就跺跺脚，也不说话。

奇怪的是，每次一旦锁门上路，刚才的小摩擦就好像压根没发生过。在他们的日常生活中，没有吵吵闹闹，彼此间总是优先对方、互相照顾，偶尔的小拌嘴，倒像成了调味剂，让他们的生活更真实、更鲜活、更有滋有味。

在这样的家庭里，要想说自己不幸福都不行，也许正因为如此，黄本立即便在80岁后，还能那么愉快地做那么多事。

不用扬鞭自奋蹄

许桂有篇报告文学叫《夕阳无限好，更好看明天》，写的是黄本立的恩师高兆兰赞赏王起教授"改诗"之事。王先生生前很不满意晚唐诗人李商隐临晚登高时的悲观情绪，便在一篇文章中将他的两句名诗"夕阳无限好，只是近黄昏"改为"夕阳无限好，更好看明天"。高兆兰说："这一改呀，'朝露贪名利，夕阳忧子孙'的俗气尽除，'莫道桑榆晚，为霞尚满天'、'明知夕阳短，不用扬鞭自奋蹄'的人生境界尽出。"师生的心真是息息相通，晚年的黄本立，正在践行恩师赞赏的人生境界。

2005年5月，黄本立获得国务院授予的"全国先进工作者"荣誉称号。9月24日，厦门大学隆重召开"分析科学学科发展与展望研讨会暨祝贺黄本立先生80华诞庆典"活动，纪念册《热烈祝贺我国著名分析化学家黄本立院士八秩华诞暨从事科研教育工作五十五年》印行。

图15-5　2005年黄本立获"全国先进工作者"荣誉称号，出席国务院文艺晚会

这时，黄本立80岁，进入了耄耋之年，成了资深院士。按一般的理解，他完全可以悠闲地待在家里，干干自己喜欢干的事，安度晚年；再积极点，管好自己，不给单位和孩子添麻烦，那就很不错了。他倒并无"真想再活五百年"的雄心壮志，但他总想，各种奖励也好，八十华诞庆典也好，都是大家对自己的"关爱和帮助"，足以令他没齿难忘。科研这种事，不想做的人，什么事也没有；一旦想做，那就越想越觉得还有太多太多的事要做，怎么也做不完。于是他只能步履匆匆，马不停蹄，年复一年，国内国外，东奔西跑……

黄本立过的常常是这种难以停歇的紧张生活。2005年5月12日，他刚出席在山东济南召开的"'十一五'分析化学发展战略研讨会"；9月4日，他又赶往比利时，参加第34届国际光谱会议。2006年6月25日，他又匆匆前往莫斯科，参加国际分析科学大会（IUPAC ICAS 2006），任国际顾问委员会委员，并做题为"Atomic Fluorescence Spectroscopy: from Wood to China—an Overview"的邀请报告。

2007年1月，刚经历过意外车祸重创的他，以总顾问的身份，参与杭纬课题组关于矿石的无标样快速分析仪的研制及其他一些课题的研究。4月15日，应邀在厦门大学召开的第17届国际磷化学大会开幕式上致辞。9月24日，经过几年艰辛筹备的CSI XXXV，在厦门人民会堂隆重召开，他任大会主席，取得巨大的成功。

2008年7月，他应邀赴兰州参加由中国机械工程学会理化检验分会主办、上海材料研究所承办的全国化学与光谱分析会议并做大会报告。9月27日，应厦门市科学技术协会邀请参与福建省科协第八届学术年会活动，做科技创新与节能环保主题报告。

2008年11月2—5日，出席厦门大学承办的2008年中日韩环境分析化学研讨会，任会议主席。

2010年11月27日，赴成都参加第四届亚太地区冬季等离子体光谱会议（The 4th Asia-Pacific Winter Conference on Plasma Spectrochemistry, 2010 APWC）。会议授予他和倪哲明教授"原子光谱分析终身成就奖"（Lifetime Achievement Award for Analytical Atomic Spectrometry in China），以表彰他们在原子光谱分析领域所做出的杰出贡献。

2011年5月，在IUPAC ICAS 2011国际分析科学大会上，黄本立当选"日本分析化学会荣誉会员"。日本分析化学会荣誉会员是日本分析化学会会员中的最高荣誉称号，这一称号主要授予在国际分析化学界有重要影响、多年来为推进分析化学界交流合作和发展做出突出贡献的科学家。

图15-6 2010年黄本立于四川成都第四届亚太地区冬季等离子体光谱化学会议获"原子光谱分析终身成就奖"

这次与他同时获此殊荣的还有 2008 年诺贝尔化学奖获得者美国 Woods Hole 海洋生物研究所 Osamu Shimomura 博士和美国科学院院士、中国科学院外籍院士、美国斯坦福大学化学系 Richard N. Zare 教授。日本分析化学会成立 60 年来，授予外籍名誉会员仅 20 多名。黄本立是我国第 3 位获此殊荣的分析化学家，第一位是梁树权院士，第二位是汪尔康院士。

2012 年，已是 87 岁高龄的他，8 月初应邀给由中国科协和教育部联合主办的全国青少年高校科学营活动的营员做"漫谈科学道德和素质教育"报告，8 月中旬他又应邀参加在沈阳召开的第二届全国原子光谱及相关技术学术会议，任该会学术委员会顾问，并做题为"雪泥鸿爪——一个花甲的原子光谱生涯"的报告。9 月 11 日，应邀参加在厦门召开的第八届全国地质与地球化学分析学术报告会并做大会报告。11 月 17 日，应邀出席厦门大学第 16 期"名师下午茶"并与大学生谈人生。

他干起事来，好像忘了自己的年龄，如果说他有时还有想起自己"年纪已大"的时候，那一定是他想起光谱事业任重道远，必须从年轻人抓起的时候，必须支持年轻的一辈，让他们站在前台的时候。2006 年 3 月 30 日，他把 80 周岁庆典节余的经费，由厦门大学化学化工学院设立"黄本立奖学金"。每年奖励化学系分析专业博士生、硕士生若干名，鼓励该专业品学兼优的学生继续努力。后来他又把生日收到的礼物大多数捐给了厦门大学化学化工学院。2008 年 10 月 10 日，他应侯贤灯邀请到四川大学做讲座。10 月 30 日，他应邵元华教授邀请到北京大学做讲座。2010 年 9 月 26 日，他被聘为中国有色金属工业协会主办的《中国无机分析化学》的顾问。10 月 31 日，他应邀参加在福州举办的第十二届中国科协年会科学道德建设论坛，并作"建立科学道德规范，推动科技立法"的报告。12 月 1 日，他应四川大学化学学院邀请做"化学造福人类"的主题讲座。12 月 3 日，他应浙江大学金钦汉教授的邀请参加原子光谱技术与教学创新高峰论坛。2011 年 6 月 11 日，86 岁的他参加张展霞教授八秩华诞庆典活动并在会上致辞，还应邀在中山大学化学院做题为"做一个对人类有用的高素质的化学家——纪念 2011 年国际化学年"的报告。7 月 22 日，他应邀为厦门大学漳州校区附中六年一贯制实验班暨上海复旦中学博雅班学生联合夏令营营员做题为"科学与艺术——一个硬币的两面"的科普报告,和复旦中学、厦门大学附中学生谈心,勉励学生做"大写的人"。2012年8月5日,他冒着倾盆大雨,出席由中国科协和教育部联合主办的全国青少年高校科学营活动,应邀为营员们做报告。

这种行程,即便只是去当听众,也够折腾的了,何况那每一项都得付出艰辛准备的,都必须扎根于扎实科研基础上的。他之所以接受那么多的报告、讲座,完全是因为出于一个学者的责任和使命。也许,正因为他感到时间紧迫,那就只能靠挤了。用张佩环的话说:"我是拼命干工作,拼命干,用尽了自己所有的力气把我这份工作做好。黄本立也是拼命干工作,他做的那些工作,我也尽量鼓励他去做,我也不干扰他。我们在一起时很多时间都讨论工作和业务上的问题,我们家的生活很简单,讨论家里的事情顶多就是吃、穿什么的。"黄本立从来不渲染他如何废寝忘餐地工作的,但他在写《我的后半辈子》时,还是一不小心露出了这么一句"在工作中,有时很辛苦",但一句话未写完,又紧接着强调"也有乐趣","苦中作乐,其乐无穷"。这就是黄本立,一个实实在在的黄本立。角色变了,但为光谱事业献身的决心不变。

在黄本立的"工作行程"中,我们不难看出一位耄耋老人,是如何在"其乐无穷"中与天争时的。

相依相伴绘彩霞

生活不会总是阳光明媚,突如其来的暴风雨,有时确也令两位老人猝不及防,像是要检验他们的承受能力似的。

2006年9月11日,一场意外的车祸让黄本立住进了重症监护室。张佩环第一时间赶到出事地点,陪着黄本立去医院,被送回家已是深夜。她这才发现,出门时慌乱得连房门都忘了关。

她不知道自己是怎么度过这个晚上的,但她牢牢记住,第二天得早起。她也不知道黄本立是否能吃饭，但她还是一大早就起床给黄本立熬了营养粥，早早带着它去了第一医院，把它交给护士。虽然黄本立没有生命危险，但因为年纪大，又肺部积水、脑震荡，前面几天都住在重症监护室里。怕感染，医院要求尽量不要进去探望，她就一整天都守候在重症监护室的门外，每天到傍晚才回家。

坚强的她宁愿一个人扛着，也不想把这件事告诉远在国外的女儿，以免给女儿增加思想负担。可女儿习惯于每天通过电话或电子邮件与家里联系，要瞒住她并非易事。对于心直口快的张佩环来说，"说谎"太难了，有时一不留神就说漏了嘴，女儿没过几天就发现了破绽。更糟的是，女儿的朋友从网上看到了消息，赶快告诉了黄英。张佩环知道实在瞒不过去了，才轻描淡写地告诉女儿他确实出了车祸，但是现在已经没事了，再观察几天就可以回家。

黄本立的助手林峻越回忆说：

> 那是一段令人揪心的日子，白天我陪着张老师坐在病房门口，了解最新的病情，傍晚再陪她回他们的家。她不顾自己的劳累，还坚持

图15-7 2004年江门乡亲热烈欢迎黄本立伉俪回乡

第十五章 相濡以沫 同绘彩霞 *217*

亲自下厨为我们做简单的晚饭一起吃。张老师性格很要强，我也只能顺从她一起在厨房帮忙打下手。那个时候，她总是不停地回忆着家里过去的事情、女儿小时候的事情，特别是"文化大革命"时期他们家遭遇的事情。她说经历"文化大革命"，她就知道没有什么苦不能承受了，她也不相信还有更苦的事情。我知道，她其实是用这种方式来激励自己，让自己内心坚强些……我担心她一个人在家太孤单，会胡思乱想，会心里难受，曾几次提出要留下陪她过夜。可是她很坚强，总说"没事，会没事的，我相信我们最苦、最困难的日子已经过去了，小林你放心好了，我不会有事！"每天我都陪着她，和她聊天，可是每到晚上十点左右，她就不容辩说地把我打发回去，说"小林，你快回去，我没问题的"。幸亏吉人天相，黄先生一个月后基本康复出院。他们很快恢复了原来的生活。黄先生依然忙碌，她依然精心照顾着他。

为了让黄本立身体康复得更快更好，张佩环会常常提醒他不要长时间坐在电脑前，应多一点运动。每到傍晚时分，她就会叫他"陪"她去散步，黄本立总是听从妻子的这些"指令"。于是，在厦门大学美丽的校园里，人们常常会看到一对老人手挽着手，在晚霞笼罩下幸福祥和地走着走着……偶尔他们会停下来一起欣赏风景，黄本立会用他的相机记录他所看到的美景，张佩环就在一旁耐心地等待着，微笑着看着、欣赏着，而黄本立也不忘时不时回头关照一下老伴。此情此景，有时真叫人疑惑，这天上的晚霞、地上的晚霞，到底哪个更美？

这是一对令人羡慕的夫妻，他们生活得温馨、和谐，爱伴随他们相依相随的每一天。近年来，当黄本立得知她晚上一个人睡觉会害怕时，他从不与她分床睡。如有人邀请他外出开会，他要么带夫人同行，要么婉拒，决不把她一个人留在家里，唯恐不测。到了晚上，为了更多时间陪在老伴身边，黄本立会尽可能地花时间陪张佩环看她爱看的电视连续剧，然后再回到他的电脑前继续他的工作。张佩环也离不开黄本立，她乐于关心和照顾着他，乐于去听他做的报告。就在2013年6月福建省科协换届会议期间，谢联辉院士看着黄本立老俩口，笑着对黄本立说："你最幸福了，到哪

图 15-8　2012 年 12 月黄本立伉俪于深圳参加第四届化学部资深院士联谊会（林峻越摄）

儿都有老婆管着。"黄本立会意一笑，脸上挂满幸福。

　　见过黄本立的年轻人常说，黄先生有点不像中国的老人，很西化，很浪漫。看看他与家人的相处方式，足以证明。

　　已经过了金婚的他们，似乎永远停留在恋爱的甜蜜季节里，他们的爱情，好像新鲜得根本就不需要有什么保鲜期，越老越形影不离，只是多了一份浓浓的温情与亲情。凡结婚纪念日、生日，不管是在工作太忙的以前，还是年纪都大了的今天，黄本立从来不会忘记，还总想着准备一点什么礼物给自己的爱人，至少也得加餐庆祝一下。他有时提前好几天就悄悄地想着这事，想着要送什么礼物，要怎么庆祝，有时还向自己的助手咨询咨询。他常常会亲手做一些很有意义的纪念卡，或者买一些小礼物，虽然不贵重，也可能没有惊喜，但他很用心，令人觉得很温馨。同样的，每到黄本立生日，张佩环也总是一大早就去买上玫瑰花送给黄本立，然后给黄本立买上生日蛋糕。

他的这个习惯已经感染了他家的每一个人。女儿黄英结婚生子了，出国了，但黄本立夫妇总能都记住女儿一家三口的生日和女儿女婿的结婚纪念日，不管黄英是在英国还是在加拿大，总是能提前收到父亲寄来的电子贺卡或礼物，非常细心、贴心！

受父母影响，黄英把朋友、同学的生日，都牢牢记着，每年都不忘送去祝福，所以她的朋友一般也都成了二三十年的"老"朋友。更为有意思的是，很多她女儿的"老朋友"们也都成了二老的好朋友。难怪连女儿的"老朋友"们，都羡慕这一家三代的融融亲情，甚至连那些整天哼着"不求天长地久，只要一朝拥有"的现代派们，只要见过这两位老人，只要看过两位老人的恩爱模样，都不得不羡慕他们，羡慕他们时时、事事惦记着对方，自愧不如他们的浪漫与幸福。

我们想说，与其将这两位老人比喻为晚霞，不如说他们是一对快乐的彩霞描绘者。

结 语

  2005年9月21日,在黄本立迎来八秩华诞的大喜日子里,厦门大学化学化工学院和厦门大学现代分析科学教育部重点实验室,曾联名写了一篇祝贺文章,文章分为"默默耕耘半世纪,累累硕果谱写华章"、"甘为人梯育英才,满园桃李灿烂芬芳"和"潜心关切公益事业,倾力促进国际交流"三节,不仅很好地总结了黄本立在半个多世纪的漫长岁月中,在光谱分析领域的耕耘、开拓与奉献,而且体现了黄本立的某些学术成长特点,让人品味出他的人品与才情。

  我们读后很受启发,有意沿着文章的踪迹,结合我们一年来的调查采访,进一步总结黄本立的学术成长特点。回顾黄本立走过的九十一个春秋,我们不得不说,不幸与幸运相结合的生活历程,既造就了他坚忍不拔的韧性,又锻造了他一颗大爱之心。中西结合的教育经历,酿就了他洋为中用的坚定思想,令他既传统又开放。他学的是物理,从事的是分析化学,然名师的指点、扎实的基础,恰恰都成了他让物理知识为分析化学所用、开辟科研新天地的坚实基础。他不仅是个坚定的爱国者,永远立足中国,北上南下,想着都是国家的需要,而且是个思想开放、面向世界,追求科学前沿的科学家。他不只是一位默默奉献、永不懈怠的科学家、教育家,还是一位热爱生活、多才多艺的艺术家。他能放弃个人兴趣的摄影工作,却又因把个人的兴趣与国家的需要相结合而使他一生充满创造性。

直面苦难　锻造刚强

性格倔强与彬彬有礼，看似矛盾，在黄本立的身上却能和谐如一，前者犹如他内在的骨架，后者则像他展示于人的肌肤。如今，当人们面对这位谦和有礼、笑容可掬的绅士，谁会把他与一个厄运缠身、苦难连连的病弱男孩联系起来？是什么支撑他战胜恶劣的生存环境，保证他稳步前进，直至创造出令人渴望却难以企及的业绩？

如今，我们已无法细说黄本立的家庭给了他怎样的遗传、如何的教育，但中华民族几千年积淀下来不畏艰难、挺起胸膛、坚韧跋涉的秉性，足以使他成了一个任何苦难都打不垮的硬汉——虽然他很温文儒雅，但他仍然是地道的硬汉。

儿时的黄本立，身上已有着一般孩子所没有的、能够抵御苦难、善于跨越逆境的素质。

一是他善良，能捕捉人性之美。一个孩子，为求学而寄人篱下于香港，其中酸苦，自不待言，但心酸与痛苦，他几乎完全"失忆"，积淀在他脑海的全是人们对他的好。这让他无形中形成了自己的观念：人大多数是好的。从此他相信他人，相信自己的生存环境，并因此而对人充满爱心，自己也觉得很幸福。

二是他敏锐，意识到亲人不在身边，遇事只能自己照顾自己，自己保护自己，才能避免可能受到的伤害。这种警惕性存在于一个孩子身上一天两天，当然不会起多大的作用，但当他要在两三年内保持这种心态，对其性格的影响是不容小觑的。拿黄本立自己的话说，那就是使他有时难免警惕过了头。幸亏他本性善良，与人为善，又很善于接受中华文化的精华，所以他从不主动出击，偶遇来犯，他就审时度势，打得赢就打，打不赢就跑。

三是他耐苦性极强，不管什么艰难困苦，他都消化得了。哪怕当他从一个有丫鬟伺候的少爷，突然成了得自己面对一切的"寄宿生"时，他居然觉得自己并不孤单，觉得周围的人都对自己不错，于是潜心苦读，不仅国学水平大有长进，连他为之留了一级的英语，也赶上了在英语环境中长大的孩子。

往事已矣，但通过调查，我们却不能不说，苦难确是一把双刃剑，它可能摧毁一个虚弱的灵魂，也可能锻造一颗钢铁般的心灵，关键在于这个遭遇苦难者有着怎样的性格，他以什么样的态度面对苦难。

黄本立降临人世时，尽管世界动荡，但他毕竟还有一个相当和睦温馨的大家庭，不乏优裕的生活条件。然不满周岁，父亲去世，再过三年，慈母又撒手西行，正当祖父母强忍白发人送黑发人之痛，决心含辛茹苦将他抚养成人，尽可能给他以良好教育之时，日寇侵华，国无宁日，少不更事的他，只能一次次茫然地随家人东奔西逃。在本该尽享家人呵护的童年时代，他被迫只身留港，寄人篱下，在并无寄宿条件的学校里"寄宿"，夜伴孤灯，课桌当床，与厨工搭伙度日，还得应付可能遇到的袭击。

如此生活，已非每个孩子都能忍受，但日寇铁蹄仍然残忍地将它粉碎——祖父生意难做，刚小学毕业的他，不得不离港回内地另寻求学之门。为了这点本该得到保障的求学权，这个瘦弱少年，不得不长途跋涉，甚至日行六七十里崎岖山路，风尘仆仆赶回祖父安在广西八步的家，却还是求学无门。为此，一旦得知到广东坪石可能有求学机会，他又不顾日寇飞机枪炮带来的危险，只身上路，前往赴考，而且一年就结束初中学业，跳级考上了名牌高中。

然而祸不单行，上了高二不久，祖父去世，家庭经济支柱轰然倒塌，日寇却继续践踏着祖国大地，弄得中国孩子学无定所。但黄本立是一个很要强的人，他一如既往，选择了坚强面对，靠勤工俭学和同学的接济，不仅坚持学习，考上大学，而且学得那么优秀。

黄本立学术成长史中的这一鲜明对比，起码可以给当代青年人两点启示：

第一，生活有时好像很不公平，但最终总是公平的。贫穷、劳累，加上父母疾病的遗传，他得了肺病，不得不休学治病，不能跟班上同学一起毕业，失去了大学毕业证书。但得失往往相依，勤工俭学实际上为他积累了终身取之不尽用之不竭的财富。他当过花圃园丁，当过小学美术老师，当过物理系老师的实验课助理，帮老师改过作业。他在勤工俭学中所从事的劳动，越到后面越向学科专业方向靠拢。由于他做的很多工作实际上是助教的工作，受到老师的全面指导和全面训练，打下了厚实的基础。他不仅仅练就了很强的动手能力，而且养成了多方位思考问题的习惯。诚如俄国作家陀思妥耶夫斯基所说："一个人的后半辈子均由习惯组成，而他的习惯却是在前半辈子养成的。"黄本立在走出大学校门之前所养成的爱钻研、能思考、善于独立解决问题的习惯，恰恰是一个科学工作者所必备的素养。

第二，读硕、攻博、留洋固然都是学子得到深造的好机会，但绝不是唯一的机会。实践出真知，真知乃学问。黄本立在包括勤工俭学在内的各项工作中学习、探索，积累了许许多多的真知灼见，无不成了他在光谱分析领域开拓研究疆域、攻克学科难题的本事。学问的积累，往往是用乘法来计算的，并非一个加法所能奏效。年轻时有机会出国留学，能够得到学科领域顶级科学家的指点，能够学会使用先进的科研设备，自然是好事；但在艰难中苦学、琢磨，有时虽然得多花些时间，甚至得多走些弯路，但每走一步弯路，往往也能为下一步的探索开辟一条甚至多条新路，会有一些新发现。而且，自己摸索出来的东西，其长远效果就可能不是加法计算出来的结果所能代表得了的。

何况，学习这种事，只要有心，途径多得是。黄本立是一个从不放过任何学习机会的人。他从小到大，读过书的学校大都是基督教会办的，虽然他从来就不是一个虔诚的基督徒，却又把读圣经变成学习西方文化的好机会。他读的是理科，平时却很爱读文艺作品，生病住院休养，却成了他集中学习西方文学原著的好时机。

前人说得好，苦难是人格的试金石，人面对苦难所表现出来的态度，恰是一个人是否具有尊严的最好表现。黄本立总是尊严地面对苦难，每一个苦难都成了对他的一番锻造，他越锻造越坚强。这一结果使人不得不怀疑，难不成上苍早就知道他日后必成著名科学家，于是"先苦其心志，劳其筋骨，饿其体肤，空乏其身，行拂乱其所为，所以动心忍性，曾益其所不能"？[①]

[①] 《孟子·告子下》。

中西兼收　基础厚实

在中国的两院院士中，黄本立的学历应该属于低层次。百度网的统计资料显示，1955—2007年当选的中国两院院士，学历层次普遍较高：具有硕士以上学位的占院士总数的51.37%，而在这部分院士中，具有博士（含副博士）学位的占34.12%；有海外留学背景者约占院士总数的37.25%，其中约78.12%的院士有博士（含副博士）学位；本专科学历者只占48.57%。黄本立，按他自己的说法，他是"除了院士，啥也不士"，属于少数中的少数。他既没读过硕士，更没留过洋或攻过博士，连本科学历都只是肄业。因为当时的中国两院院士，在国外获得学位的时间主要集中在20世纪三四十年代，而他在这两段时间里，可谓家国两不幸，厄运连连。为了求学，他不得不在日寇的铁蹄下东奔西跑；因为完全失去经济来源，他不得不靠助学金、奖学金，不得不接受同学的接济，出国留学是想都不敢想的；既便后来有了出国留学的机会，也因"北上革命"给放弃了。但认识黄本立的人，不管是同事、朋友还是学生，都佩服他的学识渊博，根基厚实。自从改革开放之后，随着国际学术交流的加强，从来没有当过洋人学生的黄本立，却频繁地被邀请到外国，在国际学术会议上做报告，到国外大学开讲座，给有关培训班上课。

对此，他很谦虚，一直把这种机会看成是向人家学习的良机，好像无缘当外国留学生的遗憾，可以在到外国当老师中得到弥补。为此，他一出去就马不停蹄，尽可能地争取参观、访问、学习的机会。他又很自豪，觉得自己是作为一个中国科学家被邀请的，自觉地把这种机会看成是宣传中国光谱领域的新成果，让外国同行了解中国的好机会，绝对不能丢中国的脸。于是，他总是认真对待，精心准备，以期为国争光。传经与取经，在他身上形成了一种良性的互动，进一步充实了他的中西文化交融的基础。

求学历程那么艰难的黄本立，之所以能达到如此的境界，除了源于他的刚强，恐怕还与他所受的文化熏陶明显地带有多元性有关。正是不同的文化元素在他的身上交融汇合，使他有着独特的素养，取得特别的效果。

首先，黄本立并非出生在书香世家，而且从小到大，生存条件每况愈下，但他的家乡是素有兴文重教好传统的侨乡江门五邑；他祖父曾长期在南洋经商，身上或多或少具备中外文化的元素；他有一位虽然学历不高，但本身爱读书，还特别倾心倾力为自己侄儿营造读书环境的好姑姑，她千方百计为他提供适合于他阅读的中外名著；他儿时的小伙伴，在家常是把读书练字当玩耍的，他常去人家家里玩，其实是去"看"人家读书，"看"人家写字；即便是在他寄居在香港堂叔公家，等待祖父来接自己的闲散日子里，他也主要是跟着堂哥堂姐们读书，偶尔还会被有着外国血统的堂姊带着去见识香港的社交活动……总之，他打小就生活在不乏西方文化元素的中华文化传统里。

其次，在他读过书的几所学校里，不管是培正培道联合中学、华英中学，还是后来的岭南大学，都与教会有关，又都根植于中华大地。他小时候在香港生活了将近三年，读过两年小学，连寒暑假都被他用来恶补英文，他的校长国学根底较深，亲自讲授中国古文，使他深受古典文学熏陶。因肺病住院休养，也成了他阅读同学送来的大量外文小说的大好时机……一句话，环境所提供给黄本立的精神食粮，从来就是中西兼备，任其选择，他不乏机会。

再次，应该说黄本立绝非什么神童，但他有着强烈的求知欲，别的小朋友看什么，他看什么，姑姑有什么书，他就读什么书，哪怕看不太懂，他也囫囵吞枣地读下去。这种对阅读的强烈需求，恰恰成了他如海绵吸水似地接受各种知识，为自己打下厚实文化根基的关键。我们无意研究这种缺乏明确目的性的"乱读"到底好不好，客观事实是，黄本立越读越爱读，越读越觉得自己充实起来了，甚至觉得不同的知识能相互交融。慢慢地，他就形成了自己的读书观：一个人不管从事的是什么职业，阅读面越宽越好。

说到读书上学，最令黄本立念念不忘的是他的"幸运"——在大学里遇到了像高兆兰、冯秉铨这样的从国外学成归来坚定不移地服务于自己祖国的恩师，他们从思想修养、人格情操到学术思想都给了他全面的滋养，并在专业知识和实验技能方面帮助他打下了坚实的基础，使他受益一生。

如果说黄本立儿时的好读书仅是一种天性，处于一种自为阶段，那当他形成自己的观念之后,就把读书变成自己做学问搞科研的基础,变成自己活到老学到老的动力,也成了他潜移默化下一代的源泉。

学科交叉　持续创新

过去的大学毕业生,总希望找个专业对口的工作。出发点无非是希望工作上手快些,对国家贡献大些。黄本立说,他参加工作那会儿,想的没那么多。学的是物理,做的却是分析化学,还挺乐的。当他以一个耄耋老人的身份回首往事时,他不仅不后悔自己的"不务正业",反而觉得,从中也许还能总结出一点什么道道来。比如,做分析化学,特别做光谱分析,不懂一点光学,不懂一些仪器方面的知识,恐怕是很困难的,做荧光也是一样。由于他原来学的是物理,不曾想倒是促使他用物理的方法来解决分析化学问题。看来,把两个专业结合起来还是很好的。学化学的人搞分析,看似本行,其实有时候因为现成仪器用得多了,就不会那么注意去另辟蹊径了。

做光谱分析研究的人不同于化学分析工,他们追求准确的数据,更要谋求学科的发展。所以,他们总得致力于在实际工作中发现点什么,解决点什么,或说有所创新、有所创造。否则,干脆买几台仪器放在那儿,找几个分析工就可以解决了,哪有必要让研究生、教授去做?从事光谱研究的,做分析工作时势必会遇到一些现成的仪器不能解决的问题,有了不能解决的问题,就会思变,而这恰恰是有利于促进创新的。因为,能买来的仪器,肯定是旧的仪器,最新的仪器是需要自己搭建出来的。黄本立坚持认为,一个老是靠买别人仪器、用别人仪器的"研究人员",充其量只能在方法上或样品处理上兜兜圈子,不可能有什么大的创造性,学生也得不到足够的训练。

基于这一想法,他总想根据研究的需要来调整自己的研究方向,在搞分析的同时,还必须会做所需要的仪器,把分析与发展科学仪器结合起来。研究中常要把几台仪器搭起来用,想在分析化学的研究上有所成,那就得自己动手,发展科学仪器。但科学仪器研发所需的人才,既要求具有扎实的基础知识,又要求有跨学科的、较广泛的专业知识,是必须专门培养的。在我国，由于对科学仪器事业发展重视不够，有些高校把已经办了十几年的分析仪器专业撤销，或并入别的专业，看来这不是很明智的做法。要发展我国独立自主的科学仪器事业，就需要合理规划学科布局，加强专业适用人才的培养。只有在全国形成振兴科学仪器事业的良好氛围，才能真正形成培养人才、留住人才和吸引国外人才的优势。

黄本立认为，作为一个科学工作者，能为国家解决整个合理的规划布局问题自然很好，即使没这个能力，也必须在研究分析化学的同时，力所能及地解决一些科学仪器问题，一旦动起手来，实际上对学生也是一个很好的训练。所以他不管是在长春应化所，还是在厦大，都爱让学生自己动手组装仪器，哪怕是只在现成的仪器上头再加上点什么，做做实验。

自从有了用物理方法解决化学问题的经验后，黄本立就更确信，一个科学工作者，不管从事的是哪方面的研究，都必须把知识的"底座"打得宽厚些，他为此而更注意学习和接受各种知识，充分利用它们，并在各种知识的交会中寻求解决问题的新方法。他在招收硕士生、博士生和接受博士后时，也更重视接受知识结构不同的学生，让他们在各自特长的发挥中产生一加一大于二的效果。在这方面，黄本立有着丰富的经验。

对于自然科学来说，发展到今天，能够出一些新成果的领域往往就在学科交叉点上。正如他的一个学生说，"黄先生帮我选定了一个非常好的研究课题，虽然方向还是原子光谱，但做的实际上是色谱学和原子光谱学的联用与结合，是一个学科交叉的领域。后来，我就把这个技术用在了色谱跟原子荧光的联用上，自己做了一套纳米二氧化碳光催化的接口，把很多技术集合在里面，如电化学蒸气发生、纳米二氧化碳光催化，成了当时国内外第一次提出的新技术。"这项技术的创新点在哪？就是抓住了一个很好的学科交叉点，把原子光谱的技术跟色谱技术结合在一块，把两者的优势结合在一起，如果没有这方面的背景，做这个工作很难。学生说出了自己的真实感受，体现出来的却是黄本立科研、教学中的一贯思想：做学问有如建金字塔，底座越宽厚，顶尖处才越有创新发展的天地。①

---

① 胡适曾说："学问要如金字塔，要能广大要能高。"

不惧平凡　追踪前沿

研究黄本立的学术成长历程，可以确认，他是从"以任务带学科"出发的。这里体现了一个分析化学科学工作者如何急国家所急，日复一日、月复一月地倾心尽力地完成貌似十分平凡，好像与科研无缘的一项项分析任务，实际上却以发展学科研究、力争登上学科前沿为目标。黄本立把两者结合得天衣无缝、十分完美。

黄本立进入长春应化所后，很快就完成了从学生到科技工作者的身份转换。就他刚参加工作时的表现而言，他低调得好像胸无大志、甘于平凡，甚至甘为他人做嫁衣。他一头栽进金属、合金的分析，工矿企业需要分析什么，他就做什么，默默地做了大量直接为经济建设服务的工作，哪怕全是服务性的，他也无所谓，脑子里压根就没想从工作中得到什么个人的好处。然而，这种人永远是多数，在刚解放的新中国更是几乎成了所有人的共性，如果黄本立止步于此，那他可能是个先进工作者或劳动模范，但绝不可能成为中国光谱领域顶尖的科学家。黄本立却两者皆具，不能不说他确有过人之处。

首先，他生性多思，追求完美。他脑子里虽无私念，却甚是多思，每做一事，总想把它做得最好，他认为这是责任。为此，他会千方百计去发现当下的不足——前人在做这件事时取得的成果中尚存什么不足，自己此前所做的事还有什么缺点，而且他总能发现问题，因而总有做不完的事，也难有"船到码头车到站"的"该停"之感。它能够几十年马不停蹄，孜孜以求，能够把花甲之年当作自己再创业的新起点，而且创得风生水起，令人羡慕不已。

其次，他不畏艰难，追踪前沿。如果说追求完美是他的审美天性，那么他的职业追求就总是学科前沿。为了这一目标，他那搜罗学科信息的积极性与做法，确非常人所敢有。他敢于在国门紧闭的年代擅自往国外寄信索要学科信息，此事在当时确是"非同小可"，于是成了他被诬"九国特务"的重要证据之一，让他吃尽了苦头。中国人常说祸福相依，他也真的有失必有得，仅在长春应化所工作期间就创造了多个全国第一，刚从"文化大革命"的"牛棚"里出来,就能做到在光谱领域有问必答,"简直就是一部原子光谱分析的活字典"①。

再次,他目光远大,不惧平凡。作为一名科学工作者,他在埋着头,默默地用物理方法做化学分析的同时,想的总是事关学科发展的问题,而且,他要追求的东西永远富于前瞻性。中国人爱说"知足常乐",其实那不过是告诫自己不要贪得无厌,不要强求自己能力允许以外的东西。一个人如果真的甘于平凡,那在事业上就有可能无所作为。不甘平凡是襟怀远大的表现,但若把握不好其中的度,则又可能变成好高骛远,难成大事。黄本立骨子里是不甘平凡的,但他从不拒绝,也不嫌弃平凡而扎实的分析工作,而且视之为学科研究的基础,总是一丝不苟地做好每一项分析。所以,我们更愿意说他是不惧平凡。因为,在他看来,金字塔是绝不可能从顶部垒起的,永远都必须老老实实地从打基础开始;而对分析学科来说,每一次分析都是在为学科建设添砖加瓦。科研犹如挖金矿,只要勘探工作做到位了,每一锄每一铲都将是对富矿的接近,都具有巨大的价值。所以,他从不认为一次次看似没什么科学含量的分析是浪费时间。他不仅不小看这平凡的工作,而且把它变成出学科研究成果的试验田来深耕细作,丰硕的成果自然应该属于他。

立足中国 面向世界

黄本立的人生历程,是由一系列的选择构成的。从学习到工作,从事业到为人处世,大大小小的选择,已无法一一统计,但关乎他自身学术成长,关乎新中国光谱事业发展的选择,有三次是不能不提的:一是1950年初,大学毕业证书还没拿到手,广州解放,有同学在美国为他张罗出国读研的申请,有同学写信说刚解放的东北急需科技人才,他毅然放弃了赴美留学的机会,踏上了北上"革命"(工作)的道路,来到当时的东北科学研究院。他的这次选择,也许因素不止一个,但显然他是把国家"急

---

① 曾宪津:黄本立先生在长春36个春秋的开拓与奉献。见:林永生主编,《热烈祝贺我国著名分析化学家黄本立院士八秩华诞暨从事科研教育工作五十五年》。厦门:厦新出(2005)内书第(91)号,内部交流,2005年,第62页。

需"二字摆在最前面。二是参加工作后，他又面临着是让兴趣决定自己的去留，还是让兴趣跟着事业走的问题。以他的摄影水平，他不乏跳槽到东北电影制片厂去圆其摄影家之梦的机会。但他看到国民经济的恢复和发展的确很需要原子光谱分析人才，毅然放弃了跳槽的初衷，把原子光谱分析当作终身事业。三是20世纪80年代初，在他面临退休之际，一家美国公司因赏识他的学识，看重他的研究能力，以一年在国内工作四个月、发13个月薪水、月薪2000美元的优厚条件聘请他。但他婉言谢绝，随全家响应中国科学院关于支援特区建设的号召，调入厦门大学，一切从头开始，继续在光谱分析领域深耕细作，哪怕一切都得从头开始。他的每一次选择，凭的是什么？只能说凭的就是他的爱国之情，他对国家的那份义不容辞的责任感。

  黄本立从不高谈"爱国"，但爱国之情早已溶入他的血液，化作他的脊梁。参加工作后，他满腔热情，渴望能够参加中国共产党。因为在他看来，非它不能改变中国面貌。在科研上，黄本立却是一个"不安分"的科学家，他的眼光始终盯着世界，盯着学科的学术前沿；作为一名中国科学家，他心中永远装着中国，与生俱来，而且强烈得往往以行动代言。为了国家，他曾想中断学业，投笔从戎；为了国家，他毅然放弃出国留学的机会。如果说那时他还是一个热血青年，此类举动似乎不足为奇，那么在改革开放之后，当人们或下海或出洋，千方百计寻找个人发展捷径之后，他虽也频频出国，却不管社会上刮的是东风还是西风，他跟的总是中国风。他跟外国的科学家，特别是光谱分析学界的科学家有着广泛的联系、密切的交往、频繁的交流，但他的目的始终是为了发展中国的光谱事业。即便退休年龄马上就要到了，他也不愿接受外国公司的高薪聘请，把脚跟深深地扎在祖国的光谱事业中，哪怕离开原单位，一切从头做起。

  他培养的学生往往是外国科研机构争着要的，他一直鼓励并支持他们出国留学，希望他们开阔眼界，把世界上最先进的东西学到手。为了这个目的，他积极地为他们寻找出国深造的机会，从不轻易放过任何一个好时机。但他总是鼓励他们学成回来，为国效力。海外有许多他的学生，当美国因为怀疑一个美籍华人把材料拿走，就把他监控了两个月时，黄本立于是有了新的忧虑：我们培养出来的学生，到了美国如果研究的是军事，势必学得越拔尖就越难回来，倘若他们的研究成果被用来打我们中国人……总不能眼看着他们陷入帮助别国研制新式武器，结果却被用来对付自己的祖国的为难境地吧！为此，当他发现他的学生在外国的研究涉及军事科学时，他会尽量动员他们回来。有的人因全家都在美国，实在不容易回来，他就动员其改行。改成了，他心里才稍微轻松一些。

经黄本立动员而回国的人很多。只要学生有了回国的意向，他就认真考虑与之相适合的工作，为其寻找出路。他的学生杭纬当时是美国洛斯阿拉莫斯国家实验室永久研究员，若要再提拔，就必须加入美国籍，这是黄本立不愿意看到的，就动员他回来了，连他的妻子颜晓梅也一起回来，现在都在厦大化学化工学院工作。可以说，黄本立对学生的关心是全程、全方位的，从他们的研究方向到他们将成为什么样的人，从他们的入学后的培养计划到他们学成后的工作，他都一直在关心着，哪个学生在哪里，做的是什么工作，无不装在他脑子里。他每次出国，只要时间允许，他都会就近去看望他们。

四川大学分析测试中心主任侯贤灯接受我们采访时说，20世纪90年代末，南斯拉夫中国大使馆受到美国飞机的轰炸，此事震惊世界，震怒了中国人。黄本立给许多国内外的朋友发了E-mail，其中也包括他认识的一些美国朋友，对此事表示自己的愤怒。当时侯贤灯正在美国留学，也收到黄先生的邮件。他一看，其中有一句是用英文写的"打倒美帝国主义！"此事给他的印象非常深刻，他从中感受到黄本立那比一般年轻人还要强烈的反应，也感受到他对此事的极端愤慨。受黄本立的影响，侯贤灯踊跃参加该校的中国留学生在校园里举行的集会游行，还专门做了表示爱和平心愿的T恤衫，连有些美国学生也参与其中。

谈起黄本立，人们无不称赞他有着科学家的敏锐头脑，始终掌握学科领域的最新信息。其实，并非他先天具备这份睿智，甚至不能说他一参加工作就有这种意识，但可以说，随着研究的深入，他确是越来越认识到，要爱国就必须为强国而奋斗，而要强国就必须学习世界上最先进的技术，要掌握先进技术，自然离不开最新信息。为了寻求新信息、获取新知识，特别是为了追踪原子光谱研究的新进展,他居然在尚不允许个人与外国联系的年代里,擅自给一个又一个西方国家写信,不是索要资料,就是要求寄赠样品。他为此而付出的代价是惨重的,但他确也因此而始终掌握着学科领域的最新动态,只要有了研究的机会,他的起跑就显得很快,几年间科研成果如泉喷涌,吸引着国际光谱学界的眼球。我国改革开放后的方针政策,完全证明了他不愧是这方面的先行者,给了他海阔凭鱼跃的畅快感。他频繁地活跃在国际光谱界,但目的只一个:发展中国的光谱事业。

当我们结束"黄本立研究报告"写作时,黄本立早已悄悄地度过了他的 92 岁,在光谱分析领域耕耘了整整 66 年,真可谓科研攀高峰,硕果累累;教学育英才,桃李芬芳。中国科学院院士汪尔康和第三世界科学院院士董绍俊伉俪,曾与黄本立共事了 30 多年,他们给他八秩华诞的贺词是"运途多舛,心如竹石,坚守爱国初衷;才高八斗,挥洒翰墨,贡献光谱伟业",倒也成了对他几十年奋斗、攀登及其辉煌业绩的极好总结。

黄本立淡薄名利,但他的每一次成功都是他继续努力的动力,也是他的弟子们荣攀科学高峰的助力。2014 年元旦刚过,中国老人体育协会和中国老龄协会把"第八届全国健康老人"荣誉证书和奖章颁发给了他;2015 年 4 月 6 日,91 岁的他喜获"厦门大学南强杰出贡献奖";2016 年 3 月,他又获中共福建省委、福建人民政府颁发的"福建省第四届杰出人民教师"荣誉称号。我们衷心祝愿黄本立院士健康长寿!

附录一　黄本立年表

1925 年
9 月 21 日出生于香港一个印尼归侨家庭。祖籍广东省新会县丹灶乡振振里，即今江门市蓬江区环市街群星社区振振里。

1926 年
父亲因患肺结核病逝。

1928 年
举家从香港迁回广州，和大祖母、母亲住在新会丹灶乡振振里，家里其他人住广州。

1929 年
母亲英美瑶因患肺结核病逝。

1932 年
学会写字，写简单的日记。

1933 年

和祖母迁居广州市。

9 月，入广州市立第六十四小学读一年级。

1937 年

"七七事变"爆发，日寇南侵，广州市政府发布疏散令，随全家迁回新会振振里。

9 月，转入振振里私立敦实小学读五年级。

1938 年

7 月，除在广西八步的祖父外，全家从新会振振里逃难至香港。

8 月，全家人去广西，独自一人留在香港读书。

9 月，转入香港私立粤华中学附属小学读五年级。

1940 年

7 月，毕业于香港粤华中学附属小学，寄居在九龙的堂叔黄仕杰家。

1941 年

春天，随祖父至广西八步。

得知培正培道联合中学在广东坪石复办，独自离开八步前往坪石，备考初中。

9 月，以同等学历考入广东坪石私立培正培道中学联合分校初中二年级。

1942 年

7 月，准备跳级考高中。

9 月，入广东曲江私立佛山华英中学，读高一。

1943 年

读高二，靠半工半读维持学业。祖父去世。

1944 年

6 月，疏散回广西八部家中。

10 月，回曲江华英中学继续读高三上学期。

1945 年

1 月底，曲江沦陷，华英中学师生疏散到多田。和几位老师同学一起留下处理学校一些物资，后因华英中学被日军占领，迁至同学李宝文家的火柴厂里避难。

4 月，和两位同学逃离曲江，到达福建省上杭县蕉岭"青年军"营地。本想入伍参加抗战，经先到这里并发现了"青年军"黑暗内幕的李华英老师的劝告，连夜匆匆离开。

5 月，到达广东梅县，入省立梅州中学借读高三下学期。

7 月，于梅州中学高中毕业，因毕业证书尚未制作完毕，发给临时毕业证书。

9 月，考入广州私立岭南大学工学院，注册时接受朱志涤教授的建议，转入物理系，师从冯秉铨教授、高兆兰教授等。

1946 年

大一下学期开始参加学校工读活动。

大二上学期，获第一学年物理系最优学习成绩奖。

1947 年

获华盛顿大学捐赠的国际学生三年奖学金。

12 月，参加中国业余无线电协会（丙种会员）。

1948 年

年初，在高兆兰教授的支持下，在学校组织了一个摄影兴趣小组，常为同学冲洗相片等，喜欢上摄影和暗室工作，有从事摄影工作的想法。

1949 年

1 月，因肺结核浸润期休学住院。

2 月中，经华英中学谢志理校长帮助，入佛山循道医院静养。

10 月 14 日，广州解放。

年底，回岭南大学爪哇堂宿舍休养，做复学准备。

1950 年

1 月，好友张植鉴来信，告知拟在美国为他递交入读华盛顿州立大学研究生的申请。

2 月 20 日，与四位同班同学结伴北上。

3 月 2 日，抵达长春，经李小琼介绍，进入东北科学研究所（中国科学院长春应用化学研究所前身）。

3 月 6 日正式报到，分配在物理研究室。接受的第一个研究课题是"光谱之研究"，开始了用物理方法进行化学分析的研究生涯。利用废弃的仪器和过期的感光板，建立了电解锌的光谱定性分析方法。

5 月，与吕大元合作，在《东北科学通讯》发表了第一篇论文"电解锌之光谱的定性分析"。

8 月 7 日，经团委批准，加入中国新民主主义青年团。

11 月 7 日，中国新民主主义青年团团员转正，当过团小组长。

11 月 12 日，在填写"干部履历书"时写道："对现在工作满意，愿终身为人民科学奋斗"。

本年主要做了"电解锌之光谱的定性分析"、"人造石墨之定性检查"和"不纯物存在时吸收光谱之研究"等工作。

1951 年

1 月，主要工作为调整仪器及到北京查阅文献。

9 月，晋升技术员，代理课题组负责人，接受"球墨铸铁中镁含量之光谱定量分析"任务，这是第一个光谱定量工作。

参加中国物理学会长春分会，成为一般会员。

1952 年

8月末，接受"三七黄铜中铁及铅含量之光谱定量分析"任务。在苏家屯某工厂住了约一年，帮助建立了三七黄铜中微量铁和铅两种杂质元素的测定方法。

1953 年

1月，晋升实习研究员。

3月，开始从事课题为"金属光谱定量分析"的研究工作，并主动承担制作费氏火花光源的任务。仿制与改良了德国"Feussner高压火花激发光源"。为某工厂做出了比较稳定的可供光谱分析用的激发光源，至5月初。

5月，开展"球墨铸铁中镁含量之惯常分析"，建立并推广了球墨铸铁球化剂的测定方法。

7月，参加"镍铬不锈钢之光谱定量分析"课题组，为某钢厂建立不锈钢的分析方法。

在研究所 1952—1953 年的立功运动中，立过两次三等功。

1954 年

夏季，参与由长春应用化学研究所光谱组副组长吴钦义提出的"光谱学习会"的授课和实验指导，并负责编写讲义中照相（感光）材料测光部分。

1955 年

受命为杨家杖子钼矿做钼矿中共存元素的分析任务，在"钼矿光谱半定量分析"研究中，发展并改善了国外常用的一种半定量方法——"数阶法"，提高了该法的准确度，扩展了分析浓度范围，研究报告发表在《中科院 1955 年分析化学研究工作报告会会刊》上，同时还发表了"不锈钢的光谱定量分析"、"钨矿中微量铍的光谱定量分析"等论文，在全国有一定影响。

9月，中山大学张展霞老师来所进修，研究"电解铜阳极泥中硒的光谱测定"。

1956 年

提升为助理研究员。

1957 年

5月和12月，在《科学通报》上分别发表研究简报"光谱分析用的一种新的双电弧电路"和"分析粉末试样中微量卤素用的一种新的双电弧光谱光源"。

1958 年

3月，于苏联期刊《工厂试验室》发表论文"光谱分析用的一种新的双电弧电路"。这是他第一篇用英文投稿、用俄文发表在国外期刊上的文章，该文发表后，多次在国内外被引述，还被国外光谱分析专著誉为"最完善的"一种新型双电弧光源。

下半年，与北京中科院自动化研究所、光学精密机械仪器研究所等单位合作，在苏联光谱分析专家 А. Г. 克列斯基扬诺夫指导下，改装了一套光电光谱仪。11月在北京举行的全国光谱学会议上宣讲，并于次年6月于《物理学报》发表论文"用 ИСП-51 型摄谱仪改装的光谱分析光电装置的试制"。

1960 年

4月，下放至长岭县太平山人民公社范家沟管理区劳动锻炼，任副队长。

11月5日，与张佩环女士在长春喜结连理。

11月，参与中科院交办的"光谱物理训练班"教学、指导实验及毕业论文工作，正式投身高校本科教育——该班生源来自已上完大学一年级或二年级的大学在校生，入班学习三年后，成绩合格者，将获本科毕业证书。

1961年

任九室（物化室）光谱组副组长。

11月10日，女儿黄英出生。

1962年

6月，于《中国科学院应用化学研究所集刊》上发表"氧化铌中微量钽、钛及氧化钽中微量铌、钛的光谱测定"，在工作中设计了一种"环槽电极"，使用这种电极可获得较高的测定灵敏度，并通过实验验证了课题组发现的一条新钽线。

1963年

6月，于《科学仪器》上发表"原子吸收光谱在化学分析上的应用"，是国内首批介绍原子吸收光谱的综论性文章之一。随后自己动手搭建原子吸收光谱装置，开展了一系列研究工作并发表了国内首批研究论文，在国内起倡导作用。

11月，在洛阳河南省光谱分析会议上报告了自己设计的"一种以复合光积分光强控制摄谱曝光量的装置"，用这种装置摄谱时，分析结果的再现性比通常所用控制曝光时间的摄谱法所得的好，有可能根据谱线"绝对黑度"进行定量分析，并于次年7月在《中国科学院应用化学研究所集刊》上发表该论文。

在长春举办的全国超纯物质分析年会上，做"原子吸收光谱法在超纯物质分析中的应用及其发展前景"的报告。后来，非火焰原子化技术、尤其是石墨炉原子吸收光谱法的迅速发展，证明他在文中提出的一些看法是正确的。

1964年

用德国的蔡斯滤光片式火焰光度计的钠光源组装出我国第一套原子吸收装置，并用该装置以原子吸收光谱法测定溶液中的钠，10月于《中国科学院应用化学研究所集刊》发表该论文。

与裴蔼丽、沈联芳等合著的《混合稀土元素光谱图》由科学出版社出版。

妻张佩环从中国科学院长春光学精密机械研究所调入中国科学院长春应用化学研究所。

1965 年

用自制改装的原子吸收装置以相同条件观察了不同浓度的甲醇、乙醇、异丙醇对钠的原子吸收值及发射值的增强作用。8 月,《物理学报》接收"用原子吸收光谱法及火焰光度法测定钠时几种醇类溶剂的影响"一文,于次年 7 月发表。

1966 年

5 月,"文化大革命"开始。

1967 年

被"造反派"贴大字报。

1968 年

夏天,被怀疑是"九国特务",关押隔离审查九个月。在关押期间,无法写出"交代"时,琢磨光栅公式,自制一个量角器,计算出一个简单的三角函数表,考虑"光量计"用的双金属温度补偿设计和闪耀光栅特性,部分数据后来被用到《发射光谱分析》一书的"光谱仪器"一章中。

1969 年

春天,因查不到"九国特务"证据,被释放。

1970 年

被"靠边站"。

1972 年

4 月，长春应用化学研究所军管撤销，但军代表至 1977 年 7 月才撤离。落实政策，补发了工资。夏天，一家人回广东老家探亲。

1973 年

2 月，于《分析化学》上发表论文"原子吸收分析用的一种钽舟电热原子化装置"，这是国内研制成功的第一台钽舟电热原子吸收光谱装置。

任第八研究室五组组长。

1974 年

开始关注和研究国际上刚刚使用的新型感耦等离子体（ICP）光源。

1975 年

参与编译的《原子吸收及原子荧光分析译文集》由吉林人民出版社出版。

1976 年

撰写《光谱仪器》一书的第二章"发射光谱分析"。该书于次年由冶金工业出版社出版，1979 年再版。

对一台原用于加工塑料封皮的射频发生器进行改装，降低了高频电感耦合等离子体光源放电声响和射频辐射泄漏等严重缺点，并于次年 1 月在《分析化学》上发表"降低高频电感耦合等离子体光源放电声响的简易方法"一文，为国内研制 ICP 装置提供了重要经验。

1977 年

10 月，借调到科学院富铁矿科研会战办公室，参加筹建广州地质新技术研究所工作，至 1980 年 5 月。

1978 年

提升为副研究员，开始培养研究生。

6月，任长春应用化学研究所第八研究室副主任。

被聘为中国化学会《分析化学》期刊编委，至1994年后被聘为编辑委员会顾问，至今。

1979 年

随广州地质新技术研究所筹建组到广州。"业余"仍关注光谱分析研究动向，搜集资料。

1980 年

于《分析化学》上发表论文"感耦等离子体光源的研究"，介绍了在自己改装的以 ICP 为光源的高频加热装置上几个主要参数对光谱性能影响的研究情况。

5月，任中科院长春应化所第十八研究室主任；被聘为中国科学院长春分院学术委员会委员。

受聘任中国金属学会《原子光谱分析》副主编、中国金属学会理化检验学术委员会光谱分析组成员、中国光谱学会筹委会副主任。

1981 年

承担多项国家"六五"科技攻关项目和中国科学院重点项目，从事环境分析方法研究和我国第一批固体环境标准参考物质的感耦等离子体－原子发射光谱（ICP-AES）定值工作，并应用于松花江水系环境背景值和环境保护的研究。

受聘任国际期刊《感耦等离子体快报》（ICP Information Newsletter）国家通讯员（National Correspondent），至今。

夏初，邀请国际知名原子光谱专家美国麻省大学化学系的巴恩斯（R. M. Barnes）教授到长春应用化学研究所讲学，之后推荐学生王小如到他处攻读博士学位。

12月30日，第一次赴美，参加1982冬季等离子体光谱会议。

1982 年

1月，在美国1982年冬季等离子光谱会议上做邀请（Invited）报告，介绍了国内等离子体光谱研究情况；随后顺访美国能源部阿姆斯（Ames）实验室，即电感耦合等离子体创始人之一法赛尔（V. A. Fassel）教授的实验室；顺访美国国家标准局；至2月12日回国。

7月19日，经中国科学院批准，提升为研究员。

当选中国化学会第21届理事会理事，至1986年。

受聘任中国光学学会光谱学专业委员会副主任委员、中国光学学会《光谱学与光谱分析》副主编，后受聘任《光谱学与光谱分析》主编、名誉主编。

科研项目"感耦等离子体光谱分析"获长春应用化学研究所三等成果奖。

1983 年

当选中国化学会分析化学专业委员会副主任委员，至1991年。

受聘任《加拿大应用光谱学》（Canadian Journal of Applied Spectroscopy）期刊编委，至1999年。

冬季，于长春参加第一届中日分析化学研讨会并做口头报告。

1984 年

被国家学位委员会批准为博士研究生导师，成为中国第一位以原子光谱分析为研究方向的博士研究生导师，指导第一位博士生张卓勇。

10月，受聘任中国有色金属学会《分析试验室》编委。

科研项目"第二松花江无机污染物分析方法研究及水质调查"获吉林省重大科技成果二等奖及中国科学院重大科技成果二等奖。

1985 年

受聘任《光谱化学学报 B：原子光谱学》（*Spectrochimica Acta Part B: Atomic Spectroscopy*）期刊编委，至 1995 年。

2 月，参加 BCEIA 代表团，赴美、西德、英、香港等国家和地区宣传即将召开的北京分析测试学术报告会及展览会（BCEIA）并邀请有关科学家参加。

3 月，受聘任中国科学院长春应用化学研究所学术委员会委员。

5 月，受聘任中国机械工程学会《理化检验》杂志编委，至 1988 年 5 月。

6 月，受聘任吉林大学兼职教授，至 1987 年。

6 月，受聘任浙江大学兼职教授，至 1990 年。

9 月，受聘任长春地质学院兼职教授，至 1987 年。

9 月 28 日，申请第一个专利"新型雾化 – 氢化物发生装置"，次年获批。

10 月，夫人张佩环受中国科学院委派，调任厦门福达感光材料研究所副所长；随后女儿黄英和女婿曹进辉一起调到厦门。

11 月，赴日本东京参加第二届中日分析化学研讨会并应邀做关于 ICP-AES 方面的大会报告。

当选中国人民政治协商会议吉林省第五届委员会委员，至 1987 年。

科研项目"计算机控制测微光度计自动测量谱线强度并计算含量"，获中科院二等成果奖。

科研项目"环境标准参考物质河流沉积物 81-101 的制备和元素定值分析"，获中国科学院重大科技成果二等奖。

科研项目"环境污染分析方法的研究及其标样的研制"获国家科学技术进步奖三等奖，个人主要贡献为"标样多元素 ICP-AES 定值分析"负责人，中国科学院环境科学委员会 1987 年 11 月 30 日颁发。

12 月 31 日，赴美为贝尔德公司培训班讲课，至次年 1 月 22 日。

1986 年

6 月，调任厦门大学技术科学学院教授；同时兼任中国科学院长春应用化学研究所兼职研究员，厦门长春两地跑，在曾宪津的协助下指导长春数名硕士和博士研究生，至 1988 年 6 月止。

刚调入厦门大学，在没有实验条件从事科研工作的情况下，努力设法创造实验条件，向贝尔德公司要到一台参展过的 ICP 原子荧光仪，使科研工作得以逐步开展。

科研项目"环境标准参考物质西藏土壤 83-401 的制备和元素定值分析"获中国科学院科技进步二等奖。

科研项目"三江平原土壤微量元素及微肥效益的实验研究"获中国科学院科技进步三等奖。

当选中国化学会第 22 届理事会理事，至 1990 年。

由他与陈国珍领衔的厦门大学分析专业博士点获批准。

1987 年

4 月 24 日，应邀赴澳大利亚悉尼参加第 9 届澳大利亚分析化学研讨会并做"非水介质中氢化物产生的研究"（Studies on Hydride Generation in Non-aqueous Media）的邀请报告，至 5 月 4 日。

6 月 20 日，应邀赴加拿大多伦多参加第 25 届国际光谱会议（Colloquium Spectroscopicum Internationale XXV，CSI XXV）并做关于 ICP 研究的邀请报告，至 7 月 7 日。

4 月，受聘任冶金工业部钢铁研究总院《冶金分析》编委。

9 月，在厦门大学化学系分析专业招收第一名博士生林跃河。

9 月，受聘任厦门大学新技术研究所研究员。

10 月，受聘任中国仪器仪表学会光学分析仪器专业委员会第一届委员。

12 月，当选中国人民政治协商会议福建省第六届委员会委员，至 1992 年。

1988 年

1 月，开展"空心阴极灯等离子体原子荧光光谱法的研究"。

2 月，加入中国民主同盟，介绍人周丽芳。

3 月，被上海市测试技术研究所聘为原子光谱学术顾问。

6 月，被福建省科学技术协会选为福建省自然科学专门学会第一届理事，7月当选为福建省自然科学专门学会第一届理事会副理事长。

9月，从厦门大学技术科学学院调到厦门大学化学系分析专业。

11月，受聘任全国首届青年分析测试学术报告会专家顾问。

国家教委批准厦门大学分析化学学科建立博士后科研流动站。

年底，第一个硕士生王小如在美国已获博士学位，回到厦门大学从事博士后研究，协助组建实验室。

1989年

受聘任国家教委《痕量分析》(《分析科学学报》前身) 编委。

9月5日，应美国贝尔德公司邀请，为该公司的三个原子光谱培训班讲授ICP光谱分析基本原理，获学员普遍好评。至10月2日。

留美博士杨芃原、袁东星先后到厦门大学化学系从事博士后研究工作，壮大了他的研究队伍。

1990年

1月，开始"流动注射法动力学过程的研究及其在原子荧光上的应用"研究，为期两年。

3月27日，因"忠于党的教育事业，教学科研成果丰硕"获福建省浮动提薪奖。

争取到澳大利亚瓦里安公司捐赠的一套价值6万美元的双光束原子吸收光谱仪。

8月，于长春参加第一届长春分析化学国际研讨会，并应邀做邀请报告。

12月，任福建省光谱分析学会名誉理事长。

1991年

1月24日，国务院颁发证书表彰他为我国发展高等教育事业做出的突出贡献，并决定从7月开始发给政府特殊津贴。

4月6日，获厦门大学第七届"南强奖"个人一等奖。

6月5日，应邀赴挪威卑尔根参加第27届国际光谱会议并做邀请报告及赴苏联列宁格勒参加第八届石墨炉原子吸收光谱研讨会并做邀请报告，报告了"用于原子光谱法的流动注射－电化学氢化物发生技术"（Flow Injection-Electrochemical Hydride Generation Technique for Atomic Spectroscopy），至6月29日。

8月，于北京参加第四届亚洲化学会议并做题为"作为一种离子线发射源的空心阴极灯操作参数的研究"（Study on Operating Parameters for Hollow Cathode Lamp as an Ionic Line Emission Source）的邀请报告。

9月，指导的"感耦等离子体样品引入的研究"项目被评为福建省自然科学优秀论文二等奖。

10月18日，于北京参加第四届北京分析测试学术报告会及展览会（IV Beijing International Conference and Exposition on Instrumental Analysis, BCEIA IV）并做关于原子光谱进展的特邀（keynote）报告。BCEIA创办于1985年，由中国分析测试协会主办，每两年举办一次，是该领域中国举办的规模最大和最有影响力的国际性学术会议和展览会。至24日。

10月，受聘任《冶金分析》编委会委员。

1992年

3月，在英国皇家化学会《分析原子光谱杂志》（Journal Analytical Atomic Spectrometry）发表题为"用于原子吸收光谱法的流动注射－电化学氢化物发生技术"（Flow Injection－Electrochemical Hydride Generation Technique for Atomic Absorption Spectrometry）的论文。文章发表后引起各国同行的重视。

4月，受聘任国家自然科学基金委员会分析化学与环境化学学科评审组成员，至1995年。

8月4日，参加国家自然科学基金委员会化学科学部1992年科学基金评审会，至15日。

10月，应邀到武汉参加华裔分析化学国际研讨会（International Symposium of Overseas Chinese Scholars on Analytical Chemistry）并做"用于原子光谱的一些非传统氢化物发生技术"（Some Unconventional Hydride

Generation Techniques for Atomic Spectroscopy）的大会报告。

11月1日，出席由中国化学会、中国地质学会、中国光谱学会和福建省测试协会联合主办的第四届全国原子光谱分析学术报告会，任大会主席，至6日。

12月，任中国人民政治协商会议福建省第七届委员会委员，至1998年。

1993 年

3月，在《分析试验室》上发表题为"高效液相色谱－感耦等离子体发射光谱联用技术分析稀土氧化物的研究"的论文。

6月，任第六届国家自然科学奖化学科学部评审组成员。

10月，应邀在第五届北京分析测试学术报告会及展览会上做"原子光谱中的联用技术——两全其美"（Hyphenated Techniques in Atomic Spectroscopy——The Best of Both Worlds）特邀报告。

11月，当选为中国科学院院士。

11月，赴吉隆坡参加第五届亚洲化学大会原子光谱分会（5th Asian Chemical Congress, Training Course on Atomic Spectroscopy）做"电感耦合等离子体——一种用于原子化、激发和离子化的光源"（Inductively Coupled Plasma——A Useful Source for Atomization, Excitation and Ionization）的邀请报告和"电感耦合等离子体－原子激发光谱仪"（Spectrometers for ICP-AES）的培训讲座。

科研项目"ICP进样方法及其过程的研究"获中国科学院长春分院自然科学三等奖。

1994 年

1月，参与的科研项目"稀土混合物的HPLC分离及ICP-AES在线检测"获广东进出口商品检验局1993年度科技进步一等奖，获奖人有李劲枝、杨芃原、贺柏龄、袁东星、潘建敏、王小如、程英群、何平、黄本立。

3月10日，论文"稀土氧化物的ICP-AES半智能直接测定"获中华人民共和国国家进出口商品检验局颁发的1993年度国家商检局优秀科技论文三等奖。

5月，担任国家自然科学基金委员会分析与环境化学学科评审组成员。

6月15日，邀请美国麻省大学化学系巴恩斯、沃伊各曼等教授来厦门大学交流"光谱分析联用新技术和新方法的研究"，至25日。

7月，被中国科学院兰州化学物理研究所聘为《分析测试技术与仪器》编委会委员。

8月，在《质谱快报》(Rapid Communications in Mass Spectrometry)上发表题为"微秒脉冲辉光放电飞行时间光谱仪"(Microsecond Pulsed Glow Discharge Time-of flight Mass Spectrometer)的论文，引起国际质谱界的广泛关注。

8月，在第二届长春国际分析化学会议上做"回顾从事电感耦合等离子体光谱分析的二十年"(Foot Prints on the sands of time—Two Decades of ICP Spectrochemistry)的大会报告。

11月，"稀土混合物的HPLC分离及ICP-AES在线检测"项目获得国家科技成果完成者证书，第八完成人。

1995年

2月，外孙女曹菲随父母到英国，之后女儿黄英一家移民加拿大，至今。

2月25日，赴美国麻省大学（UMass）化学系讲学，至4月5日。

4月2日，申请"强短脉冲供电空心阴极灯电源"专利，课题组成员还有：杨芃原、弓振斌、林跃河、王小如。中国专利号：2258685。

5月，"流动注射（FI）在原子光谱分析中应用的新技术新方法"项目获国家教委重大贡献三等奖，第五完成人。

5月，任香港何梁何利基金科学技术奖学科专业组评审委员，至1998年。

5月，从北京海光公司争取到一台AFS220型原子荧光光度计，使用期暂定一年，合作开发"原子荧光相关新技术"。

6月，受聘任广东工业大学兼职教授。

7月21日，赴兰州参加国家自然科学基金委员会化学科学学部1995年度基金评审会，任分析与环境学科评审组成员。

8月19日，赴韩国汉城（首尔）参加亚洲分析化学会议并做"强电流微秒脉冲空心阴极灯的激发和荧光特性（Electrical and Fluorescence Excitation Characteristics of the High Current Microsecond Pulsed HCLs）"的特邀报告，至26日。

9月，因故不能出席在德国莱比锡召开的第29届国际光谱会议，但向国际光谱会议组委会写信表达了希望中国有机会主办国际光谱会议的愿望。

10月，厦门大学分析学科经国家教委批准成立"国家教委材料与生命过程分析科学开放研究实验室"。

10月，受聘任五邑大学名誉教授。

10月24日，应邀在北京参加第六届北京分析测试学术报告会及展览会并做"关于光谱化学分析用的中阶梯光栅光谱仪的一些思考（Some Considerations on Echelle Spectrometers for Spectrochemical Analysis）"的特邀报告，至28日。

11月15日，应邀在深圳参加第二届华裔分析化学国际研讨会并做题为"脉冲——提高原子光谱法灵敏度的一种途径"（Pulsing—An Approach to Sensitivity Enhancement for Atomic Spectroscopy）的大会报告，至18日。

1996年

1月，受聘任《分析化学手册（第二版）》编委会委员。

2月，受聘任国家教委材料和生命过程分析科学开放研究实验室第一届学术委员会委员。

5月，"流动注射（FI）在原子光谱分析中应用的新技术新方法"项目获得国家科技成果完成者证书。

12月7日，组织召开96厦门国际光谱化学高级研讨会，任大会主席，邀请多位国际著名光谱专家参加，至9日。

12月10日，赴广州参加第五届欧亚化学会议并做题为"强电流微秒脉冲空心阴极灯激发的等离子体-离子荧光光谱法——初步报告"（High Current Microsecond Pulsed Hollow Cathode Lamp Excited ICP-Ionic Fluorescence Spectrometry – A Preliminary Report）的邀请报告，至14日。

1997 年

3月14日，赴美国参加匹斯堡会议；顺访佛罗里达大学化学系，与在该系从事博士后研究的学生杭纬、颜晓梅博士讨论有关学术问题并动手做实验，至4月18日。

9月，赴澳大利亚墨尔本参加第30届国际光谱会议，正式提出在中国举办第32届国际光谱会议的申请，未获成功。

10月14日，应邀在上海第七届北京分析测试学术报告会及展览会上做题为"强电流微秒脉冲空心阴极灯激发的原子、离子荧光光谱法综述"（High Current Microsecond Pulsed Hollow Cathode lamp Excited Atomic/Ionic Fluorescence spectrometry An Overview）的特邀报告，至18日。

1998 年

1月，受聘任中国科学技术大学兼职教授，至2000年。

6月，受聘任南昌大学兼职教授，北京海光仪器公司技术顾问。

上半年，新增两个博士后王秋泉和郭旭明。

9月1日，受聘任德国Duisburg大学化学－地理系客座教授，并做为期两个月的讲学。

9月，被教育部授予"全国优秀教师"称号。

9月18日，又从北京海光仪器公司争取到一台AFS2201型原子荧光光度计至厦门大学，使用期暂定两年，合作开发"原子荧光相关新技术"。

12月，赴香港参加第三届国际华裔学者分析化学研讨会并做"原子光谱和质谱分析仪器的最新进展———一些例子"（Recent Advances in Instrumentation for Analytical Atomic Optical and Mass Spectrometry—Some Selected Examples）的大会报告。

1999 年

1月30日，"智能原子光谱分析理论与技术"项目获国家教委重大贡献二等奖，第五完成人。

5月4日，第5届亚洲分析科学大会在厦门召开，任大会主席，至7日。

来自亚洲、欧洲及北美洲 20 个国家和地区的近 500 名代表参加了本次盛会，其中境外学者 140 多名。

9 月 4 日，赴土耳其参加第 31 届国际光谱会议并做题为"强电流微秒脉冲辉光放电－飞行时间质谱——佳偶天成"（High Current Microsecond Pulsed Glow Discharge-Time of Flight Mass Spectrometry— A Happy Marriage）的邀请报告，至 10 日。

9 月 19 日，应邀去香港中文大学进行学术交流，至 25 日。

10 月，受聘任东北师范大学化学学院客座教授。

10 月 25 日，在北京第八届北京分析测试学术报告会及展览会（BCEIA）上做题为"光谱分析法——我们将走向何方？"（Analytical Spectroscopy—Where do we go from here？）的大会报告，这是 BCEIA 首次邀请中国学者做的大会报告，至 28 日。

"国家教委材料与生命过程分析科学开放研究实验室"，获国家教育部批准升级为"厦门大学现代分析科学教育部重点实验室"，任名誉主任。

2000 年

1 月，受聘任中山大学客座教授，至 2003 年。

5 月 27 日，赴加拿大参加加拿大化学会议及展览会并做邀请报告，至 31 日。

7 月 4 日，应加拿大滑铁卢大学化学系邀请做题为"原子光谱分析法——新世纪的挑战"（Analytical Atomic Spectroscopy－Challenges in the New Century）的报告。

10 月，参加中国化学会第七届分析化学年会暨原子光谱学术会议并做题为"世纪之交的分析化学——回顾与前瞻"的大会报告，与章竹君联合主编的论文集《分析化学的成就与挑战》由西南师范大学出版社出版。

11 月，受聘任厦门市科学技术协会顾问，至今。

2001 年

3 月 13 日，科研项目"微秒强脉冲辉光放电及其在质谱／光谱材料分析中的应用"获福建省科技进步一等奖。

3月31日，应邀在2001年马泰印尼地区青年化学家学术会议上做大会报告，并顺访马来西亚科技大学化学系，至4月5日。

7月8日，赴南非参加第32届国际光谱会议并做题为"用原子光谱法研究一些不太常规的蒸气发生技术——综述"（Studies on Some Less Conventional Vapor Generation Techniques with Atomic Spectrometry：An Update）的邀请报告，至13日。

8月5日，赴日本参加国际分析科学会议（IUPAC International Congress on Analytical Sciences 2001）并做题为"伦理：一门基本的大学课程"（Ethics: An Essential Ingredient of the Graduate Curriculum）的邀请报告，至14日。

10月17日，在北京参加第九届北京分析测试学术报告会及展览会，任学术委员会副主席，至20日。

11月，项目"微秒强脉冲辉光放电及其在质谱/光谱材料分析中的应用"获"王丹萍科学技术奖"三等奖。

2002年

6月17日，获中共福建省委、福建省人民政府授予的"福建省优秀专家"称号。

5月，受聘任东北大学名誉教授。

5月21日，应邀赴西双版纳参加全国第五届X射线光谱分析会议并做大会报告。

6月，受聘任首都师范大学客座教授。

9月，受聘任福建省科学技术协会第二届学术年会学术委员会主任委员。

9月3日，赴上海参加德国慕尼黑国际博览会暨分析化学研讨会（AnalyticaChina 2002 Symposium）任研讨会主席并做大会报告。

11月，任机械工业材料质量检测中心上海材料研究所检测中心客座研究员。

12月，作为"科学与中国"——院士专家巡讲团的成员应邀参加在中山市召开的中国科学院"弘扬科学精神，加强科学道德建设"研讨会，围绕科学伦理与道德建设进行探讨，16日下午做题为"科学精神与科学道德"的专题报告。

2003年

4月，获中共福建省委、福建省人民政府授予的"福建省先进工作者"荣誉称号。

9月5日，参加在西班牙召开的第33届国际光谱会议。9月10日，受中国化学会、中国物理学会和中国光谱学会委托，代表中国申请第三十五届国际光谱会议于2007年在厦门举办获得成功，首次为中国获得世界光谱顶级峰会的举办权，也是亚洲第三次获得举办权，至16日。

10月13日，应邀在第十届北京分析测试学术报告会及展览会上做特邀报告，至17日。

11月，受聘任江门市人民政府科技顾问，至今。

12月1日，应邀与厦门大学朱崇实校长同行去日本访问岛津株式会社并访问群马大学进行学术交流，至6日。

2004年

4月，受聘任福建省人民政府顾问，至今。

7月28日，写报告给厦门大学朱崇实校长，希望引进当时在美国Los Alamos国家实验室当研究员的杭纬、颜晓梅。

9月，赴上海参加德国慕尼黑国际博览会暨分析化学研讨会并做大会报告。

秋季，应邀到南昌大学讲学。

10月16日，应邀参加江门市"院士路"落成典礼，并在江门市科技经济发展院士咨询会上做报告，鼓励家乡利用地域优势，利用太阳能。

12月5日，承办国家自然科学基金委光谱分析化学战略研讨会，任会议主席，至7日。

2005 年

5月4日，获国务院颁发的"全国先进工作者"荣誉称号。

5月12日，出席在山东济南召开的"十一五"分析化学发展战略研讨会，至15日。

8月，学生杭纬、颜晓梅回国到厦门大学化学化工学院工作。

9月4日，赴比利时参加第34届国际光谱会议，至9日。

9月24日，厦门大学召开分析科学发展与展望研讨会暨祝贺黄本立先生八十华诞庆典活动，方肇伦院士等出席了活动并在会上做报告。画册《热烈祝贺我国著名分析化学家黄本立院士八秩华诞暨从事科研教育工作五十五年》印行。

2006 年

3月24日，第一届全国生命分析化学学术报告与研讨会在北京召开，任顾问委员会委员，推荐刚回国的学生颜晓梅参加会议并做邀请报告，至26日。

3月30日，设立"黄本立奖学金"，该奖学金每年校庆期间奖励厦门大学化学化工学院分析专业研究生若干名。

6月25日，赴俄罗斯莫斯科参加国际分析科学大会（IUPAC ICAS2006），任国际顾问委员会成员并做题为"原子荧光光谱：从伍德到中国——回顾（Atomic Fluorescence Spectroscopy: From Wood to China—An Overview）"特邀报告，至30日。

9月11日，参加厦门市组织的教师节活动，回家路上意外发生车祸，轻度脑震荡及多处外伤，所幸康复很快，至11月基本恢复正常，重新投入到第35届国际光谱会议（CSI XXXV）的筹备工作中。

2007 年

1月，参与杭纬教授课题组矿石的无标样快速分析仪的研制及其他课题研究，为总顾问。

4月15日，应邀在厦门大学召开的第17届国际磷化学大会开幕式上致辞。

6月，把八秩华诞活动中学生、同事、朋友、单位等赠送的大部分贺礼（包括较贵重的寿山石雕、玉雕、漆线雕、钧瓷瓶、艺术瓷盘等）捐赠给厦门大学化学化工学院。

9月24日，第35届国际光谱会议（CSI XXXV）在厦门人民会堂召开，任大会主席，中国科学院院士、东北大学和浙江大学教授方肇伦担任本次会议共同主席，中国科学院院士、厦门大学教授田中群担任程序委员会主席，厦门大学副校长孙世刚教授担任组织委员会主席。来自世界49个国家的626篇会议论文被收录到摘要集，其中外方341篇；来自世界38个国家和地区约700多名光谱学家前来参会。至27日。

2008年

7月，应邀赴兰州参加由中国机械工程学会理化检验分会主办、上海材料研究所承办的全国化学与光谱分析会议并做大会报告。

9月27日，应厦门市科学技术协会邀请参与福建省科协第八届学术年会活动，做科技创新与节能环保主题报告。

10月13日，应四川大学化学学院邀请做讲座。

10月30日，应北京大学化学与分子工程学院邀请做讲座。

11月2日，出席厦门大学承办的2008年中日韩环境分析化学研讨会，任会议主席，至5日。

2009年

9月，参加化学部资深院士咨询联谊会第二届研讨会，其后参加化学部资深院士咨询联谊会第三届（2010年）、第四届（2012年）研讨会。

2010年

9月26日，受聘任中国有色金属工业协会主办的《中国无机分析化学》编委会顾问。

10月31日，应邀参加第十二届中国科协年会科学道德建设论坛，并做题为"建立科学道德规范　推动科技立法"的报告。

11月27日，赴成都参加第四届亚太地区冬季等离子体光谱会议（The 4th Asia-Pacific Winter Conference on Plasma Spectrochemistry，2010 APWC），被授予"原子光谱分析终身成就奖"（Lifetime Achievement Award for Analytical Atomic Spectrometry in China），以表彰他在中国原子光谱分析领域所做出的杰出贡献，至30日。

12月1日，应四川大学化学学院邀请做"化学造福人类"主题讲座。

12月3日，应浙江大学金钦汉教授的邀请参加原子光谱技术与教学创新高峰论坛，至5日。

2011年

5月，在IUPAC ICAS2011国际分析科学大会上，被日本分析化学会授予"日本分析化学会荣誉会员"。这是该会会员中的最高荣誉称号，也是我国第三位获此殊荣的分析化学家。日本分析化学会外籍名誉会员主要授予在国际分析化学界有重要影响、多年来为推进分析化学界合作交流和发展做出突出贡献的科学家，日本分析化学会成立60年来，授予外籍名誉会员仅20多名。

6月11日，参加张展霞教授八秩华诞庆典活动并致辞，并应邀在中山大学化学院做题为"做一个对人类有用的高素质的化学家——纪念2011年国际化学年"的报告，至13日。

7月22日，应邀为厦门大学漳州校区附中六年一贯制实验班暨上海复旦中学博雅班学生联合夏令营营员做题为"科学与艺术——一个硬币的两面"的科普讲座，和复旦中学、厦门大学附中学生谈心，勉励学生做"大写的人"。

2012年

学生颜晓梅获"国家杰出青年科学基金"。

8月5日，应邀给中国科协和教育部联合主办的全国青少年高校科学营活动的营员做"漫谈科学道德和素质教育"讲座。

8月19日，应邀参加在沈阳召开的第二届全国原子光谱及相关技术学术会议，任该会学术委员会顾问，并做题为"雪泥鸿爪——一个花甲的原子光谱生涯"的报告，至 21 日。

9 月 11 日，应邀参加在厦门召开的第八届全国地质与地球化学分析学术报告会并做大会报告。

11 月 17 日，应邀出席厦门大学第 16 期"名师下午茶"并与大学生谈人生。

2013 年

8 月 2 日，应邀给中国科协和教育部联合主办的全国青少年高校科学营活动的营员做"谈谈我是如何长大的，兼谈素质教育"的讲座。

10 月 13 日，荣获"第八届全国健康老人"称号，由中国老年人体育协会和中国老龄协会颁发。

2014 年

6 月 4 日，出席上海材料研究所院士专家工作站揭牌仪式并做简短讲话。

6 月 8 日，于北京参加中国科学院院士大会，至 14 日。11 日晚参加了广东院士联谊会第一次委员大会，经参会院士推荐和投票表决，当选为联谊会名誉会长。

7 月 22 日，应邀给中国科协和教育部联合主办的全国青少年高校科学营活动的营员做讲座。

9 月 13 日，于广西桂林参加第三届全国原子光谱及相关技术学术会议，担任会议学术委员会顾问，并做大会报告，至 15 日。

2015 年

4 月 6 日，荣获厦门大学南强杰出贡献奖，该奖是厦门大学奖教金最高奖项。

2016 年

3 月，荣获中共福建省委、福建省人民政府颁发的"福建省第四届杰出人民教师"荣誉称号。

附录二 黄本立主要论著目录

一、主要论文

[1] 吕大元，黄本立. 电解锌之光谱的定性分析. 东北科学通讯，1950，5：189-190.

[2] 黄本立. 光谱分析的应用. 窑业与分析化学，1953年科学报告会会刊之三，1954：22-31.

[3] 吴钦义，黄本立，王庆元，卢云锦，沈联芳，张叡. 不锈钢的光谱定量分析. 1955年中国科学院分析化学研究工作报告会会刊，北京：科学出版社，1958：436-448.

[4] 黄本立，沈联芳，裴蔼丽. 钼矿光谱半定量分析. 1955年中国科学院分析化学研究工作报告会会刊，北京：科学出版社，1958：456-472.

[5] 黄本立，张叡，何泽人，卢云锦，沈联芳，裴蔼丽. 钨矿中微量铍的光谱定量分析. 1955年中国科学院分析化学研究工作报告会会刊，北京：科学出版社，1958：478-488.

[6] 黄本立，张展霞. 电解铜阳极泥中硒的光谱测定. 中山大学学报，1957，2：29-44.

[7] 黄本立. 光谱分析用的一种新的双电弧电路. 科学通报，1957，10：

298-299.

[8] 黄本立,田笠卿. 分析粉末试样中微量卤素用的一种新的双电弧光谱光源. 科学通报,1957,24:759-760.

[9] Хуан Бен-Ли. Новый генератор двойной дуги для спектрохимического анализа. Заводская лаборатория,1958,24(3):348-352.

[10] 沈联芳,程建华,黄本立,张定钊. 稀土元素与钍的混合物的光谱定量分析(溶液法). 化学学报,1958,24(4):286-294.

[11] А.Г.克列斯基扬诺夫,杨家墀,黄本立,陈愈炔,畅快,常增实,李文冲. 用ИСП-51型摄谱仪改装的光谱分析光电装置的试制. 物理学报,1959,15(6):297-304.

[12] 黄本立,杜继贤,朴相烈. 氧化铌中微量钽、钛及氧化钽中微量铌、钛的光谱测定. 中国科学院应用化学研究所集刊,1962,6:48-53.

[13] 黄本立. 原子吸收光谱在化学分析上的应用. 科学仪器,1963,1(1):1-7.

[14] 黄本立,沈联芳,王俊德. 一种以复合光积分光强控制摄谱曝光量的装置. 中国科学院应用化学研究所集刊,1964,11:108-113.

[15] 黄本立,裴蔼丽,王俊德. 原子吸收光谱法测定溶液中的钠. 中国科学院应用化学研究所集刊,1964,12:28-34.

[16] 黄本立,裴蔼丽,王俊德. 原子吸收光谱法及火焰光度法测定钠时几种醇类溶剂的影响. 物理学报,1966,22:733-742.

[17] 黄本立,金巨广,姚金玉,傅学起. 原子吸收分析用的一种钽舟电热原子化装置. 分析化学,1973,1:131-136.

[18] 黄本立,吴绍祖,王素文. 降低高频电感耦合等离子体光源放电声响的简易方法. 分析化学,1977,5:44.

[19] 黄本立,吴绍祖,王素文,袁甫,阎柏珍. 感耦等离子体光源的研究. 分析化学,1980,8:416-421.

[20] 王小如,黄本立,孙雅茹,刘春兰. 乙醇对感耦等离子体发射光谱分析的影响. 分析化学,1983,11:1-7.

[21] 许禄,李国权,刘忠臣,孙洁,裴蔼丽,马影,朴哲秀,黄本立.

发射光谱照相干板测光与微计算机的联机应用 I. 微计算机控制半自动采样及其数据的自动处理. 分析化学, 1983, 11: 702-706.

[22] Huang BL. Plasma Spectrochemistry in the People's Republic of China. Spectrochima Acta, 1983, 38B: 81-91.

[23] 黄本立, 曾宪津, 孙雅茹, 关胜利, 刘春兰, 缪秀珍. 河流沉积物中多元素的高频感耦等离子体发射光谱法同时测定. 分析化学, 1984, 12: 586-592.

[24] 许禄, 李国权, 黄本立, 裴蔼丽, 刘忠臣, 黄富育, 孙洁, 马影, 朴哲秀, 孙雅茹, 滕秀娟, 关胜利, 李华成. 发射光谱照相干板测光与微计算机的联机应用 II. 微计算机控制自动采样及其数据的自动处理. 分析化学, 1984, 12: 626-629.

[25] 曾宪津, 缪秀珍, 孙雅茹, 刘春兰, 关胜利, 黄本立. 土壤和沉积物样品 ICP-AES 多元素同时分析基体元素的干扰及其修正. 分析化学, 1986, 14: 486-493.

[26] 陈振宁, 黄本立, 曾宪津. ICP 发射光谱法中粉末悬浮体进样方法的研究 I. 进样系统及影响因素. 分析化学, 1986, 14: 641-646.

[27] 陈振宁, 黄本立, 曾宪津. ICP 发射光谱法中粉末悬浮体进样方法的研究 II. 水系沉积物样品的分析. 分析化学, 1986, 14: 849-853.

[28] Yao JY, Huang BL. Tantalum Foil-Lined Graphite Furnace AAS Effects of Small Amounts of Hydrogen in Argon Purge Gas and the Determination of Europium in Blast Furnace Slags. Canadian Journal of Spectroscopy. 1986, 31: 77-80.

[29] 杨金夫, 裴蔼丽, 黄本立. 乙醇导入 ICP 时激发温度的测量及激发特性研究. 分析化学, 1987, 15: 769.

[30] 张卓勇, 曾宪津, 黄本立. 砷、锑、铋的非水介质氢化物发生-高频感耦等离子体原子发射分析的研究. 分析化学, 1987, 15: 801.

[31] Huang BL, Zhang ZY, Zeng XJ. A New Nebulizer-Hydride Generator System for Simultaneous Multielement ICP-AES. Spectrochimica. Acta, 1987, 42B: 129-137.

[32] 杨金夫, 裴蔼丽, 黄本立. 十五种稀土元素的 ICP-AES 摄谱法的检出限和工作曲线的线性范围. 分析化学, 1988, 16 (2): 117-121.

[33] 杨金夫, 裴蔼丽, 黄本立. 稀土元素的感耦等离子体发射光谱分析中乙醇溶剂的预去溶研究. 分析化学, 1988, 16 (3): 198-202.

[34] 朴哲秀, 裴蔼丽, 黄本立. 高纯氧化镥中十四种稀土杂质的 ICP-AES 测定. 分析化学, 1988, 16 (9): 864-865.

[35] 蒋永清, 姚金玉, 黄本立. 石墨炉原子吸收光谱法直接测定镍基合金中痕量硼. 分析试验室, 1988, 7 (12): 21-23.

[36] 蒋永清, 姚金玉, 黄本立. 石墨炉原子吸收光谱法测定锡和锗时基体改进剂硝酸钙的作用. 分析化学, 1989, 17 (1): 961-965.

[37] 朴哲秀, 裴蔼丽, 黄本立. 电感耦合等离子体原子发射光谱法分析稀土元素的研究 (I) 高纯氧化镧中十四种稀土杂质的测定. 分析化学, 1989, 17 (1): 61-64.

[38] 张卓勇, 曾宪津, 黄本立. 萃取—非水介质氢化物发生—ICP-AES 中的干扰及 Ni-Fe 基合金的分析. 分析化学, 1989, 17 (10): 865-869.

[39] 朴哲秀, 裴蔼丽, 刘忠臣, 陈新海, 黄本立. 电感耦合等离子体原子发射光谱法分析稀土元素的研究 (II) 高纯氧化镱中十四种稀土杂质的测定. 分析化学, 1989, 17 (5): 424-427.

[40] Duan YX, Jin JG, Wang XY, Huang BL. Investigations on the Energy Transfer of Excited Particle Collision with Double Laser Lines for Excitation of La(I). Chinese Science Bulletin, 1989, 34 (24): 2040-2044.

[41] Jiang YQ, Yao JY, Huang BL. Mechanism of Boron Atomization in Graphite Furnace AAS. Acta Chimica Sinica English Edition, 1989, 5: 437-442.

[42] 杨金夫, 曾宪津, 黄本立. 感耦等离子体发射光谱法分析稀土元素的研究进展. 光谱学与光谱分析, 1989, 9 (3): 25-34.

[43] 朴哲秀, 裴蔼丽, 黄本立. 用 ICP-AES 法测定高纯氧化铥中十四种稀土杂质. 光谱学与光谱分析, 1989, 9 (3): 40-43.

[44] 张卓勇,曾宪津,黄本立. 氢化物发生—高频感耦等离子体原子发射光谱分析中干扰的研究. 光谱学与光谱分析,1989,9(4):41-47.

[45] Yuan DX, Yang PY, Wang XR, Huang BL. Preconcentration of Trace Zinc in Seawater on CPPI Resin by FIA and On-line Detection by ICP-AFS. Chinese Chemical Letters. 1990, 1(3): 237-238.

[46] 张卓勇,曾宪津,黄本立. 啤酒和岩石样品的氢化物发生—高频感耦等离子体原子发射光谱分析. 光谱学与光谱分析,1990,10(4): 30-41.

[47] 杨金夫,曾宪津,黄本立. 乙醇溶液电感耦合等离子体发射光谱研究 III. 关于背景和氰分子辐射的某些观察. 分析化学,1990,18(1): 25-29.

[48] 杨金夫,曾宪津,黄本立. 高纯氧化钇的感耦等离子体发射光谱分析及基体效应的研究. 化学学报,1990,48(9):903-908.

[49] 黄本立,杨芃原,王小如,袁东星. 多道光谱仪发展的新动向——中阶梯光栅光谱仪. 光谱学与光谱分析,1991,11(2):61-67.

[50] 张卓勇,曾宪津,黄本立. 氢化物发生技术中化学干扰的研究进展. 光谱学与光谱分析,1991,11(2):68-76.

[51] 黄本立,杨芃原,林跃河,王小如,袁东星. 空心阴极灯在强短脉冲供电时元素离子线的时间分辨光谱. 分析化学,1991,19(3): 259-262.

[52] 杨金夫,曾宪津,黄本立. 有机试液的电感耦合等离子体原子发射光谱分析 I. 实际应用的若干方面. 分析化学,1991,19(3):362-369.

[53] 杨金夫,曾宪津,黄本立. 有机试液的电感耦合等离子体原子发射光谱分析 II. 有机溶剂对 ICP 放电特性的影响. 分析化学,1991, 19(4):4906-496.

[54] Yuan DX, Wang XR, Yang PY, Huang BL. On-line Electrolytic Dissolution of Solid Metal Samples and Determination of Copper in Aluminium Alloys by Flame Atomic Absorption Spectrometry. Analytical

Chimica Acta, 1991, 243（1）: 65-69.

［55］Yuan DX, Wang XR, Yang PY, Huang BL. On-line Electrolytic Dissolution of Alloys and Multi-element Determination By Inductively Coupled Plasma Atomic Emission Spectrometry. Analytical Chimica Acta, 1991, 251: 187-190.

［56］Huang BL, Yang JF, Pei AL, Zeng XJ, PWJM Bonmans. Studies on Inductively Coupled Plasma Sample Introduction—II. Use of Ethanol-water Solutions and Desolvation. Spectrochimica Acta, 1991, 46B（3）: 407-416.

［57］Yang JF, Zeng XJ, Huang BL. A Study on Argon Inductirely Coupled Plasma with Introduction of Ethanol Solution I. Effect of Ethanol On Line Intensity of Rare Earth Elements. Joural of Rare Earths, 1992, 10（1）: 49-55.

［58］杨金夫，曾宪津，黄本立. 乙醇溶液的电感耦合等离子体发射光谱研究 II——乙醇对ICP激发特性的影响. 光谱学与光谱分析, 1992, 12（2）: 69-74.

［59］袁东星，王小如，杨芃原，黄本立. 海水中痕量锌的流动注射在线预富集和电感耦合等离子体原子荧光检测. 分析化学, 1992, 20（2）: 162-164.

［60］Lin YH, Wang XR, Yuan DX, Yang PY, Huang BL, Zhuang ZX. Flow Injection-Electrochemical Hydride Generation Technique for Atomic Absorption Spectrometry. Journal of Analytical Atomic Spectrometry, 1992, 7（2）: 287-291.

［61］杨芃原，袁东星，王小如，黄本立. 高效液相色谱-感耦等离子体发射光谱联用技术分析稀土氧化物的研究. 分析试验室, 1993, 12（3）: 1-2.

［62］颜晓梅，王小如，杨芃原，杭纬，黄本立. 多道ICP-AES与瞬时进样技术在线联用的信号采集和处理. 高等学校化学学报, 1993, 14（11）: 1506-1509.

[63] M.A. Memon, Wang XR, Huang BL. Flow Injection Extraction with Mixed Solvents: Its Application to Cu Determination with Flame AAS. Atomic Spectroscopy, 1993, 14（4）: 99-102.

[64] Zhuang ZX, Yang PY, Wang XR, Deng ZW, Huang BL. Preliminary Study on the Use of Palladium as a Chemical Modifier for the Determination of Silicon by Electrothermal Atomic Absorption Spectrometry. Journal of Analytical Atomic Spectrometry, 1993, 8, 1109-1111.

[65] 弓振斌, 王小如, 杨芃原, 林雍静, 黄本立. 强短脉冲供电的空心阴极灯激发离子/原子荧光光谱研究 II. 矿物中微量钙的测定. 云南大学学报, 1994, 16（增刊）: 130-131.

[66] Huang BL. Less Commonly Used Hydride Generation Techniques for Atomic Spectroscopy—An Overview. Canadian Journal of Applied Spectroscopy, 1994, 39: 117-122.

[67] Hang W, Yang PY, Wang XR, Yang CR, Huang BL. Microsecond Pulsed Glow Discharge Time-of-Flight Mass Spectrometer. Rapid Communications in Mass Spectrometry, 1994, 8: 590-594.

[68] 弓振斌, 杨芃原, 林跃河, 王小如, 黄本立. 强短脉冲供电时空心阴极灯的放电特性研究. 高等学校化学学报, 1995, 16（7）: 1037-1039.

[69] Xie YZ, Huang BL, Gong ZB, Yang PY, Wang XR, Zhang SY. Use of High Current Microsecond Pulsed Hollow Cathode Lamp in Hydride Generation Atomic Fluorescence Spectrometry. Canadian Journal of Applied Spectroscopy, 1996, 41（6）: 149-153.

[70] 应海, 杨芃原, 王小如, 黄本立. ICP-AES 初级专家系统中的谱线模拟. 光谱学与光谱分析, 1996, 16（1）: 67.

[71] Yan XM, Huang BL, Tanaka T, Kawaguchi H. Langmuir Probe Potential Measurements for Reduced-pressure Inductively Coupled Plasma Mass Spectrometry. Journal of Analytical Atomic Spectrometry, 1997, 12（7）: 697-701.

[72] Su YX, Zhou Z, Yang PY, Wang XR, Huang BL. Study of a Pulsed Glow Discharge Ion Source for Time-of-Flight Mass Spectrometry. Spectrochimica Acta Part B, 1997, 52 (5): 633-641.

[73] Gu S, Ying H, Zhang ZG, Zhuang ZX, Yang PY, Wang XR, Huang BL, Li B. High-Resolution Spectra of Selected Rare Earth Elements and Spectral Interferences Studied by Inductively Coupled Plasma-Atomic Emission Spectroscopy (ICP-AES). Spectrochimica Acta Part B, 1997, 52 (11): 1567-1574.

[74] 张绍雨, 弓振斌, 杨芃原, 王小如, 黄本立. 稀土元素的原子/离子荧光光谱分析进展. 光谱学与光谱分析, 1997, 17 (2): 95-103.

[75] 弓振斌, 周振, 杨芃原, 王小如, 黄本立, 任建世, 马洪波, 陈明, 张功杼. 强短脉冲供电辉光放电发射光谱法测定铜基合金组分的研究. 光谱学与光谱分析, 1997, 17 (3): 64-68.

[76] 张绍雨, 弓振斌, 黄本立, 陈登云, 杨芃原, 王小如. 强流微秒脉冲供电 Yb, Eu, Y, Sm 空心阴极灯的增强发射光谱. 光谱学与光谱分析, 1997, 17 (5): 67-76.

[77] Liu J, Huang BL, Zeng XJ. Donut-Shaped Spray Chamber for Inductively Coupled Plasma Spectrometry. Spectrochimica Acta Part B, 1998, 53 (10): 1469-1474.

[78] Su YX, Yang PY, Zhou Z, Wang XR, Li FM, Huang BL, Ren JS, Chen M, Ma HB, Zhang GS. Feasibility of Applying Microsecond-Pulse Glow Discharge Time of Flight Mass Spectrometry in Surface Depth Analysis. Spectrochimica Acta Part B, 1998, 53 (10): 1413-1420.

[79] Guo XM, Huang BL, Sun ZH, Ke RQ, Wang QQ, Gong ZB. Preliminary Study on a Vapor Generation Technique for Nickel without Using Carbon Monoxide by Inductively Coupled Plasma Atomic Emission Spectrometry. Spectrochimica Acta Part B, 2000, 55 (7): 943-950.

[80] 郭旭明, 郭小伟, 黄本立. 氢化物的气相富集及其在超痕量分析中的应用. 光谱学与光谱分析, 2000, 20 (4): 533-536.

[81] Denkhaus E, Golloch A, Guo XM, Huang BL. Electrolytic Hydride Generation(EC-HG)—A Sample Introduction System with some Special Features. J. Anal. At. Spectrom, 2001, 16: 870-878.

[82] Wang QQ, Huang BL, Guan ZW, Yang LM, Li B. Speciation of Rare Earth Elements in Soil by Sequential Extraction then HPLC Coupled with Visible and ICP-MS Detection. Fresenius Journal of Analytical Chemistry, 2001, 370(8): 1041-1047.

[83] 张绍雨, 黄本立, 弓振斌. 加长炬管中 Ca, Sr, Ba, Eu, Yb 的强短脉冲供电空心阴极灯激发电感耦合等离子体离子/原子荧光光谱. 光谱学与光谱分析, 2001, 21(5): 632-636.

[84] 洪煜琛, 王秋泉, 严华, 梁敬, 郭旭明, 黄本立. 高效液相色谱-原子荧光光谱联用中的连续数字信号采集和处理. 光谱学与光谱分析, 2003, 23(2): 354-357.

[85] Guo XM, Li SP, Huang BL. Design and Performance of a Novel Electrolytic Cell with Micro-Channel Electrodes for Electrochemical Hydride Generation Atomic Fluorescence Spectrometry – Preliminary Report. Canadian Journal of Analytical Sciences and Spectroscopy, 2004, 49(6): 327-333.

[86] Guo XM, Li SP, Huang BL. Double Hydride Generation Gaseous Phase Enrichment with Flow Injection On-line Automatic Preparation for Ultratrace Amounts of Total Selenium Determination by Atomic Fluorescence Spectrometry. Spectroscopy Letters, 2005, 38(2): 131-143.

[87] 张绍雨, 弓振斌, 黄本立. 碱土金属的强短脉冲供电空心阴极灯激发常规炬管电感耦合等离子体离子荧光光谱初步研究. 光谱学与光谱分析, 2006(2): 331-335.

[88] 金献忠, 陈建国, 杭纬, 黄本立. 低压微波消解—ICP-AES 法测定聚氯乙烯塑料及其制品中的 Pb、Cd、Cr 和 Hg. 分析试验室, 2007(8): 80-83.

[89] 金献忠, 陈建国, 朱丽辉, 曹国洲, 黄本立. 高压消解—ICP-AES

测定木材及木制品中的铜铬砷. 光谱学与光谱分析, 2007, 27（9）: 1837-1840.

[90] Huang RF, Yu Q, Tong QG, Hang W, He J, Huang BL. Influence of Wavelength, Irradiance and the Buffer Gas Pressure on High Irradiance Laser Ablation and Ionization Source Coupled with an Orthogonal Time of Flight Mass Spectrometer. Spectrochimica Acta Part B, 2009, 64(3): 255-261.

[91] Tong QG, Yu Q, Jin XZ, He J, Hang W, Huang BL. Semi-quantitative Analysis of Geological Samples Using Laser Plasma Time-of-Flight Mass Spectrometry. Journal of Analytical Atomic Spectrometry, 2009, 24（2）: 228-231.

二、主要著作

[92] 裴蔼丽, 沈联芳, 程建华, 欧阳远珠, 黄本立, 张定钊. 混合稀土元素光谱图. 北京: 科学出版社, 1964.

[93] 黄本立.《原子光谱分析》第二章"光谱仪器". 北京: 冶金工业出版社, 1977.

[94] 黄本立. 中国化学五十年, 第四章第四节"原子光谱分析". 北京: 科学出版社, 1985.

[95] Benli Huang, Xiaoru Wang, Pengyuan Yang, Hai Ying, Sheng Gu, Zhigang Zhang, Zhixia Zhuang, Zhenhua Sun, Bing Li. An Atlas of High Resolution Spectra of Rare Earth Elements for Inductively Coupled Plasma Atomic Emission Spectroscopy. UK: The Royal Soceity of Chemistry, Cambridge, 2000.

[96] Benli Huang, Bin Ren, Qiuquan Wang. Abstract Book of Colloquium Spectroscopicum Internationale XXXV. Xiamen: Xiamen University Press, 2007.

[97] 黄本立.《黄本立院士论文选集》. 厦门: 厦门大学出版社, 2009.

参考文献

[1] 张笛梅，杨陵康主编. 中国高等学校中的中国科学院院士传略［M］. 北京：高等教育出版社，1998.

[2] 黄本立. 黄本立院士论文选集［M］. 厦门：厦门大学出版社，2010.

[3] 林永生主编. 热烈祝贺我国著名分析化学家黄本立院士八轶华诞暨从事科研教育工作五十五年［M］. 厦门：厦新出内书第91号，2005.

[4] 费滨海编. 院士春秋［M］. 上海：东方出版中心，2005.

[5] 路甬祥主编. 科学与中国——院士专家巡讲团报告集［M］第一卷上集. 上海：东方出版中心，2012.

[6]《发射光谱分析》编写组. 发射光谱分析［M］. 北京：冶金工业出版社出版，1977.

[7] 尹继红主编. 侨乡文化普及读本——家在五邑［M］. 广州：岭南美术出版社，2006.

[8] 王晓主编. 发现江门［M］. 北京：北京出版社，2010.

[9] 江门市人民政府新闻办公室编. 江门：中国第一侨乡（内部资料）.

[10] 江门市委宣传部主编. 五邑民俗撷趣［M］. 北京：北京教育出版社，2011.

[11] 岭南大学广州校友会编. 钟荣光先生传（内部资料）. 2003.

[12] 佛山市第一中学编.（1913-2003）华英中学——佛山一中九十周年校庆（内部资料）. 2003.

[13] 中国科学院长春应用化学研究所所志编辑小组编. 长春应化所所志（1948-1986）第 1~3 册（内部资料）.

[14] 中国科学院应用化学研究所. 科研成果汇编（1976 年）（内部资料）.

[15] 中共中国科学院吉林应用化学研究所委员会. 关于"应化所特务集团"假案冤案的平反决定（内部资料）. 1978.

[16] 中共中国科学院吉林应用化学研究所委员会. 以揭批"四人帮"为纲. 把党的知识分子政策落实到实处（内部资料）. 1978.

[17] 中共中国科学院长春应用化学研究所委员会. 关于落实政策方面的工作总结汇报（内部资料）. 1979.

[18] 中共中国科学院长春应用化学研究所委员会. 关于落实政策及审干复查工作的总结汇报（内部资料）. 1997.

[19] 中国科学院长春应用化学研究所. 中国科学院长春应用化学研究所基本情况和今后设想（内部资料）. 1981.

[20] 中国科学院长春应用化学研究所. 中国科学院应用化学研究所概况（1948—1958）（内部资料）. 1958.

[21] 中国科学院长春应用化学研究所，曾宪津执笔. 所志第五章——科技研究工作（征求意见稿）（内部资料）.

[22] 中国科学院长春应用化学研究所. 中国科学院长春应用化学研究所 1953—1957 年工作总结草案（内部资料）. 1958.

[23] 梁礼忠编著. 客家之光丛书. 客家院士［M］. 广州：华南理工大学出版社，2007.

[24] 陈明义主编. 科技明星谱 ——福建省王丹萍科学技术奖获奖报告文学集［M］. 福州：福建科学技术出版社，2000.

[25] 周济主编. 三色蓝图的构思——福建省科研开发新体系的战略研究［M］. 厦门：厦门大学出版社，2003.

后 记

在"黄本立学术成长资料采集小组"里,参与传记写作的主要有三人:杨聪凤负责总体构思、大部分章节的撰写和全书的统稿;王尊本不仅是统领全局的组长,还主写传主黄本立调入厦大后的科研教学(第十至第十二章);林峻越在包揽资料采集工程的所有具体事务外,还主笔撰写传主退居二线后的生活与事业(第十三、第十五章)。另外,历史系连心豪教授是本组的顾问,非常仔细认真地审阅了传记,并提出了很好的修改意见。

我们因为觉得"老科学家学术成长资料采集工程"意义重大而热情投入这项工作,又因自己对传主的专业不够了解而倍感压力。然而,船既离岸起航,退路就成了汪洋,我们除了以自己的努力补拙,别无他法。为此,虽然分工明确,但同心协力、紧密合作是我们始终如一的状态。在反反复复十几遍的修改中,从来都是三人分头阅读研究,然后一起讨论、修订的。

我们一致认为,要写好这部传记,学习和采集资料同样重要,都必须倾心尽力。

先于采访工作并始终与采访同步进行的,是我们对黄本立科研成果的学习。一年多来,《黄本立院士论文选集》、黄本立参与写作的《发射光谱分析》等书籍都始终摆在我们的案头,成了我们经常翻阅的文献。尽管他的学问我们未必能看懂,但通过一遍遍地学习,不仅有助于我们了解黄本立在半个多世纪里究竟研究些什么，而且有助于我们感受他的学术思想和学术风格，还能使我们在采访行家时或多或少地减少一些因听不懂而产生的茫然感。我们发现黄本立的学术论文有个特点，每写到一项研究成果，他都尽量写明前人对该项目的研究已到达何种程度，他自己又解决了些什么问题，还有什么问题尚未解决。这一特点恰恰体现了他严肃的科研态度和实事求是的精神。我们的学习方法也许很笨，但对于研究报告的写作来说，却是必须的，收获也是有的。

从黄本立既往的生活轨迹看，他有点像只候鸟——听说国家的北方急需科技人才，他风尘仆仆从广东来到长春；因为特区建设的需要，他和全家又落户厦门。他的同行、学生，更是遍布全国各地，采访工作的难度可想而知。为了尽可能地占有真实可靠的资料，我们不敢怠慢，一接受任务就立即着手做调查研究工作，确定工作步骤和采访对象，拟定采访提纲，然后就开始了马不停蹄地找人采访。

按计划，我们的采访从厦门大学，从身边能找到的人物开始，然后北上沈阳、长春，回厦门整理消化已得材料之后，再南下广州、深圳、江门、佛山。正当我们苦于在全国四面八方飞来飞去、费时费力、吃力而又不讨好时，天赐良机——2012年8月19—21日，第二届全国原子光谱及相关技术学术会议在沈阳召开，黄本立应邀与会，任该会学术委员会顾问，并做题为"雪泥鸿爪——一个花甲的原子光谱生涯"的报告。被我们列为采访对象的专家学者，大部分都将到会。经申请，大会筹备组同意我们三人列席会议，跟与会代表住在同一家酒店。我们充分利用这一便利条件，见缝插针，从早到晚一个挨一个地进行采访，三天做完了平时一个月都不一定能做完的事。就这样，从2012年5月至2013年1月，经过约9个月的努力，第一轮采访基本结束，有的对象还采访了不止一次。

总的说来，我们的采访工作，无论在哪里都是相当顺利的，这全仰仗受访者对黄本立的崇敬之情。比方说在长春应化所，无论我们采访谁，都得到受访者的热情接待、鼎力支持。特别是陈杭亭同志，他也参加了沈阳的原子光谱会议，得知我们将在会后赴长春采访，便急匆匆赶在我们之前回到长春，为我们联系好住所，安排好参观、采访及收集资料等一切事宜，使我们能很快就进入工作状态。档案室的四位女同志，把采集小组的工作当作自己的份内事来对待，不仅协助我们查阅了相关材料，还尽最大可能地让我们使用计算机、扫描仪和复印机等设备，保证我们能顺利完成查阅黄本立在 20 世纪 50—80 年代在应化所的相关科研、人事档案和图书期刊资料的采集任务。到了广东，且不说江门日报记者韩玲群如何热情地帮我们张罗安排采访事宜，市委宣传部、档案局、群星居委会等我们所到之处，尽管他们对黄本立了解并不很多，但都尽其所能地为我们提供采访线索，或赠送有关资料，使我们同样有所收获。

此外，为了弥补我们对黄本立学术成长经历了解得不够，我们还阅读了不少文献，甚至查阅了不少百度网上的资料。

碍于篇幅的限制，我们在本书中无法将引用的资料来源一一具体说明，就让我们在此一并对受访者、对所引用资料的原作者们表示我们深深的谢意和由衷的歉意！

感谢厦门大学蔡启瑞、黄本立、田昭武、张乾二四位院士采集小组的同仁们一年多以来的相互交流、支持和帮助。感谢厦门大学各个部处及化学化工学院的领导及各位同仁的关心和支持。感谢中国科协及教育部各位领导及各位同仁对本采集小组工作的支持，感谢张黎研究员、吕瑞花教授等各位专家对本小组采集工作的指导。

最后我们还得由衷地感谢我们的传主黄本立院士！他认真详细地为我们讲述他在各个时期的学术成长历程，随时接受我们的临时采访，给我们提供大量资料及采集线索。初稿写成后，他又费时费力、不厌其烦地为我们审稿，订正所写史实。

经过一年多的努力，我们终于在 2013 年 11 月 28 日将本书初稿打印出来。说是初稿，其实已陆陆续续修改过多遍。之后，我们又花了整整半年时间，补充采访，重新研究资料，反复修改。由于自身水平的限制，疏漏甚至错误在所难免，恳望专家学者不吝赐教！

黄本立院士学术成长资料采集小组
2014 年 5 月 28 日

老科学家学术成长资料采集工程丛书
已出版（50种）

《卷舒开合任天真：何泽慧传》 　《此生情怀寄树草：张宏达传》
《从红壤到黄土：朱显谟传》 　《梦里麦田是金黄：庄巧生传》
《山水人生：陈梦熊传》 　《大音希声：应崇福传》
《做一辈子研究生：林为干传》 　《寻找地层深处的光：田在艺传》
《剑指苍穹：陈士橹传》 　《举重若重：徐光宪传》

《情系山河：张光斗传》 　《魂牵心系原子梦：钱三强传》
《金霉素·牛棚·生物固氮：沈善炯传》 　《往事皆烟：朱尊权传》
《胸怀大气：陶诗言传》 　《智者乐水：林秉南传》
《本然化成：谢毓元传》 　《远望情怀：许学彦传》
《一个共产党员的数学人生：谷超豪传》 　《没有盲区的天空：王越传》

《含章可贞：秦含章传》 　《行有则　知无涯：罗沛霖传》
《精业济群：彭司勋传》 　《为了孩子的明天：张金哲传》
《肝胆相照：吴孟超传》 　《梦想成真：张树政传》
《新青胜蓝惟所盼：陆婉珍传》 　《情系梁菽：卢良恕传》
《核动力道路上的垦荒牛：彭士禄传》 　《笺草释木六十年：王文采传》

《探赜索隐　止于至善：蔡启瑞传》 　《妙手生花：张涤生传》
《碧空丹心：李敏华传》 　《硅芯筑梦：王守武传》
《仁术宏愿：盛志勇传》 　《云卷云舒：黄士松传》
《踏遍青山矿业新：裴荣富传》 　《让核技术接地气：陈子元传》
《求索军事医学之路：程天民传》 　《论文写在大地上：徐锦堂传》

《一心向学：陈清如传》 　《铃记：张兴铃传》
《许身为国最难忘：陈能宽传》 　《寻找沃土：赵其国传》
《钢锁苍龙　霸贯九州：方秦汉传》 　《虚怀若谷：黄维垣传》
《一丝一世界：郁铭芳传》 　《乐在图书山水间：常印佛传》
《宏才大略：严东生传》 　《碧水丹心：刘建康传》